Operación
PEDRO PAN

La historia inédita de 14.048 niños cubanos

Yvonne M. Conde

Random House Español 🏠 **Nueva York**

Publicado por la casa editorial Random House Español, una división del Random House Information Group, 280 Park Avenue, New York, NY 10017, USA, afiliado del Random House Company. Fue publicado por primera vez, en inglés, en 1999 por la casa editorial Routledge, bajo el título *Operation Pedro Pan: The Untold Exodus of 14,048 Cuban Children*. Copyright © 1999 por Yvonne M. Conde.

Random House, Inc., Nueva York; Toronto; Londres; Sydney; Auckland.

www.rhespanol.com

RANDOM HOUSE ESPAÑOL y su colofón son marcas registradas del Random House Information Group.

Edición a cargo de José Lucas Badué

Traducido del inglés al español por Célida Parera Villalón

Diseño del libro por Sophie Ye Chin

Diseño de la cubierta por Fernando Galeano

Producción del libro a cargo de Marina Padakis, Lisa Abelman y Pat Ehresmann

ISBN 0-609-81115-0

Primera edición

Impreso en los Estados Unidos de América

10 9 8 7 6 5 4 3 2 1

DEDICATORIA

A la infinidad de cubanos que arriesgaron sus vidas para que pudiéramos volar;

Al monseñor Bryan O. Walsh, que nos abrió las puertas de los Estados Unidos;

A Nieves y Pepe del Campo, que me abrieron las puertas de sus corazones y de su casa;

A todos los "pedro panes", que tuvieron que ser demasiado valientes para su edad;

Y sobre todo a mi esposo Bernabé, quien no sólo creyó en mi, sino que estuvo a mi lado en cada paso que di.

CONTENIDO

AGRADECIMIENTOS

Durante los años de investigación y redacción dedicados a este libro, les he debido mucho a las personas que me ayudaron en la búsqueda de datos, así como también a criticar y editar el manuscrito.

Este libro no se hubiera escrito sin la ayuda de centenares de esos seres generosos, especialmente los niños "pedro panes", que no fueron remisos en colaborar ampliamente con el trabajo. Yo fui como un recipiente donde ellos vertieron su dolor e inquietaron el mío. Cada historia individual tiene variantes que son tan apremiantes que merecen ser conocidas. Decidir cuáles de ellas usaría en el libro fue para mí uno de los retos más difíciles del proceso. De este éxodo, 14.047 libros deberían ser escritos. Traté de seleccionar los relatos que representaran la totalidad de la historia.

Los recuerdos y datos del monseñor Bryan O. Walsh forman la base del libro. Aunque ya está jubilado, sus días continúan llenos de actividad ya que sigue muy involucrado en muchas cosas, y es incapaz de decirle no a nadie. Con mucha paciencia contestó nuestras preguntas, una tras otra, y revisó algunos de los capítulos para comprobar su veracidad. Solamente una vez lo vi mirar el reloj.

Los pedro panes cubanos le estamos agradecidos a Elly Vilano-Chovel, quien a través del grupo sin fines de lucro

"Operation Pedro Pan Group", ha tratado de reunir a los pedro panes de Miami.

¿Cómo con simples palabras se les puede agradecer a esos cubanos amantes de la libertad que ayudaron a conseguir visas de salida para todos esos niños, arriesgando así su libertad personal, y a veces perdiéndola por varios años? Entre ellos están Nenita Caramés, Sara del Toro de Odio, Margarita Esquerre, Serafina Lastra, Sergio Giquel, Ester de la Portilla, Beatriz López Morton, Ramón "Mongo" Grau, Berta y Frank "Pancho" Finlay, Ulises de la Vega, Tony Comellas, Ignacio Martínez Ibor, Margarita Oteisa, Albertina O'Farrill, y muchos otros.

Durante mis investigaciones, Gladys Ramos, del Archivo Cubano de las Colecciones Especiales de la Biblioteca Richter de la Universidad de Miami hizo todo lo que estaba a su alcance para ayudarme. También les estoy agradecida a Esperanza de Varona y Lesbia Varona.

Me comuniqué con muchos periódicos a través de los Estados Unidos para lograr su ayuda de dos maneras. En primer lugar, les pedí a algunos rotativos de los pueblos donde muchos de los niños habían ido a parar que buscaran en sus archivos— tan antiguos como del 1961 ó 1962—artículos sobre los niños cubanos que habían llegado sin acompañantes. En segundo lugar, les pedí a otros periódicos que publicaran un pequeño encabezamiento que decía "Se busca a cubanos" como una petición de la autora. De esta petición surgieron artículos completos, al igual que respuestas de los niños pedro panes. Mi agradecimiento por su ayuda va también dirigido a Betty Baule de la Biblioteca Pública de Carnegie-Stout, Dubuque, Iowa; Diane Spooner, bibliotecaria, y Linda Ann Sales del periódico *Rocky Mountain News,* Denver, Colorado; Aleida Durán de *Contacto;* Judy Zipp, bibliotecaria del *San Antonio Express News* y del *San Antonio Light;* Maya Bell del *Orlando Sun Sentinel;* Chris Brennan del *Pottsville Republican,* Pottsville, Pennsilvania; Cecilia Paiz, reportera del *Palladium Times,* Oswego, Nueva York; H. Spitzer, bibliotecario del *Pueblo*

Chieftain; Steve Brewer, reportero del *Albuquerque Journal;* Gene Miller y Joan Fleischman del *Miami Herald,* Stephen McAuliff del *Telegraph Herald* de Dubuque, Iowa; Mike Wright del *Vicennes Sun-Commercial;* el periódico *La Razón;* la revista *Vanidades;* el rotativo *Estado Jardín,* y la revista *Hispanic Business.*

Por su cooperación y respaldo en todas las etapas de este proyecto, les doy las gracias más expresivas a Berta Alonso, Julio Álvarez y Leo Beebe, y a Retta Blaney, quien siempre tuvo palabras de aliento para mí; a Mary Glenn Crutchely del Nuclear Regulatory Commission; Ozzie Dolan; Marjorie Donahue; Judy Eptstein, de la Unión de Ayuda a Hebreos Inmigrantes (HIAS); Roberto Estopiñán; Ángel Estrada; María Julia Fernández; el capitán Eduardo Ferrer; Fidel González; Lynn y Peggy Guarch; Beatriz Hernández; Margo Jefferson, que me metió en la cabeza la idea de este libro; Karen Jones del U.S. Census Bureau; la sor Shirley Kamentz, Iowa; Nancy Kinley, del Catholic Charities en Dubuque, Iowa; Armando Lago; Ron Longe de la casa editorial Routledge; David Lawrence del Miami Herald Publishing Group; Moisés López de Radio Martí, el padre Miguel Loredo, ofm; Carlos Lluch; Harold Maguire; Patti McConville; Rick Mendoza, por su fabuloso programa COLA; Jerald T. Milamich; Terense Morgan de la Biblioteca Pública de Nueva York; Betty Peña, que me instruyó en el programa ACCESS; Jesús Peña, por su ayuda referente a las leyes de inmigración; la doctora María Prendes-Lintel, por compartir el resultado de sus estudios; Mari Rodríguez Ichaso; Doris Sapp; Les Sumner; la doctora Lisa Suzuki, por compartir el resultado de sus estudios; la profesora María de los Ángeles "Nena" Torres de DePaul University; el padre Thomas Rhomberg; Carmen María Rodríguez de Radio Martí; Rosa Villaverde y Bernardino de la Paz quienes me facilitaron documentos originales de extraordinario valor; y en el YMCA's *Writer's Voice*—Charles Salzburg; Nancy Ebker; Stanley Ely; Julia James;

Lorraine Kreigel; Ashley Prend; Sarah Slagle y Sabena Wedgewood.

A la casa editorial Random House Español, le agradezco que les hizo llegar el libro a los hispanoparlantes; después de todo, la Operación Pedro Pan comenzó en español. En ella, les estoy agradecida a Lisa Alpert, Elizabeth Bennett y Christopher Warnasch, quienes creyeron en el proyecto, a Mary Haesun Lee, por revisar el manuscrito, y a Sophie Ye Chin y Fernando José Galeano, quienes diseñaron el interior y la cubierta del libro, respectivamente. Pero le doy un reconocimiento muy especial a Célida Parera Villalón quien tradujo el libro con tanto amor, y a mi amigo José Lucas Badué, un editor brillante, quien tomó un interés y cuidado fuera de lo común con este libro. Mil gracias.

Además fui muy dichosa que el profesor Carlos Eire, quien también voló en las alas de Pedro Pan, accediera con su don mágico con las palabras—sin pensarlo dos veces—a escribir un prefacio tan hermoso. Gracias Carlos.

He dejado lo mejor para el final. A mi esposo Bernabé, que no sólo siempre tendrá todo mi cariño sino que también tendrá mi agradecimiento eterno por la enorme ayuda que me proporcionó. Me tranquilizó cuando era necesario, me dio valor en otros momentos, me ayudó a editar cuando era imprescindible, y siempre estuvo a mi lado. Soy verdaderamente afortunada.

PREFACIO

Bienvenido al mundo de la Operación Pedro Pan—más de catorce mil niños cubanos enviados voluntariamente por sus padres a una tierra extranjera, solos, sin dinero alguno, y con una maleta pequeña que, por todo equipaje, contenía algunas pocas piezas de ropa. Imagínese usted eso. Imagínese también ser padre y enviar a sus hijos lejos, bajo semejantes condiciones, a un país extraño donde no tiene parientes ni amigos, y sin saber exactamente adónde irán a parar. Aún peor, piense qué significa no saber cuándo podrá reunirse con ellos, o si volverá a verlos.

Hágase cargo que usted es ese niño enviado a lo desconocido, y si puede, piense además que es huérfano, aunque sus padres todavía viven. Suponga que usted está a cargo de una parte de ese éxodo, dedicado a la tarea de separar a los niños cubanos de sus padres, o que usted es la persona responsable por su bienestar una vez que llegaban a los Estados Unidos. Conciba en su imaginación lo que significa cuidar a miles de niños de una manera u otra, ignorando adónde lo llevarán todas las angustias sufridas. La mayoría de las veces, aunque la situación parezca estar en su mejor momento, la ansiedad es inevitable.

Piense en términos más amplios. Reflexione por un momento sobre una de las emigraciones más grandes de niños de la historia, que pasó casi desapercibida. Una especie de Cruzada de los Niños al estilo del siglo XX, silenciosa, invisible, ideológicamente motivada, y dolorosa hasta no dar más. Divague igualmente sobre la CIA y la Casa Blanca cooperando con un joven cura estadounidense de ascendencia irlandesa de la diócesis de Miami, para establecer y mantener una maquinaria de éxodo extraordinariamente efectiva, que hizo instantáneamente huérfanos a niños cubanos, y que los diseminó por todos los Estados Unidos. E imagínese también cómo por cuatro décadas nadie se enteró de ello. Quizás esto sea completamente increíble. Quizás sea también totalmente inconcebible. Pero todo esto sucedió . . . y, ¿por qué sucedió? Sucedió en nombre de la libertad y por la integridad de la mente y el alma de cada niño. Para crear un santuario para la autonomía del ser humano, precisamente durante la etapa de la vida cuando es más fácil ser esclavizado.

¿Es la libertad algo real? Pregúntele a cualquiera de los padres cubanos que entregaron a sus hijos a la Operación Pedro Pan. Pregúntele a cualquiera de los catorce mil de nosotros que nos convertimos en huérfanos instantáneos. Pregúntele también a cualquiera de los que hicieron posible la Operación Pedro Pan. Le aseguro que la mayoría de los que jugamos un papel en este capítulo de la historia—de tanto cubanos como estadounidenses—se burlarían de la pregunta. Podemos señalarnos a nosotros mismos como prueba irrefutable de que la libertad es algo más que un concepto abstracto. Escudriñe lo que tantos cubanos han hecho, y el precio que han tenido que pagar, no por obtener ganancias materiales, sino por la libertad. Revise también todo lo que los estadounidenses han hecho y lo que les ha costado por la misma razón. Quizás encontrará a algunos entre nosotros que digan que el precio que se pagó fue muy alto, o que la aventura fue mal concebida y absurda. Pero puedo asegurarle que muy pocos, si es que hay alguno, se atreverían a negar el papel que los valores y principios jugaron en ella.

Nuestros padres estuvieron dispuestos a apostar que un futuro incierto en los Estados Unidos era mucho mejor para nosotros que cualquier tipo de vida en la Cuba de Fidel Castro. ¿Mejor en qué sentido? Ciertamente no en términos de comodidades materiales, u oportunidades inmediatas de triunfo. Considere como prueba solamente una, y multiplíquela por más de catorce mil.

Mi hermano y yo abandonamos La Habana en un vuelo de la línea aérea neerlandesa KLM el 6 de abril de 1962. Por muchos años fuimos gente pobre que carecía de todo menos la dignidad. Vivimos en una casa para delincuentes juveniles en Miami. Vivimos en un sótano en Chicago donde nunca entraba el sol. Y aquí estoy yo ahora, casi cuarenta años después, profesor de historia y catedrático de la Facultad de Letras y Ciencias de la Universidad de Yale, viviendo una vida holgada, mientras hago lo que de verdad yo amo. Encima de todo, aquí estoy, escribiendo un prefacio para el primer libro importante en español sobre la Operación Pedro Pan.

Es un gran honor haber sido invitado por Yvonne Conde a escribir este prefacio. Pero es un honor que en realidad no me merezco. Mi campo profesional es la historia del continente europeo entre los años 1400 y 1700. Probablemente sé menos de la historia de Cuba que la mayoría de los otros pedro panes, porque la he eliminado de mi memoria. Yo no me merezco este honor por encima de los otros catorce mil niños, incluyendo a mi propio hermano que fue aplastado por la experiencia, y que nunca se ha repuesto totalmente de ella. Con un gran sentido de humildad estoy escribiendo esto para él, y para todos nosotros. Mi historia y la de él no son más que una minúscula fracción de la historia completa, sin diferir esencialmente de ninguna otra que fue parte de la Operación Pedro Pan. Todos fuimos víctimas. Todos fuimos héroes.

Todos y cada uno de nosotros no fuimos más que monigotes de la guerra fría. Fuerzas superiores a nuestro entendimiento, que no podíamos detener, nos separaron de nuestras casas y de nuestras familias. Cuando abordamos aquellos aeroplanos y les dijimos adiós a los familiares con un simple gesto de la mano, todos pasamos por una especie de muerte digna. Sin embargo, todos también renacimos, y eso fue una gran cosa. La muerte a veces puede ser hermosa. La Operación Pedro Pan fue como una resurrección, el camino hacia una nueva vida.

Yo les estaré siempre agradecido a mis padres por haber tenido el valor de ponerme en aquel avión, y les estoy agradecido igualmente a todos aquéllos que me cuidaron, hasta a los que lo hicieron malamente. Todos los participantes se enfrentaron a circunstancias nada fáciles.

Nuestros padres también murieron, y sufrieron aún más que nosotros. Eso lo sé yo ahora, porque soy padre a mi vez. Su sufrimiento debe haber sido enorme. Aquéllos que nos recibieron en sus casas—los buenos, los malos y los indiferentes—tuvieron que enfrentarse a nuestro destino y ofrecernos comida, ropa y abrigo. Sobre todo los buenos, que llegaron a querernos, tuvieron que separarse de nosotros en algún momento, y también sufrieron calladamente una muerte propia.

¿Cómo será juzgada esta odisea, cuando todos los que vivimos el proceso ya hayamos abandonado la faz de la tierra? No me atrevo a hacer conjeturas. Soy un historiador, y sé muy bien que todo lo que pertenece al pasado es por siempre susceptible a infinidad de diferentes interpretaciones. Así y todo deseo que el éxodo de catorce mil niños nunca sea olvidado, y que sea siempre considerado como un testimonio a todo lo que fracasó en la mal llamada "revolución" dirigida por Fidel Castro, y a lo que fue digno en el corazón de miles de desesperados padres y centenares de bien intencionados estadounidenses. Quizás conocer la historia de la Operación Pedro Pan asegure que haya menos niños perdidos en el futuro.

Nunca más. Nunca, jamás, debe repetirse semejante episodio en ninguna parte del mundo. Nunca debe ser permitido que hombre alguno domine una nación por la fuerza bruta de la intimidación. Nunca, en ninguna parte, deben los padres temer que sus hijos sean separados de ellos, o que sus mentes y almas infantiles sean violadas. Nunca debe ningún padre sentirse obligado a sacrificar sus hijos en aras de la libertad. Cabe señalar que una de mis películas favoritas cuando era niño era "Peter Pan" de Walt Disney. Debo haberla visto más de diez veces en distintos cines de La Habana. Yo quería ser como el personaje Peter Pan o uno de los Niños Perdidos. Yo quería continuar siempre siendo niño, y nunca crecer. También quería volar. ¡Qué poco sabía que mi deseo, con un extraño viraje, algún día sería realidad!

Todos los que volamos en las alas de la Operación Pedro Pan seremos niños eternos, aún mucho después que hayamos muerto. Nunca creceremos. Cada vez que se cuente nuestra historia, en cualquier parte y a cualquier hora, continuaremos siendo los niños que salimos volando fuera de Cuba, uno a uno, como semillas llevadas en el viento. Siempre viviremos en "la tierra de Nunca Jamás" histórica. Siempre seremos los niños y niñas del pequeño holocausto cubano. Seguiremos siendo niños eternamente, cada uno de nosotros, como fuimos llamados una vez por el escritor cubano Guillermo Cabrera Infante—"esos niños". Uno de "esos niños" que salieron solos; niños, volando hacia lo desconocido, sin acompañantes. Solos. No debió haber sucedido. No debe volver a suceder.

Continúe leyendo y compruebe por qué esto pasó, cómo pudo ser, y entonces piense por qué, hasta el presente, la historia completa ha permanecido escondida, sin contarse o examinarse. Piense por qué, durante la disputa sobre el balserito cubano Elián González, la prensa mundial se negó a narrar las historias sobre la Operación Pedro Pan, mientras que le prestaba toda su atención a la tragedia de un solo niño, recientemente convertido en huérfano. Piense también el por qué la prensa mundial y la de los Estados Unidos le permitieron a Fidel Castro argumentar—hipócritamente—que los niños no deberían ser separados de sus padres. Y entonces, después de que usted haya leído este libro, por favor, asegúrese que en honor a los niños de cualquier parte del mundo, la historia no caiga en el olvido, ni ahora, ni en los años venideros.

—CARLOS M. N. EIRE
Profesor de Historia y Religión de la Cátedra Riggs
Universidad de Yale

PRÓLOGO

Imagínese tener seis, ocho, hasta diecisiete años de edad y, de repente, sus padres lo envían lejos, a una cultura completamente nueva, donde la gente habla un idioma diferente. Piense en el miedo y la confusión que puede sentir al no entender por qué ha sido separado de los que ama, y de todo lo que es conocido.

Cuando las naciones se enfrentan unas a otras, o los ideales ponen en tela de juicio deseos contradictorios, los niños son los que, muy a menudo, pagan el precio mayor por estas desavenencias; en la forma que ellos han perdido la inocencia, no le debiera suceder a ningún niño. Los preceptos de los mayores los sitúa en un peligro emocional; se convierten en marionetas de un juego fatal sin el beneficio de ser ellos mismos los que deciden los movimientos.

Este siglo ha sido testigo, desgraciadamente, de varios éxodos de niños por causa de la política. Recuerde, por ejemplo, la huida de los niños vascos durante la guerra civil española de 1936 a 1939. En dicha guerra, los nacionalistas—que eran en su mayoría falangistas, monárquicos, carlistas y conservadores apoyados por la Italia fascista y la Alemania hitleriana—se levantaron en armas en contra de los republicanos, que eran primordialmente izquierdistas, anarquistas, socialistas, comunistas, y regionalistas catalanes y vascos, ayudados por la Unión Soviética y las brigadas internacionales.

En 1937 algunos padres rápidamente evacuaron a más de veinte mil niños vascos, que luego fueron llamados "la generación Guernica", por el nombre de una ciudad vasca destrozada por un bombardeo alemán ese mismo año. Los niños vascos encontraron un refugio seguro en México y en países europeos como Gran Bretaña, Bélgica, Suiza, Dinamarca y la Unión Soviética, en donde se dice que llegaron hasta cuatro mil niños.[1]

No fue hasta unos pocos años después, durante la segunda guerra mundial, cuando el Comité Judío de Refugio puso en efecto un movimiento llamado *Kindertransport,* o transporte infantil, que entre diciembre de 1938 y agosto de 1939[2] salvó a diez mil niños hebreos de la situación peligrosa que ya existía en Alemania, Austria, Checoslovaquia y Polonia, llevándolos a refugios en Inglaterra. Aunque se salvaron del genocidio, trágicamente nueve mil de esos niños más nunca volvieron a ver a sus padres.[3] Mientras los niños judíos encontraban amparo en Inglaterra, algunos padres británicos miraban aún más lejos, a través del océano, buscando un asilo más seguro para sus propios hijos. A principios de la segunda guerra mundial, cinco mil niños ingleses fueron evacuados a los Estados Unidos y al Canadá en un esfuerzo organizado por la organización benéfica Children's Overseas Reception Board.[4]

Cuando las fuerzas comunistas se enfrentaron entre los años 1944 y 1949 contra los monárquicos durante la guerra civil de Grecia, más de 28 mil niños griegos fueron usurpados de sus padres y enviados a vivir en campamentos en varios países del bloque comunista.[5]

La migración política de 14.408 niños cubanos a los Estados Unidos a principios de 1960 es el único suceso de este tipo en la historia de América. Sin haber sido una partida masiva organizada, y más oculta que los éxodos europeos, la salida de Cuba de los niños fue lenta y cuidadosa, día a día, en aviones comerciales. Las cantidades hablan por sí solas. Yo fui una de esos niños.

En 1980 leí el libro *Miami*, de Joan Didion. Sus palabras en la página número 122 me deslumbraron, y como un desafío me retaban a creerlas: "14.156 niños, cada uno mandado sólo por padres y tutores que todavía viven en Cuba". Catorce mil ciento cincuenta y seis.[6] ¿Cómo pudo haber sucedido una fuga tan monstruosa de Cuba sin yo haberme enterado?

Yo sabía que a la edad de diez años mis padres me habían enviado fuera de Cuba, para los Estados Unidos, sola. ¿Quería eso decir que yo formé parte del éxodo? Las palabras de Joan Didion me cambiaron la vida y me convertí, durante varios años, en una incansable indagadora de mis recuerdos. Ya como una mujer adulta estaba descubriendo que miles de otros niños habían pasado por la misma devastadora separación, adaptación y aprensión que yo. Sin embargo, ¡el mundo lo ignoraba! Sentí una inmensa obligación de revelar una parte de la historia que nunca antes había sido contada.

De un artículo de la revista *Reader's Digest* sobre el éxodo de los niños cubanos, encontré unos pocos nombres, entre ellos el del monseñor Bryan O. Walsh, el cura que recibió a los niños en los Estados Unidos. Indagué más profundamente sobre otros participantes de este drama, tarea difícil después de treinta años del suceso. Afortunadamente, los nombres de algunos de esos "niños" que se habían mantenido en contacto con el monseñor Walsh estaban disponibles por medio de las listas de dos grupos diferentes, la Fundación Pedro Pan y el Grupo de Operación Pedro Pan. Éstas son organizaciones benéficas formadas por los niños "pedro panes" en los últimos diez años. Los nombres me ayudaron a comenzar la investigación.

Muy pronto me di cuenta de que mi propio deseo por entender el pasado lo compartían otros niños pedro panes. Después de hablar con varios de ellos, el resultado parecía ser que cuando nuestros propios hijos llegaban a la edad que nosotros teníamos cuando nos separamos de nuestros padres, ellos despertaban los recuerdos de nuestra propia niñez. Más aún, encontré un grupo que ya es maduro, y su triunfo en la vida le permite ahora tener más tiempo para reflexionar sobre nuestra partida.

Envié por correo 800 cuestionarios consistentes en cuarenta y cuatro preguntas (*Véase* Apéndice I). Una segunda remesa siguió la primera. Recibí 442 respuestas. Entrevisté a 173 personas en total, incluyendo los niños pedro panes y otras personas involucradas en la operación, tales como padres y madres, periodistas, padres de acogida, sicólogos, maestros y luchadores clandestinos de Cuba. En la mayoría de los casos las entrevistas se hicieron en español, aunque a veces cambiábamos del español al inglés y viceversa.

Me comuniqué con periódicos a través de todo los Estados Unidos, coloqué anuncios, hablé por la radio y la televisión en español, y hasta distribuí volantes en eventos cubanos para tratar de localizar a más niños. Mi búsqueda arrojó cerca de 200 nombres más.

También presenté peticiones al amparo de la Ley de la Libertad de Información (Freedom of Information Act) ante el Departamento de Estado (como se llama el Ministerio de Relaciones Exteriores de los Estados Unidos), el Servicio de Inmigración y Naturalización, y la Agencia Central de Inteligencia, o CIA. La CIA, aunque "no confirmó ni negó" que existieran documentos relacionados con mi petición, me negó todo acceso, basándose en su deber de proteger "la seguridad del estado". Mis apelaciones consecutivas también han sido denegadas, y he sido informada que un proceso legal es el único camino a seguir. En estos momentos, la profesora María de los Ángeles "Nena" Torres está trabajando en esa opción.

Poner toda la información en su lugar no fue una tarea fácil. Para los que no estén familiarizados con la historia cubana, los primeros dos capítulos relatan los antecedentes históricos que dieron lugar a los cambios vertiginosos que ocurrieron en Cuba anteriormente al éxodo, y así contestar la pregunta, "¿Por qué?".

Para hacer circular los antecedentes históricos, se han usado acápites en los primeros capítulos, abandonándolos más tarde una vez que las historias personales aparecen. A la par, las anécdotas en primera persona—mis propios recuerdos de la época, desde el punto de vista de una niña cubana—han sido insertadas en estos primeros capítulos, y luego dejo a los demás contar sus propias historias.

Escribir este libro no solamente me ayudó a saber más del complicado período que le ha tocado vivir a mi patria, a todos los cubanos, a mi familia y a mí misma, sino que también me ayudó a comprenderlo.

Mientras más yo descubría y hablaba con la gente, más convencida estaba de que este sería un libro acerca de lo que sí en realidad es la valentía personal.

Antes de Cristóbal Colón, la
historia humana de Cuba estaba
en blanco.
Después de Colón, es sólo sangre
y negocios.

—WILLIAM HENRY HURLBUT, 1854

CAPÍTULO 1

ADIÓS CUBA: 1959–1960

1959—EL AÑO DE LA REVOLUCIÓN

El aeropuerto José Martí, a dieciséis kilómetros al suroeste de La Habana en el municipio de Rancho Boyeros, se había convertido en una estructura sombría en 1961. Había perdido la desenfrenada alegría de los encuentros. El edificio de una sola planta se estaba volviendo rápidamente, por el contrario, en un depósito de adioses, tristezas y recuerdos; un lugar de separaciones definitivas por la partida de miles de cubanos que abandonaban el país cada mes.[1] Como a los estadounidenses que viajaban a Cuba ya no se les ofrecía servicio de protección diplomática regular, los viajeros requerían permiso del Departamento de Estado si querían ir a la isla. Por lo tanto, los que llegaban a Cuba se habían reducido a sólo unos pocos.

A los adioses llenos de emoción y lágrimas les seguía la separación. Los que se marchaban proseguían al área donde se encontraba la aduana para que el equipaje fuera revisado y se les confiscara los objetos de lujo y las joyas. No era extraño que fueran registrados minuciosamente. A este salón de aduanas se le dio el sobrenombre de *la pecera*. Era una habitación enclavada entre cristales, donde los pasajeros esperaban la salida mirando las tristes caras de los familiares a través del cristal, y la decisión de abandonar la patria parecía haber partido su mundo en dos. Igual que se cree que los espejos reflejan el alma de una persona, la inseguridad de lograr una reunión en el futuro hacía de esta pared de vidrio un espejo sin azogue que reflejaba tanto el pasado como el futuro.

El 5 de mayo de 1961, María Dolores y Juan Antonio Madariaga, de ocho y once años respectivamente, estaban sentados solos en *la pecera* esperando con nerviosismo la salida. María Dolores no podía contener su alboroto, esperando con ansiedad el viaje en avión que prometía ser una gran aventura. Juan estaba cabizbajo, pero mientras miraba a sus padres, tan cerca de él, y sin embargo ya tan distantes, sentía con certeza todo el peso del mundo sobre sus tiernos hombros. A partir de ese momento, Juan era el protector de su hermana.

Mientras caminaban por la calurosa pista de aterrizaje, María Dolores miró hacia atrás, hacia la terraza de observación donde los familiares se precipitaban para ver a los que partían por última vez. Juan miraba sólo hacia delante. De repente, al tratar María Dolores de voltearse, sintió que la tiraban de la coleta. Era la mano de su hermano, obligándola a mirar hacia el frente. Le dijo, "No mires hacia atrás. Más nunca vas a volver a ver a nuestros padres". Casi cuatro décadas después, esas palabras siguen grabadas en los recuerdos de María Dolores. La separación anunciada resultó ser de cuatro largos años.

Los niños Madariaga no sabían que su partida los haría parte de la historia por ser de los primeros entre los 14.048 niños que fueron enviados solos fuera de Cuba por sus padres, durante un período que duraría 22 meses. Cuando los Madariaga partieron, aproximadamente 300 niños habían ya abandonado Cuba. Pero,¿por qué?

Algo había ido muy mal en la recién estrenada revolución

cubana. Habían transcurrido solamente veintidós meses desde que la nación recibiera a sus nuevos líderes con gran alegría. Ahora enviaban a los niños fuera del país para protegerlos. Los sueños se desintegraban, convirtiéndose así en pesadillas insoportables.

¡ESTA ES TU CASA, FIDEL!

El 8 de enero de 1959, el pavimento de las calles de La Habana estaba rajado, carcomido por la línea de tanques tipo Sherman que retumbaban a través de ellas. Para las multitudes jubilosas, era como si las calles desmoronadas simbolizaran el poder arrasar para siempre con cualquier vestigio del régimen de Fulgencio Batista Zaldívar. Las multitudes vitoreaban hasta quedarse roncas, lanzando confetis y serpentinas. Había gente en los techos de las casas, saludando la bandera de colores rojo y negro—anteriormente prohibida—del Movimiento "26 de Julio" de Castro, formando un dosel de dos colores que les daba la bienvenida a los jóvenes barbudos montados sobre tanques, camiones jeep y camiones militares. Muchas personas habían buscado en sus guardarropas piezas de colores rojo o negro para convertirse en banderas vivientes. Se palpaba la esperanza que los cubanos respiraban con alegría. Un manto de confianza había sido depositado sobre los líderes revolucionarios. Un nuevo gobierno del pueblo y para el pueblo comenzaba como un buen augurio del nuevo año.

Y Fidel . . . ¿Dónde estaba Fidel? Con grandes expectativas que crecían por minuto, la multitud esperaba su nuevo líder—un bien parecido y carismático hombre de 32 años llamado Fidel Castro Ruz. Al aproximarse a La Habana, una pasión de dimensiones que bordeaban en éxtasis se apoderó de la multitud. Yo sé que se apoderó de mí, una participante de apenas ocho años de edad que observaba los acontecimientos desde el balcón del tercer piso de nuestro apartamento en el barrio de

El Vedado, contemplando los tanques que rodaban a menos de media cuadra por la calle Línea. Los sentimientos aún están vivos en mi memoria—el júbilo diáfano y el incontrolable nerviosismo que me hacía correr, como si fuera un juguete impulsado por pilas, del televisor al balcón; todo porque el "malo" se había ido y el "bueno" había ganado.

Recuerdo con sorpresa cuando oí por primera vez a mi familia comentar cómo habían participado clandestinamente en la venta de bonos para darle apoyo económico a la revolución. Después de muchos años de silencio los cubanos podíamos reconocer abierta y orgullosamente la cooperación clandestina con el Movimiento "26 de Julio". La victoria de Cuba era también nuestra victoria.

Una gran pancarta, de más o menos un metro por cincuenta centímetros, de una fotografía de Fidel vestido con traje de campaña y gorra negra con una paloma blanca posada sobre su hombro, adornaba el lugar de honor de nuestra sala. Muchas puertas mostraban letreros que decían: "¡Esta es tu casa, Fidel!". El hecho de que el joven líder cumplía 33 años de edad ese año despertaba comparaciones místicas con Jesucristo, y hacía que la gente sintiera una reverencia natural. El cabello largo y las cuentas del rosario que los rebeldes llevaban al cuello recordaba a los apóstoles; una imagen que aumentaba aún más el sentimiento de veneración. Y en referencia a la paloma que decidió posarse en el hombro de Fidel durante su primer discurso importante al pueblo, bueno, eso era, sin duda alguna, una predicción de que él era un hombre de paz y buena voluntad.* Además, importantes figuras de las religiones afrocubanas lo interpretaron como una demostración de la "protección de los dioses".

---

*Treinta años más tarde, en el exilio, oiría que la paloma no era más que un truco, ya que la habían llenado de pelotillas de metal para que no volara.

Fidel no podía equivocarse. *Bohemia,* la revista semanal más importante de Cuba, lo llamó "el hombre cuyo sólo nombre es un estandarte", y "la figura más destacada de este momento histórico, sin precedente en la historia de América".[2] Fidel había logrado algo nunca antes visto en la política cubana—la unidad.

LA LUCHA POR LAS ALMAS

Fidel Castro Ruz y el presidente Fulgencio Batista Zaldívar se habían enfrentado cuando Castro, entonces un joven abogado e hijo de un hacendado español de la provincia de Oriente, había dirigido a un grupo de 200 estudiantes poco experimentados en un ataque mal concebido contra el Cuartel Moncada en Santiago de Cuba, provincia de Oriente, el 26 de julio de 1953. De esa manera el grupo político adquirió el nombre Movimiento "26 de Julio". El ataque fue un esfuerzo para deponer al general Batista, quien a su vez había ganado su posición dictatorial a través de un golpe militar. Castro fue arrestado y sentenciado a quince años de cárcel, la sentencia más larga impuesta a un rebelde en Cuba. Sin embargo, cumplió menos de dos años, gracias a una ley de la Cámara de Representantes cubana que les concedía la amnistía a todos los presos políticos[3], y que fue puesta en vigor el 2 de mayo de 1955.

Una vez en libertad, Castro abandonó Cuba para volver a agrupar y organizar el Movimiento "26 de Julio" en México. Castro regresó a Cuba en un yate que había comprado, el *Granma,* alistado para un conflicto armado. Desembarcó en la costa de la provincia de Oriente con ochenta y un hombres el 2 de diciembre de 1956, y capitaneó el ataque que seguiría con sólo once hombres, entre ellos Ernesto "Che" Guevara, un médico argentino que había hecho suya la causa de Castro. Estos hombres se dirigieron a las tupidas montañas de la Sierra Maestra, que sería el cuartel de Castro durante los próximos tres años.

El 24 de febrero de 1957, Herbert Matthews, corresponsal del rotativo *New York Times,* escribió el primero de una serie de artículos sobre los rebeldes. Según dijo Ruby Hart Phillips, la corresponsal del mismo periódico, y radicada en La Habana, "Desde ese momento (el 2 de diciembre de 1956), la juventud se apresuró a unirse a las filas de los rebeldes de Castro".

Con la ayuda de los campesinos de la localidad, los rebeldes mantuvieron sus posiciones, y así se convirtieron en expertos en combate de guerrilla. La emisora clandestina Radio Rebelde transmitía sus mensajes clandestinos desde las montañas y anunciaba cada batalla ganada. Con los reportajes de Matthews, el ejército cubano estaba tan desmoralizado hasta el punto que a veces no peleaba. Esta desmoralización, junto al embargo de armas contra el régimen de Batista efectuado por la administración Eisenhower,[4] les permitió a los rebeldes ganar la mayoría de las batallas en la provincia de Las Villas. La captura de la capital provincial Santa Clara, el 30 de diciembre de 1958, fue decisiva para la revolución. Lo más impredecible sucedió—el general Batista huyó hacia Santo Domingo a las dos de la mañana del primero de enero de 1959.

Ese mismo día Fidel se enteró por la radio de la huida del presidente Batista, sin embargo, rehusó ordenar el cese del fuego hasta que la noticia fuera confirmada. Hablándole directamente al pueblo de Cuba a través de la radio por vez primera, Castro convocó a una huelga general hasta que todas las armas fueran depuestas.

El Partido Socialista Popular (PSP) era el partido comunista de Cuba en el momento de la caída de Batista. Su líder, Juan Marinello, declaró su respaldo a la huelga general.[5] La huelga resultó innecesaria, ya que nadie se opuso a que Castro asumiera el poder totalmente. Tres días después fue cancelada.

Después que Marinello secundó la huelga, comenzaron a circular inmediatamente rumores de los vínculos de Fidel con el comunismo. El PSP, prohibido por Batista en 1954, resurgió como un partido organizado con 17 mil militantes.[6] El rotativo *Hoy,* el órgano oficialista comunista, se publicó de nuevo. El PSP se apoderó de la emisora Unión Radio. Después de ocupar pequeñas casas de juego y destruir sus maquinillas traga-monedas y mesas de juego, los comunistas colgaron letreros en los casinos anunciando que células del partido comunista esta-ban instaladas en las mismas.[7]

La oposición a Castro se desarrolló poco a poco, creciendo según cómo le afectaba a cada grupo los cambios introducidos por el nuevo gobierno. Los primeros exiliados fueron en su mayoría batistianos, sicarios del depuesto dictador, funciona-rios del gobierno y personal militar. Alrededor de 400 personas huyeron por barco o avión a los Estados Unidos y a Santo Domingo, donde el propio Batista había buscado refugio, mien-tras que las embajadas de las repúblicas latinoamericanas en La Habana fueron invadidas por personas solicitando asilo.

Al conocerse la partida de Batista el primero de enero, el populacho inmediatamente saqueó y quemó algunas de las propiedades de los que habían sido los seguidores del dicta-dor. Los nuevos parquímetros fueron desharatados. Los dueños de los casinos vieron cómo las maquinillas tragamonedas y todas las mesas de dados y ruletas de los hoteles Capri, Sevilla, Biltmore, San Juan y Deauville eran destruidas. Desde su escondite en la Sierra Maestra, Fidel ya había estado abogando por la clausura de los casinos durante meses.

Según Castro, los casinos destruían la moral de Cuba, y el país podía atraer turistas sólo por sus bellezas naturales. Trató de relegarles ese mensaje a los agentes de viaje de la Sociedad Estadounidense de Agentes de Viaje (ASTA en inglés), durante su congreso celebrado en La Habana ese mismo mes de enero. Entre cortejar a los agentes y prometerles la construcción de más lugares de veraneo, Castro mismo saboteaba simultánea-mente sus esfuerzos en favor de las relaciones públicas. Dejó plantados a los agentes en varias actividades, criticó abiertamente a los Estados Unidos, y atacó con bombas antiaéreas y ametralladoras un avión que dejó caer panfletos contrarrevolucionarios sobre La Habana. Mientras tanto, dos personas fueron asesinadas, y 45 sufrieron heridas en varias explosiones que estremecieron las calles de la capital. Multitudes entonando cánticos desfilaron frente al Hotel Habana Hilton (o "Habana Libre"), donde el congreso de la ASTA se celebraba, exigiendo la muerte de todos los enemigos de la revolución. Las locuras en que el congreso se vio sumido sirvieron como una lección sobre cómo perder turistas.[8]

Pero, el primero de enero, los líderes estudiantiles y representantes del movimiento de Castro tomaron las ondas radiales para exhortarle a la población que se quedara en casa y mantuviera la calma. El propio Castro, hablando desde Camagüey, pidió la restauración de la normalidad.[9]

Es necesario apuntar que ya en 1950 Cuba tenía un mercado publicitario poco característico. Había cincuenta y ocho periódicos diarios en la isla, colocando a Cuba en el cuarto lugar en Latinoamérica, y sobrepasada únicamente por la Argentina, México y el Brasil. Ya para el año 1957, Cuba tenía cinco canales de televisión y veintitrés emisoras, más que cualquier otro país de Latinoamérica. Y en lo que era la radiodifusión, Cuba era la octava en el mundo, con 160 estaciones de radio, por delante de Francia y el Reino Unido.[10]

Castro imponía su innegable carisma a través de las ondas radiales, y el nuevo medio de la televisión ayudaba a cimentar su revolución. Durante su primer año en el poder, Castro casi a diario hacía declaraciones que aparecían en los periódicos o por la televisión, interrumpiendo así cualquier programa a su capricho.[11]

El partido comunista, legalizado por el general Batista en 1939 durante su primer período presidencial, y más tarde prohibido por él en 1952 durante su dictadura, buscó aprovecharse del cambio, y así se apoderó de varios sindicatos. La milicia del Movimiento "26 de Julio" se abstuvo de echar a los comunistas de los locales de los que se habían apoderado, pero sí fueron expulsados de las oficinas de la revista *Réplica*.[12]

El dos de enero, durante su primera entrevista para la prensa estadounidense con Jules Dubois, del rotativo *Chicago Sunday Tribune*, Castro negó estar afiliado a los comunistas.[13] Durante sus días universitarios, había estado envuelto con organizaciones estudiantiles que incluían comunistas, un hecho que el corresponsal del *New York Times* Herbert Matthews atribuyó a que Castro había sido "un descuidado que le gustaba asustar . . . poco interesado en la política".[14]

El comandante Ernesto (Che) Guevara también estaba muy ocupado en negar los mismos rumores. "Nunca he sido comunista. Los dictadores siempre dicen que sus enemigos son comunistas", dijo el Che.[15] Sin embargo, Nikita Kruschev, el premier soviético, dice en sus memorias que sus especialistas en Latinoamérica tenían "información conseguida a través de varias fuentes. Sabíamos que Raúl Castro (hermano de Fidel) era un buen comunista. El Che Guevara también era comunista, al igual que algunos otros".[16] También el nuevo gobierno reconoció la legalidad del partido comunista. Castro explicó que al restaurarse por completo la Constitución de 1940, irónicamente respaldada por Batista durante su primer término presidencial, la libertad estaba garantizada para todos, incluso los comunistas. La revolución no le temía a ningún partido político.

El 8 de enero, el día que entró triunfalmente a La Habana, Castro continuó el proceso de desarmar a la nación, pidiéndoles a todos los rebeldes que depusieran las armas. "No serán permitidos ejércitos privados", dijo. "Ya no hay enemigos".[17] Al día siguiente, en el programa nacional de radio y televisión *Ante la Prensa*, Castro anunció que los partidos políticos serían reorganizados en "ocho o diez meses", y que las elecciones, prometidas desde los primeros días en la Sierra Maestra, se celebrarían en "alrededor de dieciocho meses".[18]

Durante los primeros días del nuevo régimen, aproximadamente setenta soldados de Batista fueron juzgados, sentenciados, y pasados por las armas de los pelotones de fusilamiento en un solo día.[19] Los barbudos rebeldes y ciudadanos en general querían castigar de esa manera a los oficiales del odiado cuerpo militar y policíaco de Batista, tristemente célebre por atrocidades y torturas cometidas. *Bohemia,* la popular revista semanal, les dio pábulo a los pelotones de fusilamiento al publicar retratos macabros de cadáveres exhumados e instrumentos de tortura usados por los batistianos.

Estos fusilamientos en el *paredón* encendieron la chispa de la primera ola de críticas domésticas e internacionales hacia el nuevo régimen. El 12 de enero, catorce personas fueron sentenciadas a muerte, pero el gobierno negó haber fusilado a otros setenta y cinco más.[20] Testigos oculares difieren de los recuentos del gobierno.[21] Tres días después, la Argentina le exhortó a Cuba a suspender las ejecuciones.[22] La iglesia católica, originalmente partidaria de la revolución por haber considerado cristianos muchos de sus mandatos revolucionarios, pidió un trato justo y legal de clemencia como algo elemental para los acusados.[23]

En una entrevista de la emisora estadounidense CBS, en el programa *Face the Nation,* Castro dijo, "un período de dieciocho meses es necesario antes de que puedan haber elecciones". En la misma entrevista declaró que "quizás dos o tres docenas de criminales" habían sido ejecutados hasta entonces. Castro mantuvo que cada uno de ellos había tenido un juicio justo.[24]

Sin embargo, estos "juicios revolucionarios" se parecían muy poco a lo que es un verdadero tribunal de justicia. Estos tribunales estaban diseñados de acuerdo con los tribunales temporales que Castro había constituido en la Sierra Maestra durante los tres años que pasó allí mientras combatía al general Batista. El código rebelde estipulaba la pena de muerte por asesinato, traición, espionaje, violación, asalto armado, robo y otras ofensas mayores en contra de la disciplina.[25] Es justo consignar que Cuba no tenía pena de muerte antes de la revolución, con excepción de los miembros de las fuerzas armadas culpables de crímenes militares o de traición, según dictaba el Artículo 25 de la Constitución de 1940. El Código de Defensa Civil también tenía una estipulación sobre la pena de muerte—el Artículo 128—que la permitía por espionaje.

Las ejecuciones eran, sin lugar a dudas, un espectáculo trágico. Los acusados eran alineados enfrente de las trincheras, o a lo largo de la pared o atados a un poste, y balaceados con rifles o armas automáticas. Los sangrientos actos recibían la propaganda necesaria. Las cámaras retrataban la mayoría de las matanzas, incluyendo una en donde un prisionero se enfrentó al pelotón valientemente y él mismo ordenó su muerte.

El senador Wayne Morse del estado de Oregón, crítico de Batista y simpatizante de la causa rebelde, denunció lo que él llamaba "un baño de sangre", y les apeló a los líderes cubanos a "suspender las ejecuciones hasta que las emociones se calmaran".[26] Castro le contestó con su acostumbrado desafío, diciéndoles a los periodistas que "el tiempo para que ellos (Estados Unidos) comenzaran a preocuparse fue durante el régimen de Batista", y añadió, "Hemos dado órdenes de matar hasta el último de esos asesinos, y si tenemos que oponernos a la opinión mundial para llevar a cabo nuestra justicia, estamos listos para hacerlo".[27] La mayoría de los cubanos hicieron eco de ese sentimiento y aplaudieron al carismático David, listo a vencer al Goliat que amenazaba su pequeña patria.

Otro bofetón a los Estados Unidos tuvo lugar el 15 de enero cuando Castro dijo, "Si a los americanos no les gusta lo que está sucediendo en Cuba pueden enviar a los infantes de marina, y entonces habrá 200 mil yanquis muertos". Más tarde ofreció excusas por ese pronunciamiento, y le aseguró a la prensa que él deseaba lazos favorables con Washington. Las relaciones entre Cuba y los Estados Unidos estaban comenzando su precipitado declive.

La revolución tenía solamente quince días de nacida.

El 21 de enero, mientras el mundo miraba, 18 mil cubanos se congregaron en una junta popular masiva en las calles en favor de las ejecuciones. Doscientos cincuenta reporteros extranjeros y dos congresistas de los Estados Unidos se encontraban en Cuba para asistir al juicio de ayudantes de Batista, celebrado en un estadio.[28] Uno de los acusados comparó la escena con el circo romano. La probabilidad de un juicio justo en medio del caos existente era nula. La prensa estadounidense los llamó "un baño de sangre". En realidad, estos actos servían como una advertencia a cualquiera que se atreviera a cometer "traición" contra el nuevo régimen.

Por supuesto, la traición tiene muchas caras diferentes.

CASTRO SE APODERA DE CUBA POR COMPLETO

Ruby Hart Phillips, la corresponsal del *New York Times* en La Habana, dio la temprana alarma en su columna del 27 de enero de 1959 en el artículo titulado "Empuje de los rojos para ganar puestos cimeros en Cuba". En su artículo, la señora Phillips citaba ejemplos de la creciente influencia comunista, incluyendo el hecho de que los líderes izquierdistas residentes en el extranjero estaban regresando a Cuba, que el diario comunista *Hoy* había vuelto a aparecer, y que el partido comunista estaba tratando de controlar a los trabajadores. Tres días después que se publicara el artículo de la señora Phillips, el 30 de enero, aparecieron por vez primera indicios del control totalitario cuando los milicianos del propio Movimiento "26 de Julio" de Castro fueron ordenados a entregar las armas en un período de setenta y dos horas. Y el 15 de febrero, Castro se constituyó en primer ministro de la isla por decreto propio.

Las tribulaciones económicas habían comenzado a azotar la nación. El gobierno se enfrentaba a una deuda de 1,5 mil millones de dólares. Además, el 75 por ciento de la cosecha de azúcar en las provincias orientales estaba dañada por los combates de la guerrilla revolucionaria, y había un promedio de seis a ochocientos mil desempleados en una población de seis millones. La intranquilidad política y el cierre de los casinos habían interrumpido las ganancias derivadas de la lucrativa industria turística.[29]

Otra política económica que apuntaba hacia un total control gubernamental también se había establecido: *la intervención*, o la confiscación de propiedades y negocios por el régimen, que comenzó dos meses después del triunfo de la revolución, y que no pararía hasta que **todas** las entidades privadas fueron abolidas. La Compañía Cubana de Teléfonos, afiliada en su totalidad a la compañía estadounidense International Telephone and Telegraph (ITT), fue puesta bajo el control del gobierno el 4 de marzo de 1959.[30]

Castro había escogido a Manuel Urrutia Lleó, con quien había trabajado en el campamento de la Sierra Maestra, para ser el presidente revolucionario de Cuba; una posición títere en la que Castro tiraba de las cuerdas. El 28 de febrero el presidente Urrutia aprobó una ley que autorizaba la confiscación de las propiedades pertenecientes a los colaboradores de Batista, que incluían ministros, funcionarios de las fuerzas armadas, senadores, representantes, todos los que ocupaban puestos políticos, y los gobernadores y alcaldes provinciales. Con esto barrería eficazmente a toda una clase política, por muy corrupta que ésta hubiese sido.

Durante su primera visita oficial a los Estados Unidos en el mes de abril de 1959, Castro prometió que el gobierno cubano nunca confiscaría industrias privadas extranjeras. También negó una vez más que su gobierno estuviera influenciado por los comunistas.[31] Simultáneamente, Lázaro Peña, antiguo militante del PSP, estaba de viaje, camino a Moscú. Peña tenía órdenes ocultas de Raúl Castro de pedirles a los soviéticos ayuda para centralizar el control del ejército cubano. Raúl específicamente solicitaba militantes comunistas españoles que se habían graduado de la academia militar soviética "para ayudar al ejército cubano . . . en materias generales y para la organización del servicio de inteligencia".[32] La petición fue concedida el 23 de abril, y enseguida dos graduados españoles de academias militares soviéticas fueron enviados a Cuba, a los que pronto les siguieron quince más.[33]

Mientras tanto, de regreso en los Estados Unidos, durante una entrevista en *Meet the Press* el 19 de abril, Castro situó las elecciones más lejos aún, esta vez "dentro de cuatro años". Ya en el mes de mayo, Castro estaba a punto de romper su promesa de proteger la industria privada. El día 17 de ese mismo mes, la reforma agraria se convirtió en ley, prohibiéndoles a los extranjeros ser dueños de ingenios y tierras.[34] De ese mismo modo, la posesión de tierras fue restringida a treinta caballerías (mil acres).[35] Siete aerolíneas cubanas y compañías situadas en los aeropuertos fueron confiscadas, al igual que las posesiones de otras 117 compañías, y dieciocho individuos fueron acusados de enriquecerse bajo el régimen de Batista.[36] Las tierras que eran propiedad de los estadounidenses fueron "intervenidas", lo que en el léxico revolucionario significaba apropiación.

LA DESAVENENCIA EN LAS FILAS

Pedro Luis Díaz Lanz, comandante de la Fuerza Aérea Revolucionaria, fue el primer desertor importante de las filas del Movimiento "26 de Julio". Díaz Lanz se escapó a los Estados Unidos el primero de julio de 1959 después que Castro le prohibió hacer declaraciones anticomunistas; algo que Díaz Lanz no podía aceptar. Éste se había mostrado descontento al ver cómo los comunistas, desconocidos en la lucha contra Batista, ahora adquirirían importantes puestos en el ejército rebelde, y por eso le escribió sobre el asunto al presidente Urrutia.[37]

Una vez en los Estados Unidos, Díaz Lanz atestiguó ante el Comité de Seguridad del Senado que había abandonado Cuba porque "Castro ha traído comunistas a mi patria". Añadió que Castro le había dicho que introduciría un sistema igual al de Rusia, aunque mejor, y que él "le quitaría las tierras a todo el mundo", y que eliminaría los bancos.[38]

La deserción de Díaz Lanz le costó al presidente Urrutia su alto puesto. Cuando se presentó en la televisión para criticar la fuga, se le preguntó a Urrutia acerca de su parecer sobre el comunismo. Se negó a hablar del asunto, pero sí criticó a los dirigentes del PSP. Castro estaba viendo el intercambio en el televisor de su habitación de su hotel, y exclamó, "Toda esta habladuría sobre el comunismo ya me cansa".[39]

LA SEDUCCIÓN

Tramando cómo eliminar al presidente Urrutia, al día siguiente, el 15 de junio de 1959, Castro citó al editor de *Revolución,* Carlos Franqui, y le dijo que publicara una historia falsa sobre la renuncia de Castro en grandes titulares. En su editorial, Franqui escribió: "Muy . . . serias y justificables razones han hecho llegar a esta decisión sobre una persona que siempre ha sido caracterizada por la resolución, firmeza y responsabilidad de sus acciones".[40] Como era de esperarse, en cuanto el periódico circuló, hubo un sentimiento general de indignación. Castro no aparecía por ningún lugar. Después de dos días de tensión extrema Castro salió en la televisión, un medio que dominaba a la perfección, diciendo que para él era imposible trabajar con el presidente Urrutia. Las multitudes tragaron el anzuelo y le pidieron la renuncia a Urrutia. El presidente inmediatamente dimitió y pidió asilo en la embajada venezolana. Osvaldo Dorticós Torrado, un sumiso abogado que había redactado la ley de la reforma agraria, fue nombrado presidente. Dorticós había sido militante del PSP desde 1953.[41]

El comandante Ramiro Valdés, jefe de inteligencia de Castro, fue enviado a México en el mes de julio de 1959 para reunirse secretamente con el embajador soviético y la KGB. Luego, más de cien consejeros de la KGB fueron enviados a Cuba para dirigir los servicios de inteligencia y seguridad. Por ironías del destino, muchos de esos agentes provenían del grupo de *los niños*, los hijos de comunistas españoles que fueron enviados solos a la Unión Soviética por sus padres durante la guerra civil y criados allí. Como hablaban igualmente el español que el ruso, eran la elección lógica para ser el enlace entre Cuba y Rusia.[42]

A pesar de algunos desacuerdos y preocupaciones, el ánimo predominante era muy a favor de Castro. Las revoluciones suelen traer consigo una reafirmación de la identidad nacional, y los cubanos estaban llenos de orgullo patriótico. Por eso, la revolución había encontrado un lugar en el corazón de la mayoría de los cubanos, ya que prometía la esperanza de un nuevo comienzo para la república después de tantos años recargados de corrupción política, y siete largos años bajo un régimen inconstitucional.

En la concentración para celebrar el aniversario del 26 de julio, 500 mil cubanos se reunieron en la Plaza Cívica y honraron a Fidel Castro con una ovación que duró diez minutos. Al presenciar esta manifestación de apoyo popular, Castro declaró que le recordaba a la antigua Atenas, "cuando la gente en la plaza pública discutía y decidía su propio destino", añadiendo, "Esta es una verdadera democracia", y que Cuba no necesitaba elecciones formales.[43]

Pero otros cubanos sí querían las elecciones prometidas y una verdadera democracia, no el camino totalitario que Cuba estaba tomando. Había descontento a través del país. Ochenta "contrarrevolucionarios" atacaron un cuartel del ejército. Un plan para tumbar el régimen de Castro fue aplastado el 10 y el 11 de agosto. Ya en ese momento, el número de presos políticos había ascendido a 4.500.[44]

PENSAR AL ESTILO CASTRISTA

Según el régimen se consolidaba como un mandato militar, con el control total de las fuerzas armadas y los organismos de represión, las plazas vacantes que las renuncias o sustituciones en la burocracia gubernamental suscitaban eran rápidamente ocupadas por los lamebotas de Castro. El poderío de Castro estaba infiltrándose en todos los aspectos de la vida en Cuba.

En el mes de agosto la Compañía Cubana de Electricidad, una subsidiaria de la compañía American and Foreign Power, fue obligada a rebajar sus tarifas en un treinta por ciento, y los gastos de oficina, de cincuenta mil dólares, fueron reducidos a tres mil al año. En el mes de septiembre, 330 mil toneladas de azúcar fueron vendidas a la Unión Soviética a un precio ligeramente más bajo que como se cotizaba mundialmente. Un cambio en socios económicos comenzaba a aparecer, ya que Cuba le tendía la mano a la Unión Soviética.

Una tercera parte de los profesores de la Universidad de La Habana fueron considerados indignos de confianza por el gobierno y apartados de sus posiciones en el mes de octubre. El comandante Rolando Cubela, presidente de la Federación Estudiantil Universitaria (FEU), que siempre portaba un arma y quien había estado en las montañas con Fidel, dijo, "los profesores incompetentes, amorales y contrarrevolucionarios tienen que marcharse". El presidente de la FEU también pedía la revisión de la lista de cursos, del profesorado y de los exámenes, y que se permitiera la presencia de profesores extranjeros en Cuba.[45] Con la ayuda de Cubela, el régimen se aseguraba el control de las instituciones de enseñanza superior.*

Mientras tanto, en el Ministerio del Interior, un servicio de

---

*Cinco años más tarde, en 1965, Cubela sería sentenciado a veinte años de prisión por conspirar contra Castro.

inteligencia recien formado a la imagen y semejanza de la KGB, ya se había convertido en una policía secreta cuya misión era proteger al estado de sus enemigos de fuera o de dentro. Como era de esperar, los agentes cubanos fueron enviados a Moscú para recibir entrenamiento.[46]

El 21 de octubre de 1959 el comandante Húber Matos, líder militar de la provincia de Camagüey y antiguo ayudante del primer ministro Fidel Castro Ruz durante los días de su insurrección en la Sierra Maestra, fue detenido por conspiración después de haber presentado su renuncia. Matos había cometido el error de quejarse de que la revolución no había cumplido su programa, y de acusar al gobierno de haber permitido la penetración comunista. [47] Por cortesía de su antiguo amigo, Matos se pasó los próximos veinte años en una cárcel cubana.

La intervención de las tierras y propiedades continuó— cincuenta mil acres de la compañía agrícola United Fruit Company fueron expropiados; también el rancho ganadero King, de 35 mil acres; 10 mil acres que le pertenecían a Charles Buford, ciudadano estadounidense; el rancho El Indio, de 21 mil acres, y 75 mil acres pertenecientes a ciudadanos de los Estados Unidos en la provincia de Oriente. Hasta el propio Ramón Castro, hermano de Fidel, sólo pudo quedarse con mil acres de los 21.650 que poseía.[48] El Hotel Habana Riviera, propiedad estadounidense y valorado en 15 millones de dólares, fue confiscado, al igual que catorce fincas tabacaleras de Pinar del Río, la provincia más occidental de la isla.

Los derechos individuales estaban siendo eliminados en nombre de la revolución. El derecho fundamental a *hábeas corpus** fue suspendido, al igual que los requisitos para que las

---

*Ley que garantiza el derecho de seguridad personal y obliga a presentar al detenido ante el tribunal para que éste decida sobre la validez de su detención.

personas detenidas recibieran acusaciones formalmente dentro de un período de veinticuatro horas. El derecho del Tribunal Supremo de Justicia a interpretar constitucionalmente las leyes fue eliminado, igualmente que el derecho de las cortes a intervenir en favor de los detenidos.

No fue por casualidad que se establecieron los tribunales militares.[49] Muchos cubanos optaron por huir. Mientras tanto, Castro permitió que las personas que no se sentían a gusto se marcharan, ya que así creaba el efecto de la válvula de escape de una olla de presión, al permitir que el "vapor" escapara antes de la explosión.[51] Por ejemplo, en sólo el año 1959, 285.067 pasaportes cubanos fueron emitidos.[50]

El año terminó con Castro conminando a los trabajadores a espiar a todas las personas opuestas a la revolución.*

1960—AÑO DE LA REFORMA AGRARIA

La revolución había cumplido un año cuando los padres cubanos recibieron una sacudida directa. El 6 de enero de 1960, el Ministerio de Educación anunció un nuevo programa militar para los estudiantes de enseñanza superior—respaldar a la nueva milicia popular. Según un decreto, todos los estudiantes tenían que aprender a portar armas.[52] Para luchar contra los posibles enemigos de Cuba, el gobierno reclutó alrededor de 400 estudiantes universitarios dentro de la milicia

---

*Castro siempre pudo manipular la emigración. En 1965 les permitió a los exiliados recoger a sus parientes en el puerto de Camarioca. En 1980, se repitió lo mismo en el puerto del Mariel, por donde salieron más de 127 mil personas, muchos de ellos criminales acabados de sacar de la cárcel. Después de un motín contra el régimen en el mes de agosto de 1994 en el malecón habanero, Castro les permitió a 33.105 balseros marcharse en un período de dos meses.

estudiantil.[53] Los parques y otras áreas abiertas en La Habana y en toda la isla, que una vez habían sido usados para disfrute de sus residentes, ahora eran convertidos en campos de entrenamiento para las patrullas juveniles. Los jóvenes que marchaban de tres o cuatro en fondo, aprendiendo a desfilar con paso cerrado, luciendo gorras negras al estilo del Che Guevara y cargando rifles belgas o armas automáticas checoslovacas, se convirtieron en un panorama constante. El 14 de enero, Armando Hart Dávalos, el ministro de educación, dijo, "El maestro tiene una obligación ineludible de transmitirles el pensamiento revolucionario a los estudiantes".[54] "Ganaremos más batallas y los niños nos ayudarán", proclamó el primer ministro Castro durante la apertura de una escuela, según apareció en la primera plana del rotativo *Revolución* del 29 de enero.

Según otro reportaje, una niña de diez años había dicho, "Fidel es una maravilla. Es lo más grande que existe". Esta niña, en resumen, repetía los sentimientos de la mayoría de otros niños cubanos de esa época, incluyéndome a mí. A los diez años de edad yo era una arcilla fácil de moldear en manos del gobierno. Me sabía de memoria todos los lemas y las canciones de propaganda:

> ¡Fidel! ¡Fidel!
> ¿Qué tiene Fidel?
> ¡Que los americanos . . . no pueden con él!
>
> ¡Arriba! ¡Abajo!
> ¡Los yanquis son guanajos!

Éstos son los únicos que recuerdo.

Mientras los niños entonaban canciones antiestadounidenses, los políticos de los Estados Unidos, bajo la presidencia de Dwight D. Eisenhower, comenzaban a preocuparse por el futuro de los cubanos y el de su patria. El congresista por la Florida, Dante B. Fascell, le dijo al Congreso el 13 de enero de 1960 que la reforma agraria no había sido bien concebida, y que podría hacer daño. El representante por California, H. Allen Smith, le habló al Congreso al día siguiente: "Las señales son claras para todos aquéllos que quieran verlas—Cuba está en camino de ser una dictadura comunista", advirtiendo así que los soviéticos estaban situando una base política en Cuba, a sólo 145 kilómetros—o noventa millas—de las costas de los Estados Unidos, en un momento culminante de la guerra fría.

Anastas Ivánovich Mikoián, el primer ministro del Consejo de Ministros de la URSS, llegó a La Habana el 4 de febrero de 1960. Él y su comitiva de setenta y cinco delegados inauguraron una exhibición soviética de industria y comercio, dándoles así a los cubanos un mercado alternativo.

Su llegada fue recibida con manifestaciones anticomunistas y la policía disparó al aire para sofocarlas. Mikoián depositó una corona con la hoz y el martillo, símbolos del comunismo, frente a la estatua del Apóstol cubano José Martí en el Parque Central de La Habana. Un grupo de estudiantes universitarios pasó en automóvil por el parque y sustrajo la corona, que luego fue reemplazada por otra ostentando los colores de la bandera cubana.[55] Andrew Saint George y Jay Mallin, reporteros estadounidenses presentes en el acto, fueron arrojados al suelo, encarcelados y su película fotográfica confiscada.[56] Después de manifestarse en contra de la visita de Mikoián, los mil militantes de la Acción Católica Universitaria fueron expulsados de la universidad y denunciados como contrarrevolucionarios. Cuando algunos de ellos quisieron distribuir su propaganda, recibieron golpizas y sus panfletos fueron quemados.[57]

Después que Cuba firmó un tratado comercial y político con la Unión de Repúblicas Soviéticas Socialistas, el diario *New York Times* reportó que la influencia comunista iba en aumento en La Habana. El congresista por Pensilvania, Daniel Flood, le informó al Congreso de la amenaza que significaba la visita de Mikoián a las propiedades e intereses estadounidenses en Cuba. A Flood le parecía que Mikoián "usaba a Cuba como un podio para declarar públicamente que en Rusia la propiedad privada había sido confiscada por el poder soviético sin recompensar a los dueños". Fue en este período que una comisión de trueque comercial de los soviéticos, con un centenar de miembros, fue establecida en Cuba.

La revista *U.S. News and World Report* de fecha 21 de marzo de 1960 portaba una fotografía de niños cubanos en su entrenamiento diario, marchando de tres en fondo, y reportaba que, "los niños se unen a la patrulla juvenil como revolucionarios a la edad de siete años". El reportaje fotográfico sigue a un típico niño de diez años en su casa, en la escuela, marchando y dirigiendo el tránsito, mientras que la madre aparece durante su adiestramiento de miliciana. El artículo dice que había 100 mil cubanos en las patrullas, pero que la meta era de 500 mil.

Castro creía de corazón en ayudar y educar a los campesinos, porque él mismo provenía del campo, y ahí era donde había sido más feliz en su juventud. Para él era crucial, durante los días de su insurrección en la Sierra Maestra, ayudar a los campesinos. El 13 de mayo de 1960, el periódico oficialista *Revolución* publicó fotografías del primer grupo de mujeres voluntarias que se dirigían a las montañas en una misión de alfabetizar a los campesinos. Aunque indudablemente ésta era una causa muy meritoria, entraba en conflicto con las normas sociales, y por eso angustió a muchos padres. La mujer cubana llevaba una vida muy resguardada. Ellas eran vigiladas por chaperonas hasta el día que contrajeran matrimonio. El hecho de que mujeres jóvenes vivieran solas—sin supervisión y entre extraños—no era algo que se aceptaba en la cultura cubana. Estandartes que decían "Cada estudiante un maestro"[58] asustaron aún más a los padres de las niñas adolescentes.

Las enseñanzas revolucionarias eran entremezcladas con las rutinas diarias. Armando Hart Dávalos, ministro de educación, anunció en la televisión, "Estamos usando (en las escuelas de enseñanza básica) un nuevo tipo de pedagogía que toma de la vida misma . . . de manera que ningún curso resulte aislado. Cada lección da motivo para explicar una serie de conocimientos que están unidos los unos con los otros".[59]

Durante esa luna de miel política surgieron algunas voces disonantes, voces que no equiparaban el ser anticomunista con ser anticastrista o contrarrevolucionario. Aquéllos que no estaban de acuerdo con cada faceta del nuevo régimen, o con el lema *Patria o muerte,* eran llamados *gusanos,* y como resultado, desdeñados.

La manera más fácil de aplastar las voces que disentían era controlar la prensa opositora por medio del monopolio estatal de la radio, la televisión y los periódicos. La revista *Time* del 20 de junio de 1960 decía que el régimen en Cuba dirigía cuatro de las emisoras de La Habana, y 128 estaciones de radio. Bajo el título "Cuba: el vecino marxista", el artículo también se refería a los lavados de cerebro que ocurrían en toda la isla, "a veces sutiles, con más frecuencia, violentos".

En la misma fecha, la revista *U.S. News and World Report* publicó un artículo con el titular "Una posesión comunista a noventa millas de los Estados Unidos", que decía, "Los niños de las patrullas juveniles—que el gobierno organizó para reemplazar a las organizaciones para jóvenes Boy Scouts y Girl Scouts—son instruidos para informar sobre sus padres y vecinos". El artículo, tomado del *New York Times,* también contenía una advertencia a los padres:

> El régimen de Castro está redoblando sus esfuerzos para capturar la mente de la juventud. El patrón de adiestramiento es similar al que es usado por muchos gobiernos totalitarios. Éste incluye los adoctrinamientos en las escuelas, en la radio, televisión y prensa plana, con el entrenamiento militar comenzando a los siete años de edad y una campaña de odio

dirigida ahora contra los Estados Unidos. Las organizaciones de brigadas de trabajo de varones de catorce a dieciocho años, y las reuniones y fiestas, todas tienen un propósito político. El gobierno (cubano) quiere que una vez que la juventud esté adoctrinada para odiar a los Estados Unidos, las relaciones entre los dos países queden dañadas para siempre.

¡NO MÁS DÓLARES YANQUIS!

Sembrar la semilla del odio al *yanqui* entre los jóvenes de la isla no era el único daño que les estaba ocurriendo a las relaciones entre los Estados Unidos y Cuba. A mediados de 1960, más de 300 millones de dólares en propiedades estadounidenses en Cuba habían sido intervenidos bajo la bandera del "nacionalismo". El régimen castrista también culpaba a los Estados Unidos por el hundimiento del barco francés *Le Coubre,* que explotó cuando su cargamento de municiones y armas era descargado en el puerto de La Habana, un suceso que fue más bien un accidente.

El 23 de junio de 1960, Castro amenazó con confiscar todas las inversiones de los Estados Unidos en Cuba valoradas en aproximadamente mil millón de dólares.[60] No sólo estaba la propaganda soviética infiltrando cada esfera de la isla, sino que comenzaba a sentirse la presencia de mil "técnicos" de la China comunista. Según las palabras de Kenneth B. Keating, senador por el estado de Nueva York, estos técnicos estaban en Cuba para "atraer a los 50 mil chinos de Cuba al campo comunista".[61] De uno a dos millones de dólares habían sido invertidos en nuevas armas,[62] aun a pesar de que el nuevo régimen había capturado grandes arsenales de armamentos pertenecientes al depuesto régimen batistiano. El ejército de Cuba estaba expandiéndose rápidamente. Cuando Batista abandonó Cuba, las fuerzas armadas ascendían a 29.270 soldados, y los gastos militares representaban el 2,2 por ciento del producto nacional bruto (PNB). A principio de los años 60, las fuerzas armadas habían crecido a 300 mil soldados, y sus gastos fluctuaban entre el 4,4 al ocho por ciento del PNB de Cuba.[63]

Los ideales de la revolución eran exportados a Latinoamérica y el Caribe. *Prensa Latina,* el nuevo servicio oficialista noticioso cubano, les daba información gratuita a todos los periódicos de Latinoamérica. Poderosas estaciones de radio transmitían (y todavía lo hacen) su mensaje desde "Cuba, territorio libre de América".

Alrededor del 5 de julio, las amenazas en contra de los *yanquis* se volvieron realidad. Todos los negocios propiedad de los Estados Unidos fueron intervenidos, y en el mes de octubre, mil millón de dólares de las ganancias de negocios que pertenecían a los estadounidenses fueron confiscados.[64] Los Estados Unidos se desquitó con Cuba al cancelar la compra de la cuota azucarera cubana.[65] La economía de la isla, que dependía totalmente del azúcar, perdería su comprador principal.

La Federación Estudiantil Universitaria (FEU) estaba a la cabeza de los ataques contra los Estados Unidos. El ejemplar del 4 de agosto de 1960 del rotativo *The Reporter* decía: "Mientras más cerca usted se sitúa de la Universidad (de La Habana), más prolífica se vuelve la propaganda. Las vitrinas de las tiendas proclaman '¡Cuba sí! ¡Yanqui no!', y una enorme bandera colocada justamente debajo de los grandes peldaños de la universidad anuncia una serie de conferencias sobre los 'deberes' y 'funciones' de la 'familia revolucionaria' ".

La FEU también estaba activa entre distintos grupos de varias naciones latinoamericanas. El Congreso de la Juventud, llevado a cabo el año anterior en La Habana, les había dado la bienvenida a más de 1.500 delegados, entre ellos militantes de la Juventud Socialista Chilena, la Juventud Comunista Chilena, la Federación Nacional de la Juventud China, la Unión Checoslovaca de Jóvenes Comunistas, la Juventud Socialista de Yugoslavia, la Juventud Comunista Italiana y el Ala Izquierda de la Juventud Socialista de Italia.

"Castro: una vez el héroe de Latinoamérica, es ahora el enemigo", decía el titular de un artículo publicado en la revista *U.S. News & World Report* de fecha 29 de agosto de 1960, que reportaba sobre el sentimiento del hemisferio hacia Cuba. Terminaba aseverando, "Los diplomáticos latinos (americanos) concuerdan en que Castro asumió el poder el día primero del año 1959 con todo el respaldo que necesitaba para darle a Cuba un nuevo mandato después de la dictadura de Batista. Castro era visto como un héroe para Cuba y para el resto de Latinoamérica. Casi todos los latinoamericanos sienten que él ha traicionado la confianza del hemisferio. Para ellos, Castro se ha convertido en un enemigo fácil de reconocer".

LA CAZA DE BRUJAS

Los enemigos de la revolución parecían acechar por todos lados. El dos de septiembre, Cuba rompió relaciones diplomáticas con la China Nacionalista y las estableció con la China Roja.[66] Esto era un asunto de suministro y demanda. La China podía suministrar ayuda, pero Latinoamérica no, por más que Castro les proporcionara ideología comunista a los países vecinos a través de los años.

Cuba necesitaba una estrategia para separar a sus amigos de sus enemigos, ya fueran éstos extranjeros o de la misma Cuba. El Ministerio del Interior instituyó el 28 de septiembre de 1960 un medio por el cual se podía localizar a los enemigos domésticos: el Comité para la Defensa de la Revolución (CDR). Los *comités* o CDR fueron la idea luminosa de Enrique Líster Farján, un veterano republicano de la guerra civil española.[67] Era una red de vigilantes del vecindario, usualmente una por cada cuadra (o sección entre calles), cuya única función era espiar y denunciar a los vecinos. Podían entrar en cualquier casa sospechosa de actividades contrarrevolucionarias, respaldados por los milicianos. Era una respuesta efectiva del régimen a la creciente oposición, el terrorismo y sabotaje. El miedo y la paranoia se apoderaban de Cuba, y nadie se sentía a salvo. En 1960, mi familia se mudó a un barrio residencial en una calle de casas similares de dos pisos. El comité que nos correspondía estaba situado en una casa idéntica a la nuestra en la acera de enfrente. Estaba siempre llena de milicianos de ambos sexos, todos vestidos con ropa de color verde olivo. Por esa época, ya mi familia se había vuelto contra el gobierno. El retrato de Fidel que una vez había adornado nuestra sala nunca fue desempaquetado después de la mudada. Nuestro vecino inmediato, un médico, planeaba marcharse del país, al igual que la gente enfrente a él, y también la familia de la esquina. Otro vecino, que tenía varios hijos de más o menos mi edad, ya se había ido. En menos de media cuadra, ya había cinco familias con sus vidas quebradas. Comenzamos a asociarnos más con otros que pensaban como nosotros, evitando así a nuestros amigos "fidelistas". Mi madre tuvo una desavenencia política con su mejor y más antigua amiga del trabajo, una revolucionaria fanática, y la amistad entre ellas terminó. No obstante, se reconciliaron años después en el exilio.

Recuerdo muchos tapujos en nuestra vida de entonces. Más que nada, nos sentábamos en el balcón para mostrar que nuestras conversaciones no eran secretas y podían ser escuchadas por todos. A la misma vez, muchos susurros acontecían a puerta cerrada y entre vecinos. Tratábamos de ser amistosos con la gente del comité, intercambiando con ellos un plato de dulces o café negro recién colado, tratando así de ganarnos su confianza. Aunque las relaciones eran cordiales, ellos sabían que nosotros no pertenecíamos a la milicia ni participábamos en las prácticas militares contra una posible invasión yanqui, como tampoco desplegábamos banderas del "26 de Julio" en nuestro hogar.

Para abandonar Cuba, los cubanos necesitaban el permiso

de salida. Igualmente necesitaban el visado de los Estados Unidos o *un permiso especial* (*visa waiver* en inglés), así como un boleto comprado con dólares. Ni dinero ni valores podían abandonar el país.[68] Para conseguir el permiso, los militares tenían que llevar a cabo un inventario de todas las pertenencias de la casa. El día de la partida había que dar cuenta de todas ellas, o de lo contrario, la salida sería denegada. Mi tío estaba planeando marcharse, por lo que dejó algunos de sus objetos de valor con nosotros antes del inventario. Fotografías, documentos y grandes jarrones chinos entraron a la casa a través del garaje para evitar el escrutinio del CDR. Toda la barriada sentía la presencia del comité y vivía bajo su ojo inquisidor.

EL ALZAMIENTO

A mediados de 1960, unos ocho mil guerrilleros se escaparon a las montañas tratando de iniciar una revuelta. Aunque fraccionada, estos grupos habían tenido éxito en evadir las tropas de Castro hasta el mes de enero de 1961, cuando unidades de guerrilleros soviéticos que hablaban español, bajo el mando del vicecomandante del Ejército Rojo, Anastas Grigirich, aplastaron el alzamiento.[69]* Otros pequeños grupos alzados resurgieron a mediados de los años 70.

El 15 de octubre, el régimen castrista intervino 380 empresas cubanas, que incluían residencias alquiladas cuyos alquileres serían desde entonces abonados al gobierno.[70] La

---

*En su libro, *Memorias de un soldado cubano,* Daniel Alarcón Ramírez dice que los alzamientos contrarrevolucionarios en Cuba eran mucho más grandes que lo que se cree. A principios de los años 60, ya había alrededor de 10 mil alzados en la Sierra del Escambray (provincia de Las Villas), cerca de 300 en la provincia de Pinar del Río, y casi mil en la Sierra Maestra (provincia de Oriente). En algunas partes de la provincia de Matanzas había grupos de veinte a treinta hombres alzados.

respuesta de Washington a las medidas de La Habana no se hizo esperar. El 19 de octubre de 1960, los Estados Unidos decretó la imposición del ahora famoso embargo económico, prohibiendo así la exportación a Cuba de la mayoría de productos que no fueran alimentos y medicinas.

La presidenta de la Federación Nacional de Escuelas Privadas, la doctora Nieves Valmaña, hizo público un informe el primero de noviembre en el que negaba los rumores sobre la incautación de las escuelas privadas por el régimen. Añadió que respaldaría los esfuerzos por erradicar el analfabetismo, y que "toda escuela (privada) sería como una fortaleza a la disposición del ejército cultural".[71]

El ocho de noviembre Castro compareció en las oficinas del periódico *Hoy* del PSP, después de asistir a una recepción en la embajada soviética. Se reunió durante cinco horas con una multitud de periodistas y editores que lo admiraban, y reconoció haber sido marxista desde sus días estudiantiles y hasta de haber iniciado a su hermano Raúl en la teoría comunista. Fue la primera vez que Castro reconoció ser comunista, aunque de una manera casi privada.[72]

Un panfleto publicado por el Ministerio de Educación, destinado a los niños del cuarto grado en adelante, comenzaba con un poema, cuya última estrofa decía:

¡Te lo juro Tío Sam,
Que algún día, de Argelia a Siam
Como se hace con los muertos,
Enterraremos juntos
El dólar y el Ku Klux Klan!

Los dibujos del mismo panfleto eran igualmente antiestadounidenses. Una mostraba a un grupo de niños cargando un letrero que decía: "¡Gringos, márchense a casa!".[73]

La Universidad Católica Villanueva de La Habana se

atrevió a expulsar a estudiantes que consideraba problemáticos, medida que el gobierno vio como contrarrevolucionaria. El régimen acusó al colegio de enviar "estudiantes y profesores al extranjero", y así tramar el cierre de la universidad, plan que el decano, el monseñor Eduardo Boza Masvidal, negó enfáticamente que existiera. Sin embargo, Rolando Cubela les pidió a los cubanos mantener un ojo alerta contra "todos esos que desde la privilegiada universidad tratan de atacar la revolución bajo las órdenes de los patrones imperialistas".[74]

LA REVOLUCIÓN ES IMPOSIBLE MIENTRAS EXISTA LA FAMILIA

Una semana después, la llamada Universidad de la Amistad con los Pueblos abrió sus puertas en Moscú. Kruschev invitó a los jóvenes de Asia, África y Latinoamérica a estudiar en ella y "recibir una educación superior a la que podían recibir en sus respectivos países".[75] La Unión Soviética le ofreció más de 400 becas a Cuba, mientras que otras naciones comunistas iniciaron acuerdos de intercambios culturales y educacionales con Cuba.[76]

La República, un rotativo de Costa Rica, publicó en su edición del 13 de diciembre un titular que decía: "El estado asumirá en Cuba la patria potestad dentro de poco tiempo". El artículo señalaba que los niños estaban siendo adoctrinados en cómo informar sobre la actitud idéologica de su familia con respecto a las medidas del gobierno. Añadía a la vez que los niños eran enseñados a leer "la letra 'F' es por Fidel, la 'R' es por la Revolución", y así continuaba.

Documentos de la embajada estadounidense en San José de Costa Rica fechados el 19 de diciembre de 1960, y ya no considerados por el Departamento de Estado como secretos oficiales, muestran que el 13 de diciembre de ese mismo año, militantes del Frente Revolucionario Democrático (FRD), un grupo de exiliados cubanos, que acababan de hacer una gira por Bogotá, Quito, Guayaquil y Panamá, se entrevistaron con la prensa costarricense. Las mujeres militantes de esa organización "dijeron que su misión era despertar la conciencia de todas las madres de América ante la amenaza que el comunismo castrista representaba para ellas y sus hijos", según una carta de H. Franklin Irwin, Jr., segundo secretario de la embajada en San José.

Vladímir Ilich Uliánov, mejor conocido como Lenin, una vez declaró: "Hacer revolución es imposible mientras exista la familia". Cuando ahora se les pregunta a los padres cubanos que mandaron a sus hijos solos fuera de Cuba por qué tomaron tan drástica medida, ellos citan múltiples razones, si bien dos siempre son mencionadas: miedo al adoctrinamiento comunista, y miedo a que les quitaran la *patria potestad*. Este término legal es derivado de "patria potestas", un concepto codificado en la ley romana que se refiere al poder, "potestas", ejercido por el padre, "pater familia", sobre sus hijos.[77] Las dos temidas palabras evocaban el rumor de que al gobierno iba a hacerse cargo de la custodia legal de los niños al quitársela a los padres. Ésto presuponía que el estado se convertiría en el tutor legal, y así dirigiría la educación, proveería la vivienda y ejercería el poder de enviar a los niños a estudiar detrás de la cortina de hierro.

Muchos cubanos tenían en su familia algún pariente que había vivido la guerra civil española del trienio de 1936 a 1939, y por ende recordaban las hordas de niños vascos que habían sido enviados a otros países, incluyendo la Unión Soviética. La posibilidad de que los niños fueran enviados a un país comunista resultaba muy real para esa gente.

El gobierno reconoció los rumores sobre los cambios a la patria potestad a través de su vocero oficial, el periódico *Revolución*. En primera plana del 26 de diciembre de 1960, el diario anunciaba el establecimiento de la Ficha Escolar Acumulativa o Índice Estudiantil. Este índice fue creado para recolectar datos familiares que ayudaran a los "educadores a entender los problemas y dificultades de los niños, al igual que comprender sus intereses y aptitudes, al observar y anotar todas las actividades desarrolladas dentro y fuera del colegio". Cada niño, ya fuera en escuela pública o privada, tendría un registro personal. El rotativo *Revolución* añadió que este archivo "no tenía nada que ver con la versión falsa que circulaba sobre que el estado se convertiría en guardián de los niños, aunque parece que ciertas escuelas religiosas tergiversan los hechos, mezclándose abiertamente en actividades contrarrevolucionarias y han asociado una cosa con la otra".

Los temerosos padres cubanos vieron al índice como otra maniobra del régimen para extender sus tentáculos dentro de la familia y, a la misma vez, como un esfuerzo para escudriñar y seguir los pasos de todos los niños cubanos. Algunos lo percibieron como una manera de entresacar a los más inteligentes y enviarlos a la Unión Soviética. *Revolución* alababa la medida como "algo que debemos agradecerle al Ministerio de Educación, por mejorar a todos los cubanos cultural, vocacional, moral, intelectual y cívicamente". Otro artículo en la misma primera plana le daba la bienvenida al primer grupo de turistas soviéticos que llegaba a Cuba.

La revolución . . . es una dictadura de
los explotados contra los explotadores.

—FIDEL CASTRO RUZ

CAPÍTULO 2

ADIÓS CUBA: 1961–1962

1961—EL AÑO DE LA EDUCACIÓN

Castro comenzó el tercer año de la revolución, exigiendo—el
dos de enero—que dentro de las próximas cuarenta y ocho
horas la embajada de los Estados Unidos redujera su personal
de ochenta y siete personas a solamente once. La embajada fue
acusada de ser un centro de actividades contrarrevolucionarias. "Vamos a eliminar a todos los terroristas y contrarrevolucionarios de Cuba, y acabar con todo el apoyo a esos
criminales", dijo Castro frente a una multitud de más de 100
mil personas que celebraban el segundo aniversario del triunfo
de la revolución.

Un desfile militar, con las nuevas armas compradas de la
Unión Soviética y otras naciones del bloque comunista, incluía
mil jóvenes de las brigadas de trabajadores, de "no más de 17
años de edad".[1] Mientras Castro hablaba, una bomba colocada
por la oposición explotó en la vecindad. Al mismo tiempo, centenares de miles de milicianos habían sido puestos en alerta a
través de Cuba en espera de una invasión estadounidense

inminente. Según Ruby Hart Phillips, la corresponsal del *New York Times,* la isla se convirtió en "un campo armado". Se distribuyeron armamentos por toda la ciudad y fueron colocadas ametralladoras en las azoteas de los edificios. Las milicianas tomaron la Iglesia de San Francisco en La Habana. La sede de la Juventud Católica de La Habana fue también tomada. La imprenta de *La quincena,* una revista católica, fue igualmente confiscada, y suspendida su circulación. [2] El lema oficialista *Patria o muerte* apareció por vez primera.[3]

El tres de enero, el gobierno de los Estados Unidos respondió al romper sus relaciones diplomáticas con Cuba. Mientras el personal de la embajada estadounidense abandonaba la isla, las agencias federales estudiaban el problema de proveerles el permiso necesario a los cubanos que querían marcharse; los dos consulados de los Estados Unidos en Cuba ya habían otorgado alrededor de mil visas semanales. Multitudes de cubanos angustiados, casi histéricos, se reunían frente a la embajada blandiendo los pasaportes en alto, empujando las puertas y suplicando que les fueran concedidas visas. Los fotógrafos locales evidenciaban la actitud de "esos traidores" que deseaban abandonar el país, denunciándolos como tales en la prensa.

La embajada suiza se hizo cargo de los asuntos de los Estados Unidos en Cuba, y por ende, se consideró como alternativa para la entrega de visas, mas no resultó, al no ser legal.[4] Los cubanos sin visas estadounidenses tenían que marcharse a través de un tercer país como México o España, y obtener la visa allí. Mientras tanto, algunos que no habían podido conseguir visas encontraron que, al igual que les sucedió a los refugiados húngaros de 1956, todos los cubanos que llegaban a los Estados Unidos en pequeños botes sin visas[5] eran recibidos bajo una disposición condicional que las leyes de inmigración habían instituido al final de la segunda guerra mundial, así permitiéndoles la entrada al país a los casos revisados individualmente.

En Cuba, el Consejo de Ministros aprobó el cuatro de enero varias leyes, entre ellas la Ley 924, mediante la cual "cualquier actividad contrarrevolucionaria será causa para ser despedido del trabajo, aparte de los consiguientes cargos criminales".[6] Cualquier cubano sospechoso de no ser un buen revolucionario perdería su empleo. La vida se convirtió en una farsa, un juego de hipocresía para los que no estaban de acuerdo con el camino que estaba tomando la revolución.

En una reunión de miles de profesores de enseñanza superior, el presidente Dorticós denunció a los colegios católicos. "Los profesores de hoy deben tomar posiciones en las trincheras y en cualquier lugar de combate de la enseñanza, para defender la revolución y su cultura contra esos que han seleccionado las escuelas para su comportamiento criminal en contra de la revolución", dijo el presidente cubano. También advirtió que las escuelas católicas estaban aleccionando a los alumnos que la revolución era comunista. "Esto es un crimen contra nuestra patria," dijo Dorticós.[7]

El siete de enero Raúl Castro celebró un mitin de estudiantes. Empapados por una lluvia torrencial que caía, los estudiantes cantaban:

¡Raúl! ¡Raúl!,
los curas deben cortar caña.
Y si no lo quieren hacer,
¡déjalos regresar a España!

Y Raúl asintió, "Los curas están tratando de envenenar las mentes de nuestros niños en contra de la revolución".[8]

El ocho de enero, los milicianos cerraron la imprenta de *La quincena*, la revista católica.[9] Las diatribas contra la religión iban en aumento. Ésta resultaría ser una de las maniobras más discutidas de Castro en un país que era en su mayoría católico. Mientras tanto, en los Estados Unidos, el veinte de enero, asumía el poder el primer presidente católico, y también el más joven—John Fitzgerald Kennedy, de cuarenta y tres años de edad.

EL TEMOR DE LOS PADRES SE CONVIERTE EN REALIDAD

El 21 de enero, el miedo de los padres se convirtió en realidad cuando Castro anunció la partida del primer contingente de mil estudiantes cubanos para la Unión Soviética. Armando Hart Dávalos, ministro de educación, dijo el 29 de enero que no sería tolerada ninguna divergencia de la doctrina revolucionaria sobre la enseñanza.[10]

"Los planes educacionales infunden el miedo entre los cubanos", proclamaba un artículo del *New York Times* del 10 de febrero de 1961. Éste tomaba citas de proclamas firmadas por asociaciones de estudiantes católicos y escuelas privadas que circulaban por La Habana. Los panfletos llamaban la campaña del régimen de terminar con el analfabetismo "un plan de adoctrinamiento totalitario". El miedo de los cubanos se multiplicó cuando, el 17 de febrero, el régimen se apoderó de La Luz, una escuela privada en El Vedado,[11] y el 23 de febrero confiscó La Salle, uno de los más prestigiosos colegios privados de Cuba.[12]

Los milicianos fueron situados alrededor de La Salle de Santiago de Cuba, después de que un grupo de "estudiantes contrarrevolucionarios marcharon hacia la catedral, gritando 'Abajo Fidel y abajo el comunismo' ". A la misma vez, y por actos de terrorismo, cuatro jóvenes fueron ajusticiados por medio del pelotón de fusilamiento.[13]

Los padres también vieron cómo un comandante del ejército revolucionario podía tener solamente diecisiete años de edad. El comandante Joel Iglesias, el joven en cuestión, llegó a Moscú el 27 de febrero, a la cabeza de una delegación del Movimiento de la Juventud Revolucionaria.[14]

El 27 de marzo, durante un discurso de tres horas, Castro se dirigió al primer encuentro nacional de militantes estudiantiles de la Juventud Rebelde, un grupo recientemente formado por el régimen, al que le dijo, "Es posible que muchos jóvenes pertenecientes a familias cubanas de posición pudieran ser salvadores para la revolución y para la patria por sobre el resentimiento de clases de donde ellos provienen, si no fuera por esa plaga de profesores reaccionarios y rufianes a sueldo vistiendo sotanas que odian la revolución". Añadió que la iglesia católica estaba obedeciendo órdenes del "imperialismo yanqui" al inducir a jóvenes a colocar bombas en los colegios, llevar a cabo actos de sabotaje y luchar contra la revolución. Con tono sarcástico, Castro exclamó, "¡Si esto es comunismo, estamos a favor del comunismo!".[15]

El primero de abril, la campaña de alfabetización comenzó en serio. Fue instalada en etapas de seis meses. Estudiantes *brigadistas* llegaron a la playa de Varadero para recibir el entrenamiento que los haría alfabetizadores.

A comienzos de 1961 Castro anunció el establecimiento en Cuba de "fincas para el pueblo", en las cuales los niños de diez años en adelante aprenderían métodos agrícolas. En abril de ese mismo año, *America,* una revista estadounidense, reportaba: "Hace alrededor de ocho meses, 88 niños de orfelinatos fueron embarcados desde La Habana hacia la Unión Soviética, en nombre del intercambio cultural".

El cuatro de abril, la Unión de Pioneros fue creada al estilo de los Pioneros de la Unión Soviética, o *Komsomol,* constituida por niños de siete a trece años que llevaban al cuello unas pañoletas rojas proclamando su asociación. La meta era entrenar a futuros militantes de la Juventud Rebelde, una organización para jóvenes de entre catorce y veinticinco años, a "denunciar" actos de sabotaje y contra-rrevolución en las escuelas, según informó el *New York Times.*[16]

EL EJÉRCITO DE LA EDUCACIÓN

Otro acontecimiento que sucedió quince días después les hizo sentir a los padres cubanos como si hubieran recibido un enorme golpe en la cabeza. El 15 de abril de 1961 Castro ordenó el cierre de los colegios durante ocho meses y medio, del sexto grado hasta la enseñanza superior, para que un "Ejército de Educación" de 100 mil jóvenes uniformados pudiera ser organizado para ir al interior de la isla y enseñarles a leer y escribir a los analfabetos. Estos paladines en realidad compartirían las viviendas de las familias campesinas mientras les daban clases. El manual que usaban, titulado *Venceremos,* instruía que " 'A' es por Reforma Agraria, 'F' es por Fidel", y así continuaba hasta condenar el "Imperialismo Yanqui".

Ruby Hart Phillips, la corresponsal del *New York Times,* llamó el plan "una magnífica maquinación. Los niños eran primero adoctrinados en los 'ideales' de la revolución según la doctrina comunista. A continuación, los campesinos aprendían la doctrina comunista con el abecedario".[17] El Año de la Educación estaba en todo su apogeo.

Mirta Almeyda recuerda que cuando ella tenía catorce años era una estudiante adelantada que cursaba el tercer año en un colegio público de La Habana, ya que el régimen se había apoderado de la escuela privada en que había estudiado previamente. Mirta recuerda que un día el director, un comunista "rabioso", se dirigió a los estudiantes diciéndoles, "Todos los estudiantes con buenas calificaciones van a ir a las Minas del Frío (una región montañosa de la provincia de Oriente) para erradicar el analfabetismo por lo que queda del curso escolar. Cuando regresen, como premio, se podrán graduar en tres años, en lugar de cuatro". Cuando ella volvió a su casa y le dio la noticia a su padre, su respuesta fue, "No vas al colegio mañana". Mirta nunca más volvió al colegio en Cuba. Al contrario, sus padres la mandaron sola a los Estados Unidos el 13 de febrero de 1962.

Como el cierre de los colegios también era aplicado a las 1.245 escuelas privadas, la revista *Newsweek* estaba en lo cierto cuando dijo el tres de abril, "De un solo golpe, él (Castro) ha impuesto su voluntad sobre el sistema educacional completo".[18] Mientras tanto, todos los maestros cubanos estaban obligados a tomar un curso de verano de entrenamiento militar. De no hacerlo, perderían el trabajo.[19]

Zenaida Bustillo era una maestra que había decidido enviar a sus hijos fuera de Cuba, mientras ella se quedaba rezagada, padeciendo de privaciones, hasta que todos pudieran reunirse.

Cuando la escuela donde trabajaba fue intervenida, me mandaron al campo, al pueblo de Guasimal, a dar clases de primero y segundo grado. La idea era que yo enseñara a leer y escribir, pero era sólo un subterfugio para propagar los ideales del régimen. Día a día tenía que tomar el tren para Guasimal, un pequeño pueblo, y entonces ir a caballo por una hora.

Allí había otra maestra de sexto grado que era comunista, y yo le daba todo el material que el régimen me había entregado para enseñar. Yo no usé ninguno. Nunca olvidaré a esa maestra. Una vez les dijo a los niños pequeños que le pidieran a Dios un helado, y, por supuesto, no recibieron ninguno. Entonces les dijo que le pidieran el helado a Castro, ¡y el helado se sirvió! Yo presencié ésto con mis propios ojos y nunca lo olvidaré, porque soy una católica practicante. Yo pude escabullirme de no participar en los adoctrinamientos

porque no me necesitaban. Una vez me visitó
una inspectora que me dijo que yo había
probado ser una buena revolucionaria, ¡sólo
por hacer el viaje!

La historia del helado, con algunas variantes de caramelos
o juguetes, era repetida a través de toda la isla. Hasta ese
momento, y contrario a las evidencias, Castro todavía mantenía
la premisa de que su revolución no era ni socialista ni comunista en principio, apoyándose en la intencionalmente vaga
palabra "revolución".

Sin embargo, el mismo día que Castro decretó el cierre de
las escuelas, ocurrió un suceso independiente—los recién exiliados cubanos bombardearon las bases de la fuerza aérea.
Estas explosiones parecieron dar al traste con el deseo de Castro de mantener sus verdaderos intereses ocultos. El 16 de abril
1961 el nuevo dictador declaró que su revolución era una "revolución socialista". Antes que el año terminara, Castro habría
cambiado la tonada, al declararse marxista-leninista, que a fin
de cuentas, es como se define a sí mismo en la actualidad.

LA INVASIÓN DE BAHÍA DE COCHINOS

El bombardeo aéreo del 16 de abril fue el preludio a la invasión
de Bahía de Cochinos del día 17. La Brigada 2506, entrenada y
respaldada por los Estados Unidos, y compuesta por más
de 1.400 exiliados listos a luchar por su patria, había sido
entrenada en Guatemala para el ataque. Sin embargo, no se
podía compensar el hecho de que solamente 135 de estos hombres, cuyas edades oscilaban entre los dieciséis y sesenta y un
años—con una edad promedia de veintinueve—habían tenido
experiencia militar previa.[20]

Para que los invasores exiliados tuvieran éxito en su
operación eran necesarios tres elementos—el asalto anfibio y

aéreo al pueblo de Trinidad en la provincia de Las Villas, el apoyo táctico y el poder apoderarse de cabezas de playa con acceso a campos de aterrizaje. A ésto le seguiría la constitución de una república-en-armas en territorio libre cubano. [21]

El presidente Kennedy cambió los planes al último minuto, y en lugar de Trinidad, escogió la bahía de Cochinos, en la ciénega de Zapata de la provincia de Matanzas, para los desembarcos de Playa Larga y Playa Girón. Esta decisión fue hecha sin haberse estudiado el terreno. Los planes también incluían y a la vez contaban con que el levantamiento de los cubanos en la isla en contra del régimen de Castro serviría para aumentar las filas de la brigada, pero el nuevo sitio escogido era tan despoblado como inaccesible.

Cuando la brigada intentó desembarcar en suelo cubano, un centinela sonó la alarma que le dio el aviso a Castro. Los anticuados botes anfibios usados por los invasores fueron destrozados por los bancos de coral que abundan por todo el litoral de la región. A los pilotos exiliados les tomó tres horas y media volar sobre 520 millas náuticas a bordo de antiguos aviones tipo B-26 de la segunda guerra mundial. El respaldo aéreo de los pilotos cubanos exiliados fue escaso porque recibieron órdenes de los organizadores en los Estados Unidos de cancelar el ataque aéreo contra las bases cubanas. "Los (aviones) B-26 estaban ahora limitados solamente a darle cobertura aérea a la Brigada", dijo el capitán Eduardo W. Ferrer.[22] El prometido apoyo aéreo estadounidense les fue negado. A un escuadrón de aviones a propulsión de combate tipo VA-34, que debería haber volado sobre el campo de batalla como observador, se le prohibió involucrarse en la invasión. Los pilotos "derramaron lágrimas" ante la imposibilidad de ayudar a sus compañeros.[23]

Los combatientes hicieron frente a un ejército cubano compuesto por 32 mil hombres y 200 mil milicianos. El propio Castro, que conocía muy bien el terreno de la bahía de Cochinos, por ser su lugar favorito para ir de pesca, guió a las tropas cubanas a la propia vez que dirigía la estrategia. Condenados al fracaso desde el comienzo, los brigadistas se enfrentaron a un equipo magnífico y a un formidable ejército revolucionario. Después de una valiente lucha que duró setenta y tres horas, 1.200 invasores fueron capturados y la invasión declarada un fracaso. El prestigio estadounidense recibió un irreparable golpe. "Nos sentimos traicionados", dijo el capitán Ferrer, haciéndose eco de lo que sentía todo el exilio cubano hacia los Estados Unidos, y específicamente hacia el presidente Kennedy.

DESPUÉS DEL FRACASO DE LA INVASIÓN

El fracaso representó el final de cualquier esperanza de derrocar a Castro. En menos de cuarenta y ocho horas, más de 200 mil personas habían sido arrestadas en Cuba, incluyendo los curas y otros miembros del clero. El aparato represivo se puso en marcha a toda velocidad. Los estadios, los ministerios y las escuelas sirvieron de cárceles provisionales para albergar a cualquier persona que no fuera un revolucionario de pura cepa.

A través de Cuba, muchachos de ambos sexos, algunos de sólo trece años de edad, recibieron armas para servir de policías y centinelas. Todas las escuelas e iglesias católicas fueron cerradas y custodiadas.[24]

El 20 de abril, el *New York Times* reportó que manadas de jóvenes vagaban por las calles de las principales ciudades de Cuba, aterrando al pueblo y ayudando a la policía secreta a agrupar a todos los sospechosos. Julio Núñez, un estudiante de catorce años de edad del Instituto de Matanzas, fue víctima de tal turba. Julio iba caminando por la calle cuando escuchó, "vamos a coger al blanquito", y al mirar a su alrededor, comprendió, horrorizado, que la turba se refería a él mientras lo apedreaban. Después de ese incidente cambió su estilo de vestir por uno que no lo hiciera destacarse pero, no obstante, volvió a ser golpeado en otras ocasiones. Julio Núñez comenzó a buscar por sí mismo la manera de salir de Cuba, y cuando se lo informó a sus padres, éstos estuvieron de acuerdo y lo enviaron al extranjero.

LA INTERVENCIÓN DE LAS ESCUELAS PRIVADAS

Durante el desfile del primero de mayo que conmemoraba el día internacional del trabajo, el orgullo revolucionario rebosaba. ¡La nación liliputiense había malogrado la invasión respaldada por los Estados Unidos! Medio millón de cubanos participaron en la exhibición acostumbrada de armas y ejércitos, donde se desplegaban muchos estandartes. Uno decía, "Si Fidel es comunista, ponme en la lista, porque yo estoy con él". Otro decía, "No daremos un solo paso para atrás".

Durante su discurso, Castro anunció que los permisos a los curas extranjeros para permanecer en Cuba serían anulados. También anunció que el régimen intervendría de inmediato todas las escuelas privadas, así invalidando el pronunciamiento hecho por la presidenta de la Federación Nacional de Escuelas Privadas, la doctora Nieves Valmaña, la que seis meses antes aseguraba que éstas no serían afectadas. Cuando Castro le preguntó a la multitud "¿Necesitamos elecciones?", ésta le contestó "¡No!", con un enorme rugido.[25]

Elsa Cortina y su marido habían comprado la escuela Record School en 1954. Él trabajaba como abogado y ella dirigía su amado colegio. Elsa recuerda que un grupo de directores de escuelas laicas se había entrevistado con Armando Hart Dávalos en el mes de febrero o marzo de 1961, y éste les había asegurado que sus colegios no serían intervenidos. Al lunes siguiente del anuncio de Castro sobre las intervenciones, la señora Cortina se personó en su escuela y se encontró a dos milicianos que portaban armas en la puerta. La señora Cortina se identificó, y cuando abrió la puerta para entrar, los milicianos le dijeron, "Usted sabe que de ahora en adelante aquí nada es suyo. Todo está intervenido. Pero usted tiene que continuar viniendo al colegio durante un mes para clasificar las cosas". Uno de los hombres era el nuevo administrador, Amaro García. "Él se burlaba de mí, diciéndome, '¿Ve esto?, pues ya no es suyo', o 'qué pena que esto ya no le pertenece'. Ya no podía sentarme más en mi escritorio y tenía que tomar órdenes de la señora que antes hacía la limpieza. Me gané el cielo durante ese mes", recuerda Elsa Cortina.

El 7 de junio el Consejo de Ministros aprobó formalmente la nacionalización de la enseñanza privada, y el anunciado grupo de mil estudiantes que iría a la Unión Soviética abandonó Cuba el 11 de junio para vivir en fincas colectivas y estudiar métodos de cultivo.[26]

VIVIR BAJO EL TERROR

Mientras los mil estudiantes cubanos salían rumbo a la Unión Soviética, Orlando Conde* se preparaba para irse a Miami. El jovencito de trece años pertenecía a la Juventud Católica y reconoce haber participado en alguna acción inconsecuente contra el régimen, tal como distribuir folletos y pegar en las paredes pescados de papel, el símbolo de la cristiandad. Este símbolo del pescado, también conocido como el *ictus* por la palabra griega (ΙΧΘΥΣ) que significa "pez", era usado como un signo secreto de la cristiandad en épocas tan remotas como el siglo II.

Los milicianos sabían que la familia Conde, y la de algunos de sus amigos, no estaba de acuerdo con el régimen, por lo que eran constantemente acosados por los milicianos. Los mucha-

---

*Sin parentesco con la autora.

chos eran recogidos y llevados a dar una vuelta en automóvil mientras se les interrogaba. Pero una noche todo cambió. "Era alrededor de las diez de la noche. Yo estaba solo, esperando por mis amigos en el parque de Artemisa. Cuatro o cinco milicianos se aparecieron y me dijeron que me subiera al jeep. Anduvimos por un rato, y de repente, nos encontramos en un cementerio. Me ordenaron arrodillarme frente a una tumba y me apuntaron un rifle a la cabeza mientras seguían haciéndome preguntas. Tuve mucho miedo. Tenía mi billete para marcharme a los Estados Unidos, y así lo hice", dice Orlando.

En su discurso del 26 de julio, Castro dijo, "La revolución ha organizado el país", y añadió, "En dos años y siete meses de revolución, la nación está organizada a través de sus sindicatos obreros, los Comités para la Defensa de la Revolución, los batallones de milicianos, las asociaciones juveniles y las federaciones de mujeres. Hasta los niños están organizados como los Pioneros Rebeldes".[27]

En el verano de 1961 los niños cubanos se encontraban frente a la siguiente perspectiva: si él o ella estaba entre las edades de siete a trece años, tenía que afiliarse a la Unión de Pioneros Rebeldes. Los que contaban con doce años de edad o fueran mayores, tenían que ir a las montañas para alfabetizar a los campesinos (o *guajiros,* como se les suele llamar en Cuba), y después que cumplieran trece años, tenían que unirse a los Jóvenes Rebeldes. Negarse a hacerlo resultaba en el ostracismo, clasificarse a sí mismo como un paria y, por añadidura, como contrarrevolucionario. En Cuba no existían alternativas en ese momento.

Silvia Alfonso, de catorce años de edad, abandonó Cuba el 26 de agosto. Su mamá había rehusado mandarla a instruir campesinos analfabetos, como era requerido, después que una vecina de diecisiete años de edad regresó embarazada de su viaje como alfabetizadora en la campiña cubana. El responsable de la paternidad era un soldado a cargo del cuidado de los maestros y estudiantes.

Todos los aeropuertos y puertos de Cuba fueron cerrados el 6 de agosto mientras los nacionales eran obligados a intercambiar sus pesos por las monedas recientemente acuñadas. El régimen permitió dos días para tal proceso, y como resultado, centenares de personas se vieron obligadas a pararse en colas interminables para lograr el canje. A los cabeza de familia se les era permitido cambiar doscientos pesos, y cualquier cantidad mayor tenía que ser depositada en una cuenta especial.[28] Debido a esto, los cubanos se encontraron con muy pocos fondos a su disposición. En el mes de agosto de 1961 las restricciones se volvieron aún mayores; sólo se podía abandonar la isla con una maleta hecha de lona tipo militar, apodada *gusano*. Los gusanos se convirtieron en el equipaje favorito de los que huían, quienes, a su vez, eran llamados "gusanos" como las maletas. Al final de 1961, los que abandonaban Cuba sólo podían llevar consigo tres cambios de ropa. El régimen había nacionalizado el contenido completo de todas las casas de Cuba.

"Tengo sueños constantes de entrar en mi casa y encontrar todo igual que como lo dejamos", recuerda una exiliada que se marchó hace cuarenta años. "Nos dijeron que teníamos que irnos inmediatamente. Dejamos ropa colgada para secar y comida en la estufa, pero a veces mis sueños se convierten en pesadillas. En ellos veo gente buscando dentro de la gaveta de mis prendas íntimas y mis papeles personales".

Cada noche, en anticipación de su apertura, los desesperados cubanos que tenían visas y clamaban por irse formaban largas colas frente a las puertas de la oficina de la línea aérea Pan American en Cuba. Mientras esperaban, tenían que soportar los abucheos y gritos de "traidores" y "gusanos" que recibían. Desde que la compañía Cubana de Aviación suspendiera su servicio entre Miami y La Habana el 9 de febrero,[29] alrededor de 20 mil cubanos tuvieron que esperar varios meses para conseguir asiento en un avión. La Pan American tenía sólo catorce vuelos semanales.[30] La línea aérea neerlandesa KLM mantenía dos vuelos a la semana a Jamaica, la compañía Delta, uno semanal a Nueva Orleáns, y la Cubana volaba una sola vez por semana a Nueva York.

Para abandonar el país era necesario obtener un permiso de salida del Ministerio de Estado y Relaciones Exteriores. Los que trataban de irse estaban marcados, lo que les ocasionaba persecuciones por parte de los revolucionarios, comenzando por el comité de defensa, aunque también podía incluir miembros de la familia. Ya para mediados del mes de agosto de 1961, cuando la revolución tenía un año y medio de existencia, 939 curas y monjas habían sido expulsados de Cuba a España. [31] También por esa época, el último rabino que quedaba en Cuba salió rumbo al exilio.[32]

El reportero Tad Szulc describió en uno de sus escritos un cartelón de propaganda que mostraba a un pequeño niño y que preguntaba en el encabezamiento: "¿Será él un patriota o un traidor? Depende de usted . . . Dele instrucción revolucionaria".[33] Mi madre decidió que yo iba a ser traidora. Yo sería enviada a Miami, y el resto de la familia me seguiría poco después. Ya la pancarta con la cara de Castro hacía tiempo que había desaparecido de la sala de mi casa, y la luna de miel política se había terminado. Parecía que todos nuestros amigos se marchaban. Después que el colegio de las monjas dominicas americanas (American Dominican Academy),—mi escuela— fuera intervenido, muchas de mis amigas se fueron. Los padres cubanos necesitaban firmar una autorización individual para permitir que sus hijos abandonaran el país. Mi madre, divorciada de mi padre, le pidió su aprobación, pero él no quiso dársela por no estar de acuerdo con la idea.

Recuerdo cuando fui de compras con mi madre para prepararme para el viaje. No había muchos artículos que comprar. La crisis económica podía apreciarse en los estantes vacíos que mostraban las vidrieras de las sombrías tiendas habaneras. Temerosa de lo que el futuro podía traer, mucha gente compraba productos y los escondía. Un horroroso par de zapatos de color carmelita y blanco, que resultaban muy grandes para mí, fue el botín inapreciable que encontramos en una tienda medio vacía de calzado de la marca Buster Bown. Los compramos a pesar de mis protestas. Mis toallas y ropa estaban todas bordadas con mis iniciales, y una tela gruesa de lana color morado que mi abuela había conservado durante muchos años fue convertida en un abrigo—no muy práctico para Miami—que además era dos tallas demasiado grande para mí. En retrospectiva, veo que mi familia en realidad no sabía cuánto tiempo íbamos a estar separados, o cuál sería mi destino final.

Mi padre al fin accedió y firmó la autorización de mi salida, y como él trabajaba para la Pan American como vendedor de boletos, pudo evitarse cualquier demora para conseguir un puesto en el avión. Abandoné Cuba el 11 de agosto de 1961. Ya en aquel momento, doscientos niños sin acompañantes llegaban a Miami semanalmente.

El 14 de septiembre, el régimen castrista canceló todos los billetes aéreos para los Estados Unidos, y además cambió las leyes que gobernaban las salidas del país. Los permisos de salida estarían solamente en vigor durante siete días.[34] Al día siguiente, el régimen cambió de idea y anunció que los boletos ya expedidos no serían cancelados.

LA PATRIA POTESTAD—¿A QUIÉN LE PERTENECÍA?

Por aquel entonces los incesantes rumores sobre los cambios a la patria potestad corrían por dondequiera. Algunas personas juraban haber visto un documento ya impreso que había circulado clandestinamente. Josefa Gasset-Torrado, directora de una escuela, era una de ellas, "Alguien me trajo el documento de la patria potestad al colegio al principio de 1961. Todas las madres cubanas con las que había hablado estaban dispuestas a lanzarse a la calle si esa medida (el cambio de la patria potestad) se ponía en efecto. Se corrió el rumor por la capital que las madres simplemente no iban a dejar que les quitaran a sus hijos. Es por eso que el régimen dio marcha atrás".

A María E. Rodríguez le fue mostrado el documento por un vecino que era funcionario del Ministerio de la Marina. Desde su apartamento, María había visto a la cuñada de su vecino, miembra del comité de defensa, revisar el armario de su ropa. Ya que le informó a su vecino lo que hizo su cuñada, éste le devolvió el favor a Maria enseñándole la nueva patria potestad. "Era un documento oficial con el sello del gobierno y la firma de tres ministros", dijo ella. "Una era la firma de Fidel, y las otras dos no recuerdo, pero lo vi con mis propios ojos".

Finalmente Castro pronunció un discurso el 16 de septiembre en el que abordó el tema públicamente, culpando a los contrarrevolucionarios de imprimir y distribuir un documento falso sobre la patria potestad, con el propósito de echarle leña al fuego del desasosiego que existía ya entre los padres. El dictador anunció que catorce personas habían sido encarceladas y acusadas de haberlo circulado.

El documento confirmaba que todos los niños permanecerían con sus padres hasta que tuvieran tres años de edad. Después de cumplir esa edad, serían obligatoriamente entregados a la Organización de Círculos Infantiles, una red de guarderías del estado, para su educación física y mental. Los niños, desde los tres años hasta la pubertad, vivirían en dormitorios del régimen y se les permitiría visitar a sus familias "no menos de dos días al mes". Los de diez años y mayores, "serían asignados . . . al lugar más apropiado".[35] Carlos Franqui, director del diario *Revolución,* y uno de los más cercanos compañeros de trabajo de Castro en aquellos primeros días, dice ahora que él cree que el discurso de Castro fue un engaño, y que los planes para quitarles a los padres la patria potestad sí eran reales.

Según el testimonio de algunos pasajeros que llegaron a Miami ese mismo día del mes de septiembre, un motín tuvo lugar en el aeropuerto José Martí[36] cuando los funcionarios le impidieron a un grupo de niños volar a los Estados Unidos sin sus padres.

El hecho de que el propio Fidel había enviado a la Unión Soviética a su hijo "Fidelito" (Fidel Castro Díaz-Balart)—de diez años de edad—para que recibiera su instrucción formal, no calmó los rumores. La revista *Time* reportó, "Las historias sobre los camiones que recogen a niños solos por las calles han recorrido Cuba de un extremo a otro". El régimen reconocía haber colocado a 700 jovencitos en casas del estado, "a petición de ellos mismos". Este mismo artículo, titulado "¿Y ahora los niños?", decía que en la ciudad de Bayamo (provincia de Oriente), cincuenta madres habían hecho un pacto de matar a sus hijos antes de entregárselos a Castro.

Mientras tanto, el 17 de septiembre de 1961, 131 curas y miembros masculinos de una comunidad religiosa—igualmente cubanos que extranjeros—fueron deportados en el barco español *Covadonga*. Esto redujo el clero católico en la isla a sólo 223 individuos. Los actos religiosos públicos fueron prohibidos, limitando de esa manera las ceremonias de las iglesias.[37]

"Centenares de familias cubanas están tratando frenéticamente de sacar a sus hijos del país", reportó la revista *Time* del 6 de octubre de 1961. "En el aeropuerto José Martí de La Habana, la semana pasada, los adultos en posesión de billetes de avión recibieron súplicas de cederles sus asientos a los niños. Algunos vuelos de la Pan American que llegan a Miami llevan alrededor de sesenta niños".

Castro anunció el 23 de octubre de 1961 que ser un joven cubano era un privilegio, pero "ser joven y no comprender la revolución es un crimen". Añadió que aquéllos que se marchaban a los Estados Unidos necesitarían un permiso especial para poder regresar".[38] Al mismo tiempo, otros quinientos estudiantes becados partieron para la Unión Soviética y Checoslovaquia.

El anuncio más sorprendente de ese año sucedió el primero de diciembre, cuando Castro proclamó que él no era solamente socialista—como ya lo había declarado en abril—sino que en realidad era comunista y marxista. Castro luego confesó públicamente el 22 de diciembre que él había sido un creyente en el comunismo desde los días de su lucha guerrillera, y que lo había ocultado porque de otra manera no hubiera podido llevar su revolución a una conclusión triunfante.[39]

En el pueblo de Caibarién (provincia de Las Villas), la familia La Guardia tuvo que esforzarse por resolver entre acatar o no la decisión de su hijo Luis de trece años de edad. El muchacho suplicaba ser mandado a los Estados Unidos, pero sus padres encontraban la separación de su hijo único demasiado dolorosa. "Era tan difícil", dijo Fe, la madre de Luis. "Pero por otra parte me decía a mí misma, '¿Y si me opongo a que se vaya, y entonces es reclutado por el ejército y lo matan?' ". Luis se marchó el 15 de diciembre.

Fe confirmó firmemente haber tomado la decisión correcta cuando una tragedia azotó a su familia. He aquí la historia de la hija de una prima—de quince años de edad—que fue enviada a la Unión Soviética:

Ella era muy inteligente y no quería ir. Después de un año la permitieron regresar, y lloraba amargamente porque no quería volver a marcharse, pero tenía que hacerlo.

Un día alguien tocó la puerta de la calle y la hermana la abrió. Dos soldados se aparecieron diciéndole que el cuerpo de su hermana había llegado de Rusia la noche anterior y que sería transferido a una funeraria al día siguiente. Le dijeron que ella se había suicidado, pero la familia nunca lo creyó.

Varios funcionarios y un médico llevaron el cadáver a Caibarién en una caja enorme. Permitieron cambiar la caja, pero no le dejaron a la familia ni a su médico particular ver el cadáver. La caja había sido sellada.

El Año de la Educación se había terminado. Tal como fue prometido, el énfasis había sido puesto en la instrucción y en lograr la canalización de todo el aprendizaje a través de las manos del régimen.

1962—EL AÑO DE LA PLANIFICACIÓN

Cuando por fin llegó el año 1962, los padres cubanos sentían que el año nuevo no podía ser peor que el tumultuoso 1961. Castro ya había cerrado todas las escuelas católicas y había declarado su régimen como uno de carácter socialista, y después, comunista. Un régimen totalitario estaba firmemente atrincherado, controlando todas las instituciones sociales a excepción de la iglesia, que manejaba algún vestigio de independencia, aunque sin lugar a dudas, muy escaso. El clero católico había sido reducido de mil en 1960 a 223 en 1962.[40] En ese mismo año, ya el mundo estaba dispuesto a reaccionar a estos cambios. El 25 de enero, la Organización de Estados Americanos, u OEA, expulsó a Cuba de su seno[41]*. También al

---

*Compuesta por treinta y dos naciones independientes, la Organización de Estados Americanos fue instituida en 1948 para resolver disputas de forma pacífica, crear un sistema colectivo de seguridad y coordinar el trabajo de otros cuerpos interamericanos.

comienzo de 1962, trece países latinoamericanos rompieron relaciones diplomáticas con Cuba.[42]

El presidente Kennedy ordenó un embargo total a las importaciones cubanas el 3 de febrero, que fue puesto en efecto un minuto después de la medianoche del 7 de febrero, privándole así al régimen castrista de aproximadamente 25 millones de dólares de ingresos, y también excluyendo totalmente a Cuba del intercambio comercial, con la excepción de los productos farmacéuticos. El presidente estadounidense dijo que esta prohibición mermaría la capacidad de los cubanos de mezclarse en actos de agresión y subversión por toda América.[43]

LOS PEDRO PANES APARECEN EN LOS TITULARES DE LA PRENSA DE LOS ESTADOS UNIDOS

El 22 de febrero de 1962, el diario *Cleveland Plain Dealer* publicó un artículo sobre los niños cubanos que llegaban sin acompañantes, tomado de un reportaje secreto que decía que entre mil y dos mil niños habían sido enviados a la Unión Soviética y a los países de Europa Oriental en 1961. Fue el comienzo de una avalancha de historias similares.

En el mes de febrero de ese mismo año, William L. Mitchell, director del Programa de Ayuda para los Cubanos, pronunció un discurso en el hotel neoyorquino Waldorf Astoria ante la división femenina de la organización benéfica judía United Jewish Appeal, revelando que había "miles de niños cubanos sin acompañantes"[44] en los Estados Unidos, y 73 mil cubanos en espera de abandonar la isla.

Al mes siguiente, el ministro de asistencia social, Abraham A. Ribicoff, hizo un llamado a las familias estadounidenses para que ayudaran en el cuidado de más o menos 300 niños cubanos que llegaban al país sin acompañantes cada mes.[45] El 9 de marzo, el rotativo *Miami Herald* publicó en primera plana la historia del éxodo juvenil. Otras publicaciones siguieron la pauta. Al mismo tiempo, en Cuba, Castro les urgía a los jóvenes a desarrollar un "espíritu marxista, y un espíritu más comunista y más intenso".[46]

El *New York Times* publicó un largo artículo el 27 de mayo sobre el programa que llamaban "el mayor programa en tiempos de paz para niños desamparados del país", instituido con fondos federales para reubicar en los Estados Unidos a los niños cubanos que llegaban solos. El escrito decía que había 10 mil niños cubanos sin acompañantes en los Estados Unidos, y un promedio de 500 más que llegaban cada mes.

Rita Martínez, una maestra que llegó a Miami a principios de 1962, le contó a la reportera del *New York Times*, Ruby Hart Phillips, acerca de sus deberes como maestra en Cuba: "Estábamos obligadas a no sólo adoctrinar a los analfabetos de acuerdo con la cartilla, sino también a explicarles los *Fundamentos del socialismo* escrito por Blas Roca (un antiguo líder comunista cubano)".[47]

LOS TESTIMONIOS

Mientras tanto en Cuba, otros decidían su propia suerte. Rafael Carvajal, de trece años, era uno de los niños que se había ofrecido para ir al campo. "Mis padres me habían comprado un caballo, y les daban dinero a los campesinos para que me alimentaran, por lo que yo era un alfabetizador privilegiado". Sus padres habían respaldado la revolución al comienzo, y habían escondido armamentos en su casa. De hecho, él estaba entre los más jóvenes que habían ido a la región más oriental de Cuba por un año. "Cuando yo regresé a La Habana, la revolución había cambiado totalmente, y lo mismo nos había pasado a mi familia y a mí". Rafael entonces se involucró en actividades contrarrevolucionarias, y el 18 de agosto de 1962, se marchó solo para los Estados Unidos.

Otra niña que tomó parte del éxodo explica su decisión de

abandonar la patria. "Me sentía como una paria en el Instituto de Matanzas", dice Beatriz Infiesta, que contaba entonces con catorce años. "Algunas veces estabas en clase y te pedían que hicieras un minuto de silencio por Patricio Lumumba (el líder congolés asesinado), o te preguntaban por qué no habías ido a alfabetizar a los guajiros. No me gustaba lo que estaba pasando".

Josefina Santiago* recuerda que su familia era muy política en Cuba:

> Teníamos un patio falso. Debajo había realmente un caché de armas y municiones. Mi padre había trabajado para la revolución, pero muy pronto cambió de parecer. Él escuchaba Radio Swann**, lo que no era permitido entonces, y subía el volumen lo más que podía; para asegurarse de que el comité lo oyera, y yo me horrorizaba.
>
> Mi padre comenzó a ayudar a los gusanos. En aquel momento hubo pequeños alzamientos simultáneos en Cienfuegos, nuestro pueblo. Yo una vez estaba con él y me empujó al suelo, y cuando me levanté, vi una bala incrustada en la pared justamente en donde estaba mi nariz. ¡Esto me perturbó mucho! Y también vi otras cosas que sucedían en mi casa.
>
> Una vez vinieron los milicianos cuando mi padre estaba montado en una escalera, lo

---

*Seudónimo

**Emisora financiada por los Estados Unidos que transmitía a Cuba desde las inmediaciones de la isla hondureña de Swann.

agarraron por los talones, y de un tirón, lo bajaron. En otra oportunidad en que lo estaban interrogando, empujaron a mi madre hacia un lado, y uno de los milicianos me encañonó con un rifle y me dijo que no me moviera. ¡Y yo solamente tenía ocho años de edad!

Y otra vez empezó todo con las armas, municiones y rifles; todo bajo el patio. Esta vez yo temblaba mientras pensaba, "¡Papá, por favor, para esto! ¡Yo quiero tener un padre, no quiero que te metan en la cárcel!". Pero él nunca paró.

Josefina se marchó de Cuba en el mes de mayo de 1962. "Yo sé por qué vine a los Estados Unidos. Fue porque mi padre deseaba que viviera mejor. Él prefería perderme a un país democrático que a uno comunista".

Los que huyeron de Cuba en 1962 no comprendían en ese momento lo dichosos que fueron de marcharse cuando lo hicieron. El mundo entero aguantó la respiración durante la crisis de los mísiles de octubre, cuando la guerra nuclear con la Unión Soviética por los proyectiles instalados secretamente en Cuba parecía certera. El 23 de octubre de 1962, los 150 mil cubanos que estaban listos para abandonar la isla fueron privados de su sueño de libertad cuando todos los vuelos programados entre Cuba y los Estados Unidos cesaron. Los vuelos no se reanudarían hasta después de tres largos años.

Es un logro conmovedor ser una pequeña—
pero importante—parte del drama de arrancar,
aunque sea a un solo niño, de las garras del comunismo.

—WENDELL N. ROLLASON
Director de la Comisión para Asuntos Interamericanos,
al declarar ante el Comité de Justicia del Senado de los Estados Unidos,
en el mes de diciembre de 1961.

CAPÍTULO 3

EL PROGRAMA DE LOS NIÑOS CUBANOS EN MIAMI: 1960–1961

La creciente preocupación sobre el futuro de los niños cubanos dio lugar a la formación de operaciones clandestinas establecidas específicamente para sacar a los niños de Cuba. En un artículo fechado el 9 de marzo de 1962, Gene Miller, entonces reportero del *Miami Herald,* bautizó estas operaciones clandestinas "Operación Pedro Pan", tras la novela de James M. Barrie sobre un niño que podía volar.[1]

En el otoño de 1960, James Baker, director de la Academia Ruston, una escuela estadounidense en La Habana, recibió la primera de muchas peticiones frenéticas de los padres de sus estudiantes. "¿Podía el señor Baker conseguir una beca en los Estados Unidos para sus dos hijos, uno, alumno de quinto grado, y el otro, en el último año de la enseñanza superior?", preguntó un padre. Normalmente, Baker podía interceder para conseguir tales becas, si las pedía durante el semestre de primavera, pero el nuevo año escolar ya había comenzado. "Yo sabía que este padre estaba muy comprometido con la oposición a Castro", dijo Baker. "Él me dijo, 'El problema es que nosotros, los que nos oponemos a Castro, estamos dispuestos a dar nuestra vida por la patria, pero vivimos preocupados de que si vamos a parar a la cárcel, nuestros hijos serán enviados a Rusia. Por eso quiero sacarlos de aquí. ¿Puede usted hacer algo?' ". Así lo recordaba el octogenario señor Baker, que aún antes de fallecer, guardaba su presencia gallarda, con cabello y bigote canosos, y un perenne brillo en los ojos. Sentado en el comedor de su casa de Daytona Beach en la Florida, Baker recordaba cuándo el éxodo comenzó. "Como el curso escolar ya había empezado, dije que no, pero al mismo tiempo, usted comprende, nadie esperaba que esto (el régimen de Castro) duraría".

La revista *U.S. News and World Report* hizo eco de esos sentimientos, y puso en duda la naturaleza transitoria del régimen en un artículo del 31 de octubre de 1960 titulado, "¿Están contados los días de Castro"? Aun siendo el dueño del noventa por ciento de todas las propiedades cubanas y de mil millones de dólares robados a los estadounidenses, en la alcancía de Castro quedaban solamente 100 millones de dólares, y su contenido seguía menguándose a toda velocidad. El régimen no había podido ponerse al día económicamente. Un grupo de comerciantes estadounidenses estaba ya asentado en Miami esperando simplemente que Castro se desapareciera para poder regresar a Cuba y reclamar las industrias que le habían confiscado.

Mientras que las relaciones entre los Estados Unidos y Cuba se deterioraban rápidamente, Baker sabía que él y su familia tendrían que marcharse de Cuba. Sin embargo, su plan era quedarse en Cuba mientras la embajada de los Estados Unidos permaneciera abierta.

Provisto con los nombres de quince o veinte niños que él sabía necesitaban salir del país, Baker planeó un viaje a Miami para hablar con un grupo de hombres de negocio estadounidenses acerca del problema de los niños y buscar ayuda financiera para establecer una escuela en Miami. Antes de partir de Cuba, Baker le dijo a una maestra de su escuela, Rosa Guas Inclán, que él iba a Miami para tratar de conseguir visas de turista. También le preguntó si ella estaba interesada en obtener alguna para sus propias hijas. "Yo sabía que su marido estaba envuelto en actividades contrarrevolucionarias. Creo que yo sabía más que ella, porque me contestó, 'Gracias, Jim, pero no'. Al día siguiente, a las siete y media de la mañana, me estaba esperando en mi oficina, y exclamó, '¡Ah, Jim, estaba equivocada! ¡Sí, queremos sacar a nuestras hijas!' ".

Baker tomó un vuelo a Miami a mediados del mes de diciembre, y se entrevistó con ocho o diez dirigentes de compañías estadounidenses y figuras importantes de la Cámara de Comercio de Cuba, cuyos hijos habían sido alumnos de la Academia Ruston. "Les hablé y les expliqué el problema. Me dijeron que podían conseguir ayuda financiera para el proyecto, si yo encontraba un lugar adecuado en donde establecerlo".

Baker comenzó a buscar un sitio para instalar su escuela. Él quería que fuera una escuela provisional en Miami, destinada a aquellos estudiantes que tuvieran mayor necesidad, para los niños cuyos padres lucharan contra Castro en la clandestinidad, y para los católicos que mantenían una fuerte oposición al nuevo régimen. Un protestante le sugirió a Baker que hablara con el padre Bryan O. Walsh, que dirigía la Beneficencia Católica o Catholic Welfare Bureau (el CWB). El padre Walsh, un cura que también estaba preocupado por los niños cubanos, podría conocer algún lugar que sirviera para establecer la proyectada escuela. El señor Baker y el padre Walsh se conocieron el 12 de diciembre de 1960.

El padre Walsh ya estaba envuelto en el cuidado de los niños cubanos que llegaban sin acompañantes. Alrededor de mediados de noviembre, un director ejecutivo de la Beneficencia Católica había recibido a Pedro, un jovencito cubano de quince años de edad, que había pasado de familia en familia y a amigos, ninguno de los cuales habían podido hacerse cargo de él. La Beneficencia Católica, que en ese momento era una pequeña agencia de adopción, con ochenta niños a su cargo,[2] le dio amparo a Pedro. Luego, el padre Walsh hizo averiguaciones adicionales, y encontró que había un pequeño grupo de menores sin acompañantes en Miami.

Uno de esos menores era Jorge Carballeira, de dieciséis años de edad, que había abandonado Cuba el primero de noviembre con su hermano de dieciocho años de edad. No conocían a nadie en Miami, nada más que a un amigo de negocios de su padre al que podían pedirle dinero si se encontraban en aprietos. Después de estar en Miami un mes, con escasas oportunidades de trabajo, Carballeira, el mayor, partió hacia Nueva York, esperando mandar a buscar a su hermano más tarde. De pronto, el jovencito de dieciséis años se encontró solo en la ciudad floridana, viviendo en un cuarto alquilado, soportando dificultades económicas y desempeñando trabajos pésimos. Cuando se enteró de que había un cura que ayudaba a jóvenes como él, se dirigió al padre Walsh, y fue acogido. Según Jorge, "Sin su ayuda, yo no hubiera podido hacer lo que hice; por lo menos me dieron una mano, me situaron en un buen camino y todo fue fácil después. Para cualquiera sin familia como yo, fue la única manera de terminar mi educación. Uno no podía hacerlo si tenía que esperar hasta que los padres llegaran.

En el mes de noviembre, una madre cubana llevó a sus dos hijos a Cayo Hueso en bote, y le pidió a un juez de la corte juvenil que les buscara albergue. El juez asumió competencia y colocó a los niños al cuidado del programa de acogida, conocido como "foster care" en inglés. La madre regresó a Cuba para estar con su marido y continuar trabajando en el movimiento contrarrevolucionario.[3]

El padre Walsh comprendía muy bien que con el deterioro de la situación política de Cuba, el número de niños verdaderamente necesitados de auxilio en Miami aumentaría.

Muchos niños que ya se encontraban en Miami no habían sido contados por los funcionarios autorizados porque habían sido entregados a amigos o familiares, y por ende, no constituían una carga pública. Ruby Hart Phillips, la corresponsal del rotativo *New York Times* en Cuba, cuenta su propia historia:

> Alrededor del 15 de diciembre, fui a Miami con mi hermana Irma, ya que ella había cerrado su estudio de danza que tenía en mi casa porque abandonaba la isla para siempre.
>
> Irma asumió la custodia de una niña cubana de seis años, Amalín, para quien yo había conseguido una visa de inmigrante. Estaban mandando centenares de niños fuera de Cuba, y los funcionarios cubanos no estaban contentos de ver que una americana lo estaba haciendo también.
>
> En el aeropuerto, jóvenes funcionarios examinaron cuidadosamente el documento, y uno lo declaró no válido. Sin embargo, otro joven lo convenció de que sí era válido, y nos permitieron sacar a la niña.[4]

El padre Walsh y James Baker trabajaron arduamente para asegurar que los niños cubanos fueran recibidos en los Estados Unidos. Juntos delinearon un plan para sacar a los adolescentes de Cuba—conseguirían visas de estudiante. Para recibir una visa de estudiante de los Estados Unidos era necesario presentar pruebas que el niño había sido admitido en una escuela del país. Baker fue a ver a la señora Agnes Ewald de la escuela de segunda enseñanza Coral Gables High School en la Florida, y entre ambos pusieron en práctica un plan por el cual él le daría nombres a ella, y ella, a su vez, conseguiría los documentos. Con éstos, la embajada de los Estados Unidos en La Habana podía extenderles las visas de estudiante a los niños. Las valijas diplomáticas de la embajada transportarían los documentos sin peligro. El complot básico de sacar a los niños de Cuba ya estaba puesto en marcha. El señor Baker regresó a Cuba y comenzó a trabajar. "Todo parecía muy bien", dijo él.

El 15 de diciembre, los señores Kenneth Campbell y Bob O'Farrell de la compañía petrolera Esso Standard Oil, y Richard Colligan de la compañía de minería Freeport Sulphur Company, socios todos de la Cámara de Comercio de los Estados Unidos, visitaron a Walsh,[5] entregándole la primera lista con 125 nombres.

Después de enviar las visas de estudiante a Cuba, el padre Walsh tenía que ir al aeropuerto para recibir todos los vuelos que llegaban. El 26 de diciembre de 1960 la operación clandestina dio sus primeros frutos. Vivian y Sixto Aquino fueron los primeros niños que bajaron del avión en el Aeropuerto Internacional de Miami con otros tres niños. "Penny Powers había sido nuestra maestra en Cuba", dice Sixto. "Ella se había comunicado con nuestros padres referente a nuestra partida de Cuba, ya que sabía que Vivian y yo no ocultábamos nuestra oposición al gobierno". Ese mismo día, el primer grupo de turistas soviéticos llegó a La Habana. Ningún niño llegó a Miami el 27 de diciembre, dos llegaron el 28 de diciembre, ninguno al día siguiente, y seis el 30 de diciembre.

No obstante, el 30 de diciembre hubo una inesperada y riesgosa llamada de James Baker al padre Walsh desde La Habana. Ambos habían decidido no comunicarse a través del teléfono, ya que las llamadas internacionales estaban controladas. Baker le explicó que la embajada de los Estados Unidos estaba reteniendo la emisión de visas de estudiante. Walsh llamó a Frank Auerbach, de la sección de visas del Departamento de Estado en Washington, y éste le informó que el gobierno de los Estados Unidos estaba dispuesto a expedir las 200 visas solicitadas por Baker, pero bajo una condición—"Una organización reconocida y establecida en los Estados Unidos tenía que asumir la total responsabilidad de los niños. La Beneficencia Católica, una agencia autorizada de asistencia social infantil, sería muy aceptable al Departamento de Estado".[6]

Los rumores abundaban en Cuba y Miami sobre que ningún niño podría abandonar la isla después del primero de enero de 1961. "Por las dificultades en aumento, el embajador no quería extender las visas", dice Walsh. El cura tuvo que tomar una decisión rápida que abarcaba una gran responsabilidad—el cuidado de 200 niños. En una maniobra audaz, el atrevido religioso irlandés, de treinta años de edad, firmó la requerida declaración de su propia autoridad, sin saber el enorme impacto que esta acción iba a tener en su futuro.

Doce niños llegaron el 31 de diciembre. El 3 de enero de 1961, los Estados Unidos rompió relaciones diplomáticas con Cuba, y la embajada estadounidense en La Habana cerró sus puertas. El 5 de enero, James Baker y su familia abandonaron el país y su casa de veintidós años, con cinco maletas por todo equipaje. Como él explicaba, "Nosotros éramos refugiados al igual que lo eran los cubanos". A su llegada a Miami le dijo al padre Walsh que habían encontrado dificultad en conseguir visas para los niños. En el caos que surgió durante el cierre de la embajada y la incineración de papeles por parte del personal, le fue permitido al señor Baker personalmente ponerles el sello a veinticinco pasaportes.[7] Cuando se rompieron las relaciones diplomáticas, el número de niños en La Habana, para los cuales Baker y sus empleados estaban buscando protección de la Beneficencia Católica, habían aumentado a 510.[8] El 6 de enero de 1961 el régimen cubano suspendió la entrega de permisos de salida a cubanos y residentes extranjeros, con excepción de los ciudadanos estadounidenses.[9] Ésto impidió la partida de los cubanos, con la excepción de aquéllos que ya tenían sus permisos.

Del primero al tres de enero no llegaron más niños a la Florida, dejando a los que esperaban en Miami preguntándose si en definitiva a ningún niño más le sería permitido salir de Cuba. Pero el 4 de enero llegaron cuatro más.

El señor Baker había preparado un plan en el cual algunos niños se marcharían con una visa británica a la que en aquel entonces era la colonia de Jamaica en el vuelo que partía dos veces por semana de La Habana en la línea aérea KLM hacia Kingston. Una vez allí, recibirían la visa de los Estados Unidos. El padre Walsh viajó a Jamaica para organizar un programa para el tránsito de los niños en esa isla. Recibió la completa cooperación del obispo de Kingston, el jesuita John J. McEleney.

Una vez juntos en Miami, el señor Baker y el padre Walsh comenzaron conversaciones directas con el Departamento de Estado y el Servicio de Inmigración y Naturalización de los Estados Unidos acerca de la posibilidad de admitir al país a otros niños cubanos sin visas.

El 9 de enero, en un paso sin precedente, el Departamento de Estado le concedió al padre Walsh la autoridad de entregar un permiso especial (*visa waiver* en inglés) a cualquier niño de entre seis y dieciséis años de edad que deseara entrar en los Estados Unidos bajo la tutela de la diócesis de Miami.[10] Los niños que tenían de dieciséis a dieciocho años de edad necesitaban que sus nombres fueran aprobados por el gobierno de los Estados Unidos. Un permiso especial significaba que el portador no tenía que poseer una visa para entrar en los Estados Unidos. La aerolínea podía entonces aceptar a esa persona como pasajero sin ser multada.

Ya para el primero de febrero de 1961, 174 niños habían llegado a los Estados Unidos. Amigos y familiares albergaban a 53 niños, la Beneficencia Católica a 119, y la organización benéfica judía Servicios Infantiles para las Familias cuidaban a dos más.[11] Ese mismo día, el padre Walsh se entrevistó con el ministro de salud, educación y bienestar social de los Estados Unidos para informarle sobre la grave situación de los niños que llegaban sin acompañantes.[12]

El padre Walsh se merecía estar ansioso por haberse hecho cargo de tal empresa. Su mayor preocupación era que el programa para el cuidado de los niños debería ser manejado por las agencias benéficas. Su segunda inquietud era que la fe religiosa de los niños debería ser salvaguardada. Esta era una de las principales razones por la que los padres mandaban a sus hijos al exilio. Su tercera preocupación era el dinero—¿de dónde saldrían los fondos para crear un programa de acogida para niños sin acompañantes?[13]

Tres agencias estuvieron de acuerdo en cuidar a los niños dentro de sus propios legados religiosos: la Beneficencia Católica; el Buró Protestante de Servicio a los Niños, y la Benéfica Judía para las Familias y los Niños.[14] Pero esto era en el ámbito local de la Florida. Para la llegada masiva de niños que se esperaba eran necesarios fondos federales.

"Siempre supimos distinguir entre las dos operaciones diferentes", dice Walsh. "Una era la Operación Pedro Pan, que era una operación clandestina en Cuba para tratar de ayudar a los niños a llegar aquí. La otra, el Programa de Niños Cubanos, que era para cuidar a los niños que ya estaban en los Estados Unidos sin la atención y protección de sus padres. Por eso son en realidad dos cosas diferentes. Y aunque ambos proyectos fueron iniciados a la misma vez, fue sólo por coincidencia. No se planeó de esa manera, simplemente sucedió así".

El presidente Eisenhower había nombrado a Tracy Voorhees para estudiar la situación de los refugiados cubanos en la Florida. El señor Voorhees había presidido anteriormente, de 1956 a 1957, el Programa de Refugiados Húngaros, reubicando a muchos adolescentes húngaros que habían llegado solos a los Estados Unidos luego de la invasión soviética de su país. En aquel momento, Voorhees regresó a ver al presidente Eisenhower con la recomendación de que, "si llegara a ser necesario ir mas allá de lo que las ayudas privadas pueden ofrecer, los Fondos de Seguridad Mutua (un millón de dólares destinados para este propósito por el presidente Eisenhower el 2 de diciembre de 1960), pueden ser también utilizados para ayudar a los niños refugiados cubanos que estén en extrema necesidad".[15] El 31 de enero, en su último acto oficial como representante del presidente, Voorhees puso a la disposición de 900 estudiantes cubanos en las universidades de los Estados Unidos la cantidad de 100 mil dólares.[16]

Ray McCraw, un trabajador social de la organización benéfica Caridades Católicas, explica:

> El padre Walsh me preguntó si yo trabajaría en el programa de los cubanos, porque centenares de niños estaban llegando y no teníamos suficientes trabajadores sociales. Yo conocía diferentes colegios en los Estados Unidos a los cuales podía mandar gente, e hice contacto personal con ellos. El padre Walsh y el arzobispo Coleman Carroll se comunicaron con las diferentes diócesis de los Estados Unidos.
>
> Los directores de las Caridades Católicas de noventa y siete diócesis se reunieron en el gran salón de baile del Hotel Columbus en el centro de Miami. Ellos esbozaron lo que deseaban que se hiciera—cada diócesis debería hacerse cargo de proveer cuidados de acogida, así como hogares y educación para estos niños cubanos.
>
> La respuesta fue magnífica. Teníamos a curas llegando de todas partes del país. Después de regresar a sus destinos originales, ellos revaluarían la situación particular en su distrito sobre las acogidas, y entonces se pondrían en contacto con nosotros para que el padre Walsh trasladara a los niños.

El señor McCraw recuerda, "Fue una cosa muy difícil de presenciar, ver a los pequeñines subirse a los aviones y simplemente marcharse a un mundo totalmente distinto. Fueron los niños más valientes que he visto. Primero que todo, hubo muy pocas lágrimas; simplemente se marcharon con personas desconocidas por completo".

El 20 de enero de 1961 dio comienzo el mandato del trigésimo quinto presidente de los Estados Unidos, John Fitzgerald Kennedy. El nuevo presidente enfrentaba una crisis en la Florida causada por el aluvión de refugiados cubanos que llegaba. Kennedy envió a ese estado a Abraham A. Ribicoff, ministro de salud, educación y asistencia social, para que estudiara la situación. El ministro Ribicoff extendió su estancia en la Florida por un día más, por la "profunda y complicada naturaleza" de la situación en el área. La "complicada" situación era potencialmente explosiva, con 50 mil a 60 mil refugiados ya en el sur de la Florida, y 500 más que llegaban cada semana. A su regreso a Washington, D.C., el ministro Ribicoff describió a los refugiados como "gente orgullosa y llena de recursos", pero al mismo tiempo dijo que muchos de ellos estaban muy necesitados. También explicó que las agencias voluntarias se habían extendido demasiado. O sea, no les alcanzaban los fondos. Por último, Ribicoff nombró a Dillon S. Meyer como director del Programa de Ayuda de Emergencia para los Cubanos.[17]

El 3 de febrero el presidente Kennedy decretó ayuda para los cubanos como parte de un plan de nueve puntos que otorgaría cuatro millones de dólares para auxiliar a las agencias que prestaban asistencia benéfica, para darles ayuda gubernamental a las agencias privadas de empleos, servicios de salud esenciales, y para ayudar a las personas necesitadas de Miami a cubrir sus gastos básicos. Durante un discurso en el cual delineó el programa, Kennedy aseveró su convicción de "proveer ayuda financiera para el cuidado y la protección de los niños sin acompañantes—el grupo más indefenso y problemático entre los refugiados".[18]

La breve mención del periódico *New York Times* del mes de febrero de 1961 sobre los niños refugiados sería la primera noticia ofrecida por la prensa estadounidense sobre la suerte que habían corrido estos niños en los Estados Unidos. El padre Walsh le había pedido a la prensa que no reportara nada sobre ellos porque eso podía peligrar sus salidas de Cuba. Los periodistas accedieron al pedido del cura hasta el año siguiente.

En vista de que el Buró Federal de Niños formaba parte del Departamento de Seguridad Social, el ministro de salud, educación y asistencia social le delegó al comisionado de seguridad social su responsabilidad en el programa.[19]

El Buró Federal de Niños negoció un contrato con el Departamento de Bienestar Público de la Florida, y el primero de marzo de 1961 se firmó un acuerdo para darles ayuda temporal a los refugiados cubanos, incluyendo el cuidado y la protección de los niños que llegaban solos. Este acuerdo proporcionaría fondos federales para llevar a cabo el plan. En ese momento, la tasa de reembolso era de 5,50 dólares diario por casa individual, ó 6,50 dólares en situaciones de grupos. (Cinco dólares y cincuenta centavos en 1961, es equivalente a 30,89 dólares diarios, ó 926,70 dólares mensuales en el año 2000. Seis dólares y cincuenta centavos era igual a 36,51 dólares actuales, ó 1.095,30 dólares al mes). Este desembolso era asignado para comida, albergue y ropa.

El Buró Federal de Niños reconoció el caso excepcional de esta situación, y nombró un personal especial de asesores para trabajar directamente con las agencias involucradas en el programa a través de todos los Estados Unidos. El Buró Federal de Niños implementó un nuevo método de análisis de gastos para operar el programa de los niños cubanos.[20]

Las agencias voluntarias fueron también reembolsadas por el transporte y otros gastos incidentales de viaje que se incurrían al reubicar a los niños fuera del área de Miami. También estaban cubiertos los gastos por ciertos servicios especiales, tales como el tratamiento siquiátrico o enfermedades graves que requerían tratamientos prolongados.[21]

Nunca antes el gobierno de los Estados Unidos había provisto fondos para la acogida de niños refugiados en su territorio.[22] Con el problema financiero resuelto, el éxodo podía continuar.

Katherine Bronwell Oettinger, directora del Buró Federal de Niños, resumió de esta manera los objetivos del programa:

> Nadie puede predecir en el presente cuándo terminará el programa. Continuará mientras haya necesidad de él. Su impacto será sentido mucho después de que termine.
>
> A largo plazo, la paz del mundo y la salvaguarda de las sociedades libres dependen del desarrollo de la capacidad individual de los niños y de una gran cantidad de ideas del 'mercado común', sabiduría, intercambio cultural y buena voluntad. Este programa para niños desplazados de Cuba representa una inversión a largo plazo para nosotros.[23]

> Nadie puede volar, a menos que hayan
> soplado el polvo de hadas sobre él.
>
> —J.M.BARRIE, *PETER PAN*

CAPÍTULO 4

LA OPERACIÓN PEDRO PAN EN CUBA: 1960–1962

Cuando la figura masculina abandonó la elegante casa del antiguo presidente cubano Ramón Grau San Martín y caminó hacia su automóvil, la luz brillante de un potente reflector atravesó la oscuridad de medianoche, creando un túnel de luz. Carlos Stíncer sabía lo que pasaría a continuación—había sucedido cada vez que él visitaba la casa del antiguo jefe de estado. La luz lo alcanzó en la Quinta Avenida y luego en la Séptima; un automóvil marca Mercedes-Benz azul, conducido por un mulato con barba al estilo de León Trotsky, guiado por la luz, seguía a Stíncer hasta que éste llegara a su casa. El aviso decía mucho en su simpleza—te estamos vigilando.

El señor Stíncer, abogado y amigo de los Grau, todavía tiembla cuando recuerda los papeles de los permisos especiales que él usualmente llevaba bajo su camisa en aquellas noches calurosas habaneras. A veces era la esposa de Stíncer, Ofelia, quien los escondía bajo su abultada falda. "Fue de repente como si se hiciera la luz del día", dice él al referirse a la fortísima luz. Todavía se maravilla de su buena suerte, ya que nunca fueron detenidos. "Sabíamos que sabían de nosotros. Si no hubiéramos huido de Cuba en 1962, nos hubieran arrestado".

No solamente visas, sino armas, rifles, ametralladoras, dinero y pasaportes entraban y salían a diario de la residencia de Miramar. Directamente al cruzar la Quinta Avenida, en la calle catorce, la mansión colonial que había pertenecido al escritor Jorge Mañach hasta que huyó de Cuba, ahora servía de casa a la fuente del reflector, la temida seguridad del estado o G-2, como mejor se conocía.

El presidente Ramón Grau San Martín era profesor universitario, y había sido presidente de Cuba de 1933 a 1934 en un primer período presidencial, para ser entonces depuesto por el sargento Fulgencio Batista. Grau fue electo presidente de nuevo en 1944, sirviendo en el cargo hasta 1948.

Once años después, en el mes de junio de 1959, Castro expulsó al antiguo presidente de su puesto en la universidad y le confiscó todas sus propiedades. Más tarde, el 4 de mayo de 1961, el dictador cambió de parecer, quizás porque respetaba a Grau por su sabiduría, su edad (ochenta años), o quizás también porque Grau no se había marchado de Cuba como otros. Castro anunció que le devolvería a Grau su puesto en la universidad, pero éste no la aceptó. La madre de Castro (Lina Ruz), una admiradora del antiguo gobernante, quizás fue quien intervino en su favor.[1]

En esa época, Grau compartía su casa con Paulina Alsina, la viuda de su hermano, y sus dos hijos adultos, Ramón, conocido como Mongo[†], y Pola, o Polita. Mongo estaba siempre ocupado en los asuntos de su tío, y durante muchos años sirvió como su ayudante personal. Continuó en esa posición cuando el antiguo presidente ya estaba entrado en años. El anciano caballero dependía de su sobrino para casi todo.

[†]Mongo Grau falleció en 1999.

Cuando la casa de Grau fue edificada, Mongo compró un terreno al fondo, y allí construyó su propia morada; las residencias, aunque separadas, se comunicaban. Un pórtico o terraza, el *salón verde,* conectaba los dos domicilios. Según Mongo, era el sitio ideal para hacer labores clandestinas. Era como si las hubieran edificado con la premonición de futuras actividades contrarrevolucionarias en mente. "Yo podía recibir a alguien en la calle Doce, y despedirlo a través de las salidas de las calle Catorce o la Quinta Avenida. Había dos vallas construidas en el jardín. La primera era la normal, llena de plantas altas. Alrededor de metro y medio detrás había una segunda valla. Ésta corría de la calle Doce a la Catorce. Yo podía recibir gente allí, y nadie se enteraba de quién había entrado en la casa".

A Mongo, de carácter simpático, le encantaban las actividades sociales que su posición privilegiada le permitía. Haciendo uso máximo de su prestigio, tenía reuniones sociales a menudo. Su personalidad afable y su facilidad para hablar varios idiomas lo hacían muy popular en el ambiente diplomático, cimentando así amistades que le fueron muy útiles cuando el régimen de Castro estrechó la vigilancia sobre su casa.

Después que la embajada de los Estados Unidos cerrara sus puertas a principios de 1961, Penny Powers, una maestra británica de la Academia Ruston que trabajaba para James Baker, visitó a Mongo acompañada de varias mujeres que colaboraban con la iglesia católica. Desde que el señor Baker abandonó Cuba y se estableció en Miami, la señora Powers buscaba a alguien que quisiera hacerse cargo del trabajo que él desempeñaba junto a ella, por lo cual le preguntó a Mongo si quería participar en conseguir permisos para ayudar a los niños a salir del país. Él inmediatamente dijo que sí, añadiendo, "¡Vamos a operar desde aquí mismo!", refiriéndose a la elegante mansión de Miramar.

Una mujer asustada replicó, "¿Frente al G-2?". Mongo a su vez preguntó, "¿Quién de ustedes conoce a alguien importante?" Como los círculos sociales de Cuba eran exclusivistas, resultó que todas asintieron—una conocía al tío de un antiguo ministro, otra a la madre, otra era una sobrina del primo, etcétera. Mongo, animado, le contestó, "Como ven, tenemos la excusa perfecta para operar desde aquí".

En ese momento, una de las visitantes mostró una caja llena de pasaportes que llevaba con ella. Mongo se quedó atónito. "No debe andar con pasaportes", dijo, porque sabía que ser apresado en Cuba con papeles de identidad personal ajenos era causa suficiente para ir a la cárcel. Eso se convirtió en la primera norma del grupo: traer escritos en un papel, o en libretas—en cualquier cosa—los nombres de aquéllos que solicitaban visas, pero *no* pasaportes de verdad. La segunda regla era alternar las visitas a la casa: si se hacía la visita una semana el martes, se hacía el lunes de la semana próxima. O sea, no se podía regresar el mismo día de la semana. Se tenía que evitar movimientos rutinarios. La recién fundada operación había dado comienzo.

Algunos cubanos de confianza que regresaban de los Estados Unidos fueron reclutados para traer los permisos especiales. Sara del Toro de Odio fue una de esas personas. Ella había llevado a sus cinco hijos mayores a Miami al final de 1960. Allí se encontró con su buen amigo, Maurice Ferré, quien la llevó a conocer al padre Walsh. En su viaje de regreso, trajo consigo la primera remesa de permisos especiales para los niños cubanos.

Los cubanos que volvían a su patria se habían convertido en tal rareza que la reaparición en Cuba de la señora del Toro generó un interrogatorio exhaustivo por parte de los funcionarios aduaneros. Dichos funcionarios la interrogaron agresivamente acera de sus cinco hijos que habían sido enviados al extranjero. Ella respondió que como los colegios estaban cerrados, quería que continuaran aprendiendo inglés. Al mismo tiempo ofreció como prueba contundente que ella continuaba siendo una *fidelista* de corazón el haber dejado a sus hijos menores en Cuba. La presencia de su marido e hijos esperándola en el aeropuerto ratificaba esa aseveración.

A su vez, Amado, su marido, estaba preocupado. Se había encontrado con el hijo de un antiguo conocido que trabajaba entonces para el departamento de inmigración del aeropuerto y le había dicho, "¡Han detenido a Sara!", a lo que el amigo inmediatamente respondió, "No te preocupes, nada le va a pasar", y acto seguido se dirigió a ella. La señora del Toro se sintió como si la estuviera escudriñando mientras le hablaba. Los aduaneros la dejaron entrar en Cuba sin revisar su equipaje que contenía las visas en blanco. No obstante, Sara del Toro asegura que desde entonces su familia estuvo constantemente vigilada.

Por su parte, Mongo continuaba planeando distintas maneras de traer más visas a Cuba. Tenía que encontrar alguna persona que pudiera entrar y salir del país sin limitaciones. Necesitaba dar con alguien de quien las autoridades cubanas no sospecharan. ¿Quién podía ser?

La respuesta estaba muy cerca de él—los diplomáticos. Pero, ¿cómo sabría quién era el más apropiado? Su primer contacto fue Marie Boissevant, la esposa del embajador neerlandés en Cuba. Mongo pensó que ella simpatizaría con la causa por tener una directa conexión anticomunista—una tía anciana que vivía con su familia. La tía, a quien llamaban "la princesa", pertenecía a la nobleza rusa y había huido de San Petersburgo durante la revolución bolchevique. Mongo se acercó a Polita con la idea. "¿Quién mejor que una rusa blanca para comprender nuestra grave situación y ayudarnos"? Polita estuvo de acuerdo inmediatamente.

Mongo fue a visitar a la señora Boissevant y le pidió ayuda. Él le explicó que su colaboración significaría viajar a Miami de vez en cuando y traer algunas cosas. "¿Puedo preguntarle exactamente qué cosas? ¿Armas?", preguntó la señora Boissevant. "Papeles", replicó Mongo, "para ver si podemos sacar a los niños de Cuba, para salvarlos del comunismo". Tan pronto como ella oyó la respuesta, contestó inmediatamente sin duda alguna. "Puede contar conmigo para lo que desee. Me dice solamente cuándo tengo que ir. La KLM pertenece al estado de los Países Bajos, y por lo tanto, como esposa del embajador, no tengo que abonar el billete y puedo viajar en cualquier momento". Por consiguiente, la señora Boissevant comenzó su nueva vida como contrabandista de visas muy exitosa, trayendo más de quinientas en cada viaje.

El obtener esas visas no era en realidad una actividad ilegal. Cualquier familiar o amistad en los Estados Unidos podía pedir una para ser enviada a Cuba. Pero usar el servicio postal no resultaba seguro porque todas las cartas eran interceptadas o censuradas. Además, existía la situación de que muchas personas no tenían conocidos en los Estados Unidos, o que necesitaban la visa inmediatamente.

Un día, Mongo oyó a su hijo de catorce años pedirle a la cocinera que guardara las cáscaras de las papas y frutas. Mongo le preguntó si quería esas sobras para los animales, a lo que el niño le respondió, "No, un grupo de mis amigos y yo vamos a reunirnos para tirárselas a la embajada rusa". Por la mente de Mongo pasaron inmediatamente imágenes de jóvenes prisioneros, y en ese instante decidió que si él estaba decidido a quedarse a luchar contra Castro, también tendría que mandar a sus hijos a un ambiente más seguro.

Mongo discutió la situación con Polita, que también decidió enviar fuera no solamente a sus hijos, sino también a su atemorizado marido, José "Pepe" Agüero, ya que podía perjudicar las actividades clandestinas que ellos llevaban a cabo. Un episodio reciente había causado terror entre los hermanos Grau—Pepe había visto a un grupo de personas sentadas en el *salón verde* e, incontrolablemente, había irrumpido ante ellos gritando, "¡Sigan conspirando, porque todos van a ir a parar a la cárcel!".

Polita y Mongo pensaron que tenían la excusa perfecta para quedarse—tenían que cuidar a su tío octogenario, el antiguo Presidente de la República que rehusaba abandonar su patria. Polita, por su parte, también tenía que cuidar a su achacosa madre. La vestidura honorable del presidente Ramón Grau San Martín no sólo alcanzaba a sus sobrinos, sino también a todos los que creían que su aura política los defendería de ser castigados por cualquier actividad en contra del régimen que tuviera lugar en su casa.

Los vuelos para salir de Cuba eran reservados con meses de anterioridad, por lo que una vez que las visas comenzaron a llegar, las líneas aéreas tenían que ser avisadas de inmediato para conseguir asientos para los niños. A principios del programa, la agencia de viajes Harry Smith de La Habana recibió unas cuantas visas de Miami. Teté Cuervo trabajaba allí durante ese tiempo, y recuerda que Gilbert Smith, el hijo del fundador de la agencia, reservaba cinco asientos diarios con nombres de pasajeros ficticios para dárselos a los niños sin acompañantes.

Francisco "Pancho" Finlay era el jefe de la KLM en Cuba. Él y su mujer Berta conspiraban activamente en contra del régimen. Ya habían mandado a sus hijos al extranjero, y habían recibido visas para su distribución directamente de Miami. Pancho y Berta estuvieron de acuerdo, a través de James Baker, en trabajar con Serafina Lastra y Sergio Giquel en favor de otros niños.

Otros empleados de la compañía de aviación estadounidense Pan American World Airways se unieron igualmente a la operación. Uno de éstos fue Ignacio Martínez Ibor, jefe de estación de la aerolínea. Leopoldo Arista, abogado de la compañía, recuerda que se tomó la decisión en el ámbito local de separar asientos para niños en todos los vuelos. Penny Powers ya había visitado a los señores Martínez Ibor y Arista en 1960, pidiéndoles ayuda con los asientos para los niños. "Las líneas aéreas eran responsables y no podían vender billetes sin visas. Era por eso que se utilizaban los permisos especiales".

Tony Comellas también trabajaba en la oficina de la Pan American de La Habana. "Siempre les dábamos a los niños sin acompañantes prioridad en los asientos, de diez a veinte en cada vuelo. Yo hice un vuelo a Miami sentado en el baño para que un niño pudiera tener un puesto". Comellas había mandado a su familia a los Estados Unidos, y los visitaba en Miami cada fin de semana, hasta que se marchó de Cuba para siempre. Uno de sus vuelos más memorables fue el que hizo cubierto de vómito, cuando se ofreció a llevar sobre sus piernas a una niñita que se mareó durante el viaje.

Al final de 1960 y al principio de 1961, las solicitudes de visas para los niños ya escaseaban. Sin embargo, una vez que la embajada de los Estados Unidos cerró, las peticiones aumentaron. Pero los padres sí podían obtener visas por medio de una fuente de confianza—la iglesia católica. Se las pedían a los párrocos de sus iglesias, o a los profesores de fiar, o a las monjas de los colegios de sus hijos.

Ester de la Portilla era maestra de la Academia de las Dominicas Americanas cuando la secretaria de la directora la llamó y le dijo, "Ester, sé que tu hermana Berta Finlay está inmiscuida en sacar a los niños (de Cuba), por lo que quiero decirte que yo soy el contacto en este colegio". Ella le explicó que su marido, que estudiaba medicina, iba a ser enviado a la Sierra Maestra, y por eso añadió, "Yo temo que él tenga problemas si soy descubierta. ¿Te harías tú cargo del colegio?". Como sus hijos ya estaban fuera de Cuba, Ester estuvo de acuerdo. En su nuevo papel, explica, "Si un padre quería sacar a su hijo de Cuba tenía que ponerse en contacto con una de nosotras".

El fracaso de Bahía de Cochinos empeoró la situación de los contrarrevolucionarios en Cuba. La invasión probó ser un momento decisivo para muchos de los que estaban envueltos en trabajos clandestinos. Ningún opositor al régimen que fuera sospechoso logró escapar de los rápidos arrestos masivos, que los rumores aseguraban, incluían a más de 250 mil personas en La Habana solamente.

Entre los que fueron recogidos para ser interrogados, estaban Teté Cuervo, Pancho y Berta Finlay, Ester de la Portilla y Mongo, que fue detenido frente a su casa. Según Mongo, "Cuando fui puesto en libertad después de diez días horribles por no haber ninguna evidencia en contra mía, crucé la calle para encontrar a mi madre tomando café con cuatro milicianos. Pegadas con cinta adherente debajo de la mesa donde estaban sentados había dos ametralladoras".

Teté huyó del país después que fue puesta en libertad. Pancho y Berta rehusaron tener más papeles que los podían incriminar en casa, pero siguieron recibiéndolos directamente de la KLM. Berta usaba la oficina de la KLM como su oficina, y citaba allí a los padres de los niños que iban a salir sin acompañantes.

La traición dentro de la misma casa de uno es de temer, y resulta tan dolorosa como dificultosa de aceptar. Ester fue traicionada por una sirvienta. Ella había instruido a los padres a llamar a su casa después de las dos de la tarde cuando estuviera presente para contestar las llamadas pero, por desgracia, llamaban en cualquier momento y le hablaban a la sirvienta, o lo que es aún peor, se presentaban en persona y dejaban los nombres y los pasaportes con ésta. Un día, Ester notó a un hombre paseándose de arriba abajo por la calle donde vivía, vestido con botas y sombrero de vaquero. Ester salió, regresó, y todavía el vaquero tropical estaba allí. Para su desconcierto, esto sucedió por varios días. Finalmente la cocinera de un vecino trabó amistad con el "vaquero" y pudo averiguar que él estaba, sin lugar a dudas, vigilando la casa de Ester.

Presa del pánico, Ester sustrajo los pasaportes y papeles que tenía escondidos detrás de una enciclopedia en la biblioteca, y los colocó dentro de una lata de galletas. Acto seguido, vistió un traje de baño y trató que se supiera que iba de paseo a la playa de Tarará, empaquetando la lata de galletas y otros utensilios en su automóvil. Una vez que no estaba al alcance de los ojos que la vigilaban, entregó la lata con los papeles a su hermana Berta, que a su vez los llevó a la embajada neerlandesa para salvaguardarlos.

En el momento que se llevaron presa a Ester, diecisiete milicianos irrumpieron dentro de su casa. Durante el interrogatorio, Ester se dio cuenta que su sirvienta se había robado una lista de nombres, y que se la había entregado a los milicianos. La lista tenía un espacio al lado de cada nombre para informaciones del pasaporte, visa, y billetes de avión. Ester recuerda, "Un teniente me hacía preguntas una y otra vez, dos veces al día, y siempre me preguntaba por la lista. '¿Es suya?', me decía. Yo respondía que sí. '¿Y qué hace usted con esto?' Yo contestaba lo mismo siempre, que eran becas dadas por el colegio. El miliciano preguntaba cuántas becas yo había dado. Dichosamente, como maestra, recordaba que una página tenía veinte líneas, y contestaba que alrededor de diecinueve o veinte. Esto parecía satisfacerlo. Poco sabía él que yo, en realidad, había dado alrededor de 250 visas".

Margarita Esquirre de Valdés Cartaya distribuía las visas en la provincia de Matanzas, y recuerda que estaba muy impresionada por la facilidad con que la operación se desenvolvía. Ella iba a la residencia de los Grau, entregaba los nombres de los niños, y luego recibía las visas sin ningún impedimento. Una vez que el primer obstáculo—conseguir los permisos especiales—estaba vencido, los padres se enfrentaban a uno nuevo: los billetes de avión tenían que ser comprados con dólares o giros enviados de los Estados Unidos. Algunas personas se personaban en las oficinas de la línea aérea con centavos, o monedas de diez y veinticinco centavos de dólar, hasta alcanzar la cantidad necesaria.

Después del fracaso de la invasión de Bahía de Cochinos, la mayoría de los cubanos estaban descorazonados acerca de la posibilidad de derribar el gobierno de Castro. La invasión le dio al régimen la excusa necesaria para instalar medidas represivas drásticas. La inutilidad de pelear se le hizo aparente a la mayoría de los que no estaban de acuerdo con el gobierno. Muchos de ellos eligieron exiliarse. Entre los que escogieron quedarse, sin embargo, había muchos que decidieron enviar a sus hijos al extranjero. Las peticiones de visas para los niños se dispararon de la noche a la mañana.

Mientras las demandas para salir del país iban en aumento, aumentó también la dificultad de conseguir un pasaporte o una visa. Los documentos falsificados eran los únicos medios de salida para algunos cubanos, especialmente para aquéllos que estaban envueltos en el movimiento clandestino. La morada Grau se convirtió en una fábrica de documentos falsificados.

Alicia Thomas era la maestra forjadora. Había estudiado las artes plásticas en Cuba y era muy dúctil con la pluma. Alicia fue llevada al hogar de la persona que alteraba los pasaportes, que se marchaba pronto del país, y fue instruida en lo básico. Ellos alteraban los pasaportes y después los cosían de nuevo. Recibían pasaportes vencidos, o hasta de personas fallecidas, y los hacían de nuevo, ajustándolos a la descripción de la persona que se marchaba. Alicia dice, "Nosotros suprimíamos los números con una cuchilla de la marca Gillette. Tenía que ser de la marca Gillette; ninguna otra servía. Entonces, con palillos de naranja afilados, como los que usan las manicuristas, y tinta negra de tonos diferentes, podíamos cambiar los números y nombres, aunque teníamos que usar a menudo un poco de inventiva". Algunas veces las páginas de los pasaportes se ponían al sol para cambiar los tonos del papel. Lolita Formosa, una amiga de Polita, era la responsable de volver a coser con cuidado los pasaportes.

Otras veces, a pesar de todo el arduo trabajo, no tenían éxito. Mongo recuerda un pasaporte en particular que no había manera de cambiarlo. Las fechas no podían igualarse, por lo que le dijo a Alicia, "La única solución aquí es el café con leche". Ellos idearon que la mujer fuera temprano al aeropuerto el día fijado para su partida, que se sentara en el mostrador de la cafetería, y que pidiera un café con leche. Debería poner el pasaporte y los billetes de viaje sobre el mostrador y examinarlos, mientras el camarero la vigilaba, para así tener un testigo de su dilema. Entonces derramaría el café sobre los documentos. La artimaña tuvo un resultado feliz.

Trabajaban diariamente y de prisa. Alicia también recuerda haber ayudado a hombres y mujeres a escapar del país, haciéndolos pasar por menores. "Había un sujeto delgado, muy rubio, sin barba. Estaba casado y tenía hijos, pero lo vestimos con un uniforme de colegio, camisa blanca y pantalón azul oscuro, y lo sacamos del país con el permiso especial perteneciente a un menor. Mongo dijo que yo le había quitado quince años de edad al rasurarle la barba".

Ayudar a los que estaban en peligro político era una parte esencial de las actividades del grupo. "Un día tuve que ir a una óptica de gran fama en Cuba", recuerda Alicia. "Estaban escondiendo a un fugitivo allí. Una prima del hombre y yo teníamos que recogerlo. Lo sacamos de su escondite, y estuvo con nosotras todo el día. Cuando lo fuimos a entregar en el lugar designado, no nos sentimos cómodas con el sitio, por lo que lo llevamos a otro, una buhardilla en El Vedado.

"Cuando llegué a casa de Mongo, uno de los sirvientes me dijo, 'Usted sabe, han estado llevando durante todo el día para el G-2 cantidades de automóviles llenos de mujeres rubias'". Alicia es una rubia muy atractiva de ojos verdes, igual que su prima. "¡Justamente al frente! ¡Era para crispar los nervios! No necesito decir que, al día siguiente, me había convertido en trigueña".

Beatriz López es una parienta lejana de los Grau que trabajaba por las mañanas en el Museo Nacional de Cuba. Al salir del trabajo, Emilio, el chofer de Mongo, la recogía y traía a la residencia de los Grau, donde ella escribía a máquina los nombres de los niños en los permisos especiales. "Teníamos carpetas archivadas alfabéticamente, y yo escribía y escribía, 100, 200, ó 300 nombres. Era como una cadena. Amigos se lo decían a otros amigos, que a su vez se lo decían a otros".

Los católicos jugaron un papel muy importante en el éxodo de los niños, si bien no fue arreglado a propósito por la iglesia como organización, sino espontáneamente. Como la mayoría de los niños estudiaban en escuelas católicas, las monjas y los curas eran personas de fiar, muy buscadas por los frenéticos padres. El padre Tomás Ciuro,* un jesuita, recuerda que después que las escuelas fueron cerradas, lo asignaron a la iglesia de la calle Reina. Un día, uno de los otros curas se le acercó y le propuso involucrarse en ayudar a los niños a salir del país. El padre Ciuro accedió. Un cura recibiría los nombres de jóvenes militantes de la Acción Católica, que en su mayoría siempre andaban por las iglesias. El padre Ciuro llenaría los permisos especiales y otro religioso los llevaría a la embajada panameña. "Una vez nos dijeron que el G-2 sabía de nosotros, por lo que nos inhibimos en nuestro trabajo un poco. Pero nada sucedió".

Cuando sus propia hermana necesitó ayuda para abandonar la isla, el padre Ciuro le pidió auxilio a uno de los jóvenes católicos, que le dijo que ella debería mudarse por un tiempo a otro distrito policial específico, y que archivara sus papeles de salida allí con un determinado funcionario. Afortunadamente, ella tenía un amigo en esa localidad y lo pudo hacer. Resultó ser que el funcionario del régimen había enviado a su hijo fuera de Cuba con una visa obtenida a través de la iglesia de la calle Reina, por lo cual estaba agradecido.

Mongo recuerda que Ofelia y Carlos Stíncer recibían nombres de un cura marista y de uno del colegio La Salle, y

---

*Seudónimo

entonces le traían a él los nombres. "Estos curas iban a su casa a cualquier hora, tan temprano como las siete de la mañana", recuerda Mongo. "La gente traía listas de nombres, y nosotros conseguíamos las visas de las embajadas argentina y suiza". Para proteger sus identidades, todos se habían dado a sí mismos nombres en clave. Beatriz era "Soledad", uno de sus nombres. Mongo escogió el nombre de "Pimpi", por *El pimpinela escarlata*. "Pero las visas eran solamente parte de lo que hacíamos. También escondíamos mucha gente y les conseguíamos asilo en embajadas". La operación trabajaba de lunes a jueves. Mongo había decidido que deberían descansar de viernes a domingo.

Wanda Forcinni, funcionaria de la embajada italiana en La Habana, le daba a Mongo películas que no se exhibían en Cuba, que luego el las ponía en la casa de la Quinta Avenida los domingos por la noche, con el jardín repleto de automóviles diplomáticos. "Una vez conté, y había 200 personas", recuerda Mongo. Estas reuniones proporcionaban el telón de fondo ideal para las actividades contrarrevolucionarias.

Elvira Zayas era una panameña que estaba a cargo de las relaciones mercantiles de la embajada de Panamá. Cuando supo que los pasaportes se falsificaban y alteraban en casa de Grau, sugirió que el grupo usara la embajada como un refugio seguro para su trabajo. Según recuerda Polita, " 'Borico' Padilla, Julio Bravo y yo íbamos entonces a la embajada una vez por semana. Hasta teníamos un cuarto con un enorme ventilador a nuestra disposición. Hacíamos chistes entre nosotros, diciendo que estábamos ahora en las grandes ligas. ¡Teníamos una oficina!". El grupo trabajó allí alrededor de un año, hasta que la embajada panameña también cerró sus puertas.

'Borico' Padilla solía decir, "Toda esta cuestión de los pasaportes es realmente una porquería. Mi esposa, mis hijos, toda mi familia está ahora en Miami. Yo soy el único comemierda que estoy aquí, y sé que algún día me van a mandar a la cárcel.

De eso estoy seguro. Sin embargo, para mí significa más estar haciendo estos pasaportes que estar allá con ellos".[2]

Padilla podía falsificar perfectamente la firma de Philip Bonsal, el último embajador de los Estados Unidos en La Habana. Esa firma iba en todos los pasaportes. Polita firmaba por Walter O. Fung, otro funcionario de la embajada estadounidense. Mongo imitaba a la perfección la firma del padre Walsh en los permisos especiales, lo cual era muy bueno que fuera así, porque cuando las visas no llegaban a tiempo, o se necesitaban más de las que estaban disponibles, el grupo las imprimía en una máquina copiadora de la marca Thermofax. "Hacíamos una abertura, insertábamos un nombre escrito en máquina de escribir, y hacíamos una copia", dice Mongo. Su declaración es confirmada por su chofer y colaborador, Emilio Molina, que ayudaba a hacer las copias, y a veces llevaba a las personas indicadas a ciertas reuniones.

Después que la embajada de los Estados Unidos cerró sus puertas, un funcionario le había dado a alguien un cuño de visa de la embajada. De alguna manera, Mongo y su grupo lo consiguió, y con información relevante fechada con anterioridad, pudieron sellar los pasaportes con visas verdaderas de salida, y "firmadas" por el cónsul.

Las embajadas, primordialmente las latinoamericanas, jugaron un papel muy importante en el movimiento clandestino, al esconder actividades bajo su escudo diplomático. Panamá, el Uruguay, el Reino Unido* y los Países Bajos eran algunos de los que ayudaban. "Ayudaron mucho, pero también fueron remuneradas en varias instancias. No era todo de caridad", dice Alicia Thomas. Indudablemente, en el exilio cubano existen innumerables anécdotas de gente que tenía joyas, papeles, reliquias de familia u obras de arte que fueron sacadas

---

*Philip Brice, quien trabajó en la embajada británica en Cuba, inicialmente accedió a hablar de su participación en la operación, pero más tarde rehusó hacerlo.

del país por personal diplomático amigo. Algunas veces era requerido algún pago por este servicio. Además, muchos de estos objetos más nunca fueron vistos por sus dueños después que el personal de una embajada se hiciera cargo de ellos.

En contraste, el grupo clandestino nunca aceptó ningún pago por su labor. Alicia Thomas recuerda haber recibido en su casa a una mujer enviada por América Núñez Portuondo. Después que la mujer, que pedía dos visas, se marchara, Alicia se dio cuenta de que había dejado un sobre. Alicia corrió tras ella, alcanzándola cuando entraba en su automóvil. "Ha dejado un sobre", le dijo a la mujer, que le contestó, "No, eso es para usted". Cuando Alicia miró dentro del sobre, vio que llevaba dinero, por lo que le dijo, "No lo hacemos por dinero. No puedo aceptarlo".

Polita vio por última vez a Penny Powers, el enlace de la operación original, un día que Penny llegó a la casa y le entregó una gallina, muy escasa en aquel tiempo, y le dijo: "Aquí tienes una gallina para Mongo. Tengo miedo".

Alguien bien informado los había delatado. "Nosotros sabíamos que en algún momento esto explotaría. Sabíamos también que nos seguían, ¿pero qué podíamos hacer?", dice Alicia Thomas. "Como estaban tratando de agrupar a todas las personas involucradas, nos dieron bastante soga, y nosotros continuamos haciendo nuestro trabajo".

Manolo, el marido de Alicia, fue encarcelado primero. Cuando Alicia fue a decirle a Mongo que su marido estaba preso, él le dijo, "Bueno, ¿qué podemos hacer? Vete a casa y quédate tranquila". Mongo fue arrestado el 21 de enero de 1965. No fue puesto en libertad hasta el 15 de septiembre de 1986.

Alicia Thomas fue arrestada el 2 de enero de 1965. La pusieron en libertad y volvió a ser detenida una semana después, acusada del Delito 100 contra la integridad y estabilidad de la nación. Alicia era el caso número 538. O sea, más de

500 personas habían sido arrestadas desde el primero de enero de 1965. Alicia estuvo presa hasta 1970, y abandonó Cuba en 1980. No vio a su hija, que estaba en los Estados Unidos, por diecinueve años. Polita fue detenida poco tiempo después. Guardó prisión durante catorce años. Sara del Toro de Odio fue arrestada en el mes de octubre de 1961 y puesta en libertad en 1962.

Beatriz López Morton trabajaba para un agente secreto de la CIA, y tambíen aparecía en la nómina de la agencia. Después de estar detenida durante tres días, se convirtió en doble agente, trabajando tanto para la CIA como para el G-2, pero le daba al G-2 información inofensiva. Finalmente, en 1963, fue sacada de Cuba rápidamente en una operación clandestina en la que tuvo que estar escondida en manglares durante tres días, hasta que fue rescatada por un buque nodriza estadounidense que la llevó a un lugar a salvo en Miami. Allí fue sometida a una reunión informativa. Sin ella saberlo, existía una cuenta bancaria a su espera por su trabajo con la CIA.

Emilio Molina, chofer de Mongo, también fue arrestado en 1965, y se pasó siete años en la cárcel de los quince a que había sido condenado por "conspirar contra los poderes del estado". Abandonó Cuba en 1974. Emilio también había enviado a su hijo de ocho años fuera de Cuba, solo. No volvió a verlo hasta que el niño tenía veinte años de edad. "Lo reconocí solamente porque me había mandado fotografías de él". Emilio llora al recordar el momento cuando lo pudo al fin abrazar.

Penny Powers murió en Cuba, delicada y anciana. Antes de su muerte, había recibido la silla de ruedas, que mucho necesitaba, gracias al Grupo Operación Pedro Pan cuyos miembros son los mismos niños que ella había ayudado treinta años antes.

Sentada en su humilde apartamento para ancianos de Miami, Polita cuenta un incidente reciente, "Yo iba caminando por el centro de Miami cuando una mujer se me acerca y me dice, '¿No es usted Polita Grau?', y me señala a su hijo, un hombre adulto que la acompañaba y me dice, 'Mire, usted me ayudó a sacar a mi hijo de Cuba'. ¡Esa es una sensación tan maravillosa para mí! Lo mismo me sucedió en un restaurante. Esta vez fue con una mujer muy emocionada que trajo ante mí a sus dos hijas. Yo haría lo mismo otra vez", dice Polita, añadiendo con una sonrisa, "Pero quizás sería ahora un poco más discreta".[†]

[†]Polita Grau falleció en 2000.

> Llegan de todos los tamaños y de todos los colores.
> Son de ascendencia china, negra, alemana, irlandesa,
> inglesa, y por supuesto, de ascendencia española.
> En su totalidad como grupo, impresionan a
> los visitantes por su buena conducta y sus buenos modales.
>
> —MONSEÑOR BRYAN O. WALSH

CAPÍTULO 5

LOS REFUGIOS TRANSITORIOS DE MIAMI

Al acercarse a una niñita en el Aeropuerto Internacional de Miami, una voluntaria que recogía a los niños que llegaban solos se dio cuenta de que la criatura llevaba en el vestido una nota prendida con alfileres que decía, "Me llamo Carmen Gómez.* Tengo cinco años. Por favor, cuídenme bien". Tomando a la niña de la mano, Margarita Oteisa trató de imaginarse el dolor y recelo que los padres debieron haber sentido cuando pusieron a su pequeña hija en aquel avión con destino a Miami. La señora Oteisa había sido maestra en Cuba, ya que trabajaba para James Baker en la Academia Ruston de La Habana, donde ella también entregaba visas. Una vez en Miami, James Baker sabía que podía contar con ella por el amor que sentía por la niñez, y la reclutó como voluntaria para recoger a los niños en el aeropuerto.

El Aeropuerto Internacional de Miami les daba miedo a los recién llegados. "Llegamos al aeropuerto de Miami y comencé a llorar porque ¡no había nadie esperándonos!", dice

---

*Seudónimo

Iraida Iturralde. Ella y su hermana Virginia, de siete y doce años respectivamente, fueron a averiguar enseguida cuándo salía el próximo avión para Cuba.

"Este hombre se nos acercó y empezó a preguntarnos, '¿Quieren chicle? ¿Quieren chicle?' Y yo pensé, '¿Está loco este hombre?', como si el chicle fuera a reemplazar . . .", y la voz de Iraida se pierde, como si recordara la pérdida de su familia y su patria que había caído sobre ella de un solo golpe. Muchos niños pedro panes comparten el recuerdo del ofrecimiento de chicle (o goma de mascar)—un artículo que ya no existía en Cuba—por parte de los funcionarios del aeropuerto a su llegada. "Estuvimos en el aeropuerto durante lo que parecían largas horas, para ser llevados después a Florida City", recuerda Iraida.

Los niños refugiados que llegaban sin acompañantes se enfrentaban a dos destinos—o eran reclamados por familiares o amigos, como sucedía en la mitad de los casos, o iban a parar a refugios provisionales hasta que aparecieran hogares permanentes para ellos.

"Cuando me subí al avión y todo el mundo me dijo adiós, sentí momentáneamente un enorme vacío dentro de mí", dice Marlene Fiero,* de once años de edad, recordando ese sombrío 6 de enero de 1962. Durante muchos años, Marlene no pudo hablar de su salida de Cuba sin llorar. Ella dice que hablar de ese triste período a través de los años la ha ayudado a sobreponerse. Sin embargo, una lágrima que se desliza por su mejilla traiciona lo que niega. Como hija única, había crecido en Cuba muy resguardada y protegida por su familia.

"Yo me sentí sola en el avión, y tenía un gran temor por el lugar a donde iba. Yo no sabía nada de los Estados Unidos", dice, "pero cuando llegué al aeropuerto de Miami, me di cuenta que había muchos niños como yo. Éramos alrededor de catorce o quince, y nos pusieron como una manada dentro de una

_____

*Seudónimo

pequeña camioneta, nos alejamos de allí, y de repente me sentí como si estuviera perdida, y pensé, '¡Ay, Dios mío, no tengo a nadie aquí!' ".

Pero sí había alguien esperándolos, cuyo único trabajo era recoger a los niños que llegaban en los vuelos Habana-Miami, y entregarlos a los campamentos—George Guarch, que fue una vez descrito por el *New York Times* como alto, adusto, y muy capaz de romperle la cámara a un fotógrafo.[1] El artículo, no obstante, no mencionaba la gran compasión que Guarch era capaz de sentir y mostrar.

Los niños, aunque solos, traían sus instrucciones. Antes de subirse al avión, los padres les habían advertido a muchos de ellos que cuando desembarcaran deberían "preguntar por George". Un niño recuerda que él creyó que estaban hablando de George Washington, el único "George" que conocía. Pero este George, que en realidad se llamaba "Jorge", era cubano pero había vivido en los Estados Unidos desde 1947. George Guarch era amigo de Louise Cooper, una trabajadora social a quien había conocido a través de la Beneficencia Católica de Miami en el aeropuerto, y a la que le ofreció sus servicios como voluntario para transportar algunos niños en su camioneta. Su trabajo de voluntario muy pronto se convirtió en un trabajo renumerado de jornada completa. "Él trabajaba el día entero hasta la noche, la medianoche muchas veces, saliendo y entrando, saliendo y entrando siempre", dice Peggy Guarch, su viuda. "Yo nunca sabía cuándo iba a regresar a casa".

George estaba autorizado a recibir a los niños frente al área de inmigración del aeropuerto. Ya que la familia Guarch vivía a poca distancia del aeropuerto, algunas veces, cuando los vuelos se retrasaban, George llevaba a los niños a su casa para dejarlos con Peggy, mientras él volvía a recoger el siguiente grupo. Otras veces, los Guarch les daban albergue. "Algunas veces no teníamos lugar para los niños, pero él los traía de todas maneras. Yo juntaba dos sofás, poníamos los colchones de nuestros hijos en el piso, y ellos tenían que dormir sobre el bastidor".

La dedicación de George a su trabajo no tenía fin, ya se tratara de encontrar un refugio seguro para los niños o darles consejos. Su hija Lynn recuerda, "Él tenía un pequeño discurso que recitaba en cuanto se sentaba al timón, diciéndoles que ya estaban a salvo porque sus padres los habían enviado aquí, y ellos tenían que enorgullecer a sus padres".

Rafael Yániz, que entonces contaba con dieciséis años, recuerda con afecto cuando le pidió a George un cigarrillo y recibió de él un sólido consejo económico: "No regales ni el licor ni los tabacos que has traído contigo. Véndelos, porque vas a necesitar el dinero". Muchos de los niños salieron de Cuba con las tres botellas de bebida y las dos cajas de tabacos que eran permitidas sacar del país.

Un día, después que George llevó a los niños a su destino, había uno que no aparecía en ninguno de los campamentos. Peggy recuerda que después de encontrarlo, George, para prevenir otro incidente similar, comenzó un diario con la fecha de llegada, nombre del niño, fecha de nacimiento, tipo de visa, y adónde él o ella había ido a parar. Esta información creció hasta el punto de convertirse en un libro de hojas sueltas, en donde hoy en día los pedro panes aún buscan datos.

Mientras que George se ocupaba de las llegadas al aeropuerto, todavía había un problema que parecía no tener fin: cómo encontrar acomodo para todos los niños. Desde el 26 de diciembre de 1960, el primer día que los niños comenzaron a llegar, el padre Walsh había estado ocupándose de los problemas provocados por la escasez de vivienda. En aquel momento tenía nueve camas disponibles para niños de seis a doce años en una residencia bajo la administración de las Hermanas de San José. La Academia de la Asunción también tenía espacio para 200 niños durante las navidades; o sea, hasta el seis de enero. Mientras recorría Miami tratando de encontrar lugares permanentes para los que llegaban, el padre Walsh encontró un local vacío del gobierno, en la zona de Kendall, que ya no se usaba como albergue para niños de la raza negra necesitados. El gobierno se lo alquiló al padre Walsh por un dólar al año.

LA CASA FERRÉ

El padre Walsh se acercó en 1961 a Maurice Ferré—quien sería alcalde de Miami entre los años 1973 y 1985—entonces un joven entusiasta de 26 años de edad. Como su padre era dueño de varias propiedades alrededor de la céntrica avenida Biscayne Boulevard, Maurice intervino en favor del cura con su progenitor para el uso de una de ellas. Maurice explica, "Yo le dije, 'Papá, por los 200 ó 300 dólares que podemos recibir del alquiler de esas casas, ¿por qué no ayudamos a esa pobre gente?', e inmediatamente él estuvo de acuerdo conmigo". La casa estaba situada en el número 175 de la calle Southeast 15 Road, a media cuadra de la bahía de Vizcaya (Biscayne Bay), lo que es ahora el elegante edificio de condominios Costa Bella. El padre Walsh decidió utilizar la Casa Ferré, como fue llamada en principio, para albergar varones adolescentes. Había que conseguir la aprobación de varias autoridades gubernamentales para usar estos dos sitios.[2] "Mientras conducía hacia mi casa, me percaté de repente de la enorme labor que esto significaba. ¿Qué haríamos si los 200 niños que se esperaban llegaban en los próximos días? No había tiempo para restablecer el programa, abrir los edificios de Kendall y contratar el personal necesario", recuerda el padre Walsh en su artículo sobre los niños cubanos refugiados.[3]

El 26 de diciembre llegaron los primeros pedro panes que fueron llevados a la Casa San José. El 30 de ese mismo mes, los primeros niños se mudaron a la Casa Ferré, ahora equipada con catres prestados, sillas y mesas.[4]

"Mi esposa y yo, en realidad, limpiamos la primera casa, el

Hogar de Niños Cubanos (como fue llamada oficialmente la Casa de Ferré, aunque también era conocida como Casa Carrión, por Ángel y Nina Carrión, directores de la residencia), un par de días antes de que los niños llegaran", recuerda Ray McCraw, un trabajador social que ayudaba al padre Walsh en la organización benéfica Caridades Católicas:

> Sacamos camas de lo que después se llamaría Campamento Matecumbe, que entonces era un campamento diurno para muchachos católicos de cualquier parte de la diócesis. Mi hermano y yo alquilamos un camión y fuimos a recoger los catres, los llevamos a la primera casa y los alistamos. Entonces mi esposa y yo hicimos la limpieza, y después fuimos a la Cruz Roja donde nos dieron jabón, toallas, toalletas y cepillos de dientes, que colocamos en cada litera para los muchachos.
>
> Cuando llegaron esa noche, todo estaba listo para ellos. Había un colegio de enseñanza superior para niñas en la misma calle (creo que las monjas eran dominicas), muy privado y muy elegante. Nos dieron permiso para que los muchachos fueran allí a comer. Caminaban un corto tramo y tomaban allí el desayuno, hasta que se convirtió en rutina.

La ayuda temporal a los refugiados cubanos, que incluía el cuidado y protección de los niños que llegaban solos, se convirtió en realidad cuando el Departamento de Asistencia Pública del estado de la Florida firmó un acuerdo el 21 de febrero de 1961. El acuerdo facilitaba el uso de los fondos federales para llevar a cabo el plan.[5] Para el primero de febrero ya habían llegado 174 niños.[6]

Los fondos del gobierno estuvieron disponibles a mediados de febrero, y ya para entonces, dice ahora el monseñor Walsh, tenían una deuda de 100 mil dólares, equivalente a 561.616 dólares y doce centavos en el año 2000.

El primero de marzo se firmaron contratos entre el Departamento de Asistencia Pública de la Florida, como agente del Departamento de Salud, Educación y Bienestar del gobierno federal, y las agencias de asistencia social de niños de ese estado. Estas agencias eran la Beneficencia Católica, el Buró de Servicio Infantil del Condado Dade, la Benéfica Judía para las Familias y los Niños, y la Unión de Ayuda a Hebreos Inmigrantes (HIAS en inglés).[7] La Benéfica Judía para las Familias y los Niños situaba a los niños cubanos de ascendencia hebrea en Miami, mientras que la HIAS tenía a su cargo los niños hebreocubanos que se enviaban fuera de Miami. Los 391 judíos que llegaron bajo ese programa fueron ubicados en cuarenta localidades en veintitrés estados, Puerto Rico y el Distrito de Columbia.[8] El Buró Católico de Asistencia Social, y el Buró de Servicio Infantil del Condado Dade, les dio albergue a niños tanto dentro como fuera de Miami.

Durante los próximos años, según las necesidades de vivienda para los pedro panes cambiaban, distintos albergues abrieron y cerraron sus puertas. En el mes de marzo de 1962, el Programa de Niños sin Acompañantes de la Beneficencia Católica se había extendido hasta emplear 300 personas, que incluían 21 curas, trabajadores sociales, médicos, oficinistas, cocineros, chóferes y otros.[9]

EL CAMPAMENTO MATECUMBE

Matecumbe era un indio, jefe de una tribu que habitaba los cayos de la Florida, y de quien los altos y bajos cayos Matecumbe tomaron su nombre. El Campamento Matecumbe, un refugio transitorio para los pedro panes adolescentes varones, era un verdadero paraíso salvaje para algunos, y un "infierno verde" para otros. Cuando llegó el primer grupo de adolescentes, se encontraron con una piscina de tamaño olímpico, más de 150 acres de pinos, y cuatro cabañas de madera con veinte catres cada una. Fueron añadidas además carpas, o tiendas de campaña, de la segunda guerra mundial para proveer más espacio. Como en algunas de las tiendas de campaña no había armarios, los que las ocupaban tenían que guardar la ropa en sus maletas. Los pocos que tenían la suerte de tener armarios, los compartían.

No existía nada en la vecindad del número 13700 de la calle Southwest 120, con la excepción de kilómetros y kilómetros de campos de tomates. Orlando Conde* recuerda su asombro. "Yo tuve una gran sorpresa. Fue un día muy malo para mí cuando vi lo que Matecumbe era en realidad. Yo pensé que era un colegio, o algo diferente". Orlando tenía amigos de Artemisa (provincia de Pinar del Río), su pueblo natal, que ya estaban en Matecumbe, y no le habían contado a nadie la sombría realidad del lugar. Esa era una característica común entre la mayoría de los pedro panes que comprobaron ser más maduros que sus años al evitarles a sus padres más angustias.

Rafael Carvajal, a su llegada, fue separado de su hermano más pequeño, que fue enviado al refugio de Florida City. En camino a Matecumbe, Rafael recuerda haber visto automóviles que semejaban cohetes, pero que eran en realidad los últimos modelos automovilísticos, nunca vistos antes en Cuba. La tristeza de los alrededores de su nueva morada le causó una penosa impresión. "Era como el fin del mundo para mí. Oscuro como la boca de un lobo". A su llegada, fue conducido a una de las tiendas de campaña, que en aquellos primeros días eran alumbradas con lámparas de queroseno, o luz brillante, como suelen llamar los cubanos este tipo de luz.

---

*Sin parentesco con la autora.

El nuevo grupo de adolescentes llegó con sus maletas debajo de sus brazos y el temor retratado en sus caras. Fueron recibidos por un muchacho que trazó una línea en el suelo y dijo, "Solamente los que son verdaderos hombres se atreven a cruzar esta línea." Todos se miraron y pensaron, "¿Nos atrevemos, o no?" y Rafael dijo para sí, "Diablos, ya yo he sufrido bastante en Cuba. No me importa si me matan a golpes". Cruzó la línea e inmediatamente fue abrazado y felicitado por el adversario. "Eres un hombre de verdad", le dijo el muchacho. Pero Rafael también recuerda a otro pedro pan que no la cruzó, y como resultado, recibió una paliza a diario.

Un ritual de iniciación que muchos recién llegados experimentaron fue un chapuzón en la piscina—completamente vestidos. Rafael estuvo de suerte una vez más. "Antes que me tiraran, George vino y me llevó a cenar a su casa, y después fuimos a casa de mi madrina que era amiga de él".

El padre Francisco Palá fue el primer administrador del Campamento Matecumbe cuando éste abrió sus puertas en el mes de julio de 1961. Él recuerda el campamento como de aproximadamente cincuenta acres llenos de bosques y hierba mala. "Teníamos muchachos de quince a dieciocho años de edad, que eran los más problemáticos. La capacidad del campamento era para alrededor de cien, y teníamos como 500. Usábamos carpas, y cuando llovía, todo se inundaba. Teníamos un par de duchas y eso era todo. Después construimos un nuevo edificio, pero eso tardó tiempo".

Orlando experimentó otro tipo de ducha. La noche de su arribo, llovía y caían goteras dentro de la carpa y sobre su cabeza. Su tristeza y llanto silencioso, unido al agua que le caía encima, lo mantuvieron despierto durante toda la primera noche que pasó en los Estados Unidos.

En noches futuras, otras cosas no lo dejaban dormir. "Había gatos salvajes y culebras. Los gatos salvajes entraban en la tienda. Si estábamos dormidos no le importaba al gato. Pero si alguien se despertaba y empezaba a gritar, el gato se confundía, y al no poder encontrar la salida, nos atacaba".

Otras noches, cuando los muchachos jugaban a "Playa Girón", pasatiempo llamado así por la invasión de la bahía de Cochinos, reinaban el caos y la gritería. Si alguien gritaba "Playa Girón", los zapatos volaban por todas partes en reemplazo de la artillería.

Un muchacho recuerda otro tipo de asalto a medianoche: aquéllos que ocasionalmente hacían avances sexuales. "Había algunos casos de muchachos con tendencias homosexuales", dijo José Prince, un consejero residente que en aquel entonces tenía veintiún años de edad. "Teníamos que parar no solamente ese comportamiento, sino también el escándalo que los otros armaban de la situación. Tratábamos de hablarles, pero si eso no daba resultado, entonces eran entregados a los consejeros". Carvajal recuerda uno de esos casos en que el muchacho fue expulsado de Matecumbe, no sin antes haber sido golpeado por los demás. Él recuerda que el muchacho, apodado "Conejito", decía, "No comprendo por qué me pegan cuando algunos de ustedes han tenido intimidad conmigo".

Cada muchacho tenía que adaptarse a muchas situaciones nuevas. A algunos les iba mejor que a otros. Rafael Yániz recuerda a un jovencito recién llegado que tenía un piyama de seda y bata de casa. A éste le habían dado un catre por estar ocupadas todas las literas. El muchacho dijo que en Cuba hasta sus perros tenían camas, y que él no dormiría en un catre. "Durmió en una silla por tres o cuatro noches, rodeado de un aire de enorme dignidad, hasta que hubo una litera disponible", recuerda Rafael.

La comida era un problema para varios de los jóvenes. Para un adolescente cubano, el desayuno consistía típicamente de café con leche y pan cubano tostado. No estaban habituados a tomar leche fría con cereal, pero tenían que acostumbrarse. Los cubanos no se distinguen por comer vegetales. De hecho, una

típica comida cubana consiste en carne y dos platos de carbo-
hidratos, como arroz y papas. En la cocina cubana se usan
libremente las cebollas, ajo y especias, como el comino y
orégano. La comida desabrida estadounidense basada en la
carne, las papas y los vegetales no les atraía ni les satisfacía.
Algunas veces sentían hambre, y por ende, solían asaltar la
despensa por la noche. "Echábamos llave al refrigerador, pero
en algunas ocasiones forzaban la puerta y la abrían", decía José
Prince. "Supimos específicamente de un muchacho que lo
había hecho, y celebramos una vista informal sobre el asunto.
El adolescente explicó que tenía hambre y que no había otro
lugar donde ir a conseguir comida. Hubo pequeños incidentes,
pequeños robos, algunas peleas, pero nada de importancia".

Harold "Mac" Maguire trabajaba para Crotty Brothers
Florida, Incorporated, la compañía que abastecía los refugios
de comida. Comenzó a trabajar con esa compañía en el mes de
julio de 1961, y continuó trabajando en ella hasta 1967. Mac
explicó cómo iba cada día a los distintos refugios, "Al principio,
teníamos alrededor de 125 niños, pero dos meses después, la
cantidad había aumentado; había ocasiones en que 125 llegaban en una sola noche, por lo que teníamos muchos problemas
para alimentarlos a todos". Por suerte, el proveedor
respondía bien. Mac llamaba al proveedor, le decía lo que
faltaba, e inmediatamente traían más comida. Al comienzo, la
comida era al estilo estadounidense, pero cuando ésta pareció
no satisfacerles a los muchachos, la cambiaron al estilo cubano.
"Yo preparaba el menú, pero trabajábamos con especialistas en
dietéticas. Tenía ochenta y dos cocineros y ayudantes cubanos
trabajando para mí. Nos daban un dólar y 37 centavos diarios
para alimentarlos. Recuerde que en aquel tiempo los pollos se
vendían a doce centavos la libra. Lo más caro era servir arroz
(de la marca) Tío Ben, que costaba dieciocho centavos la libra,
porque los muchachos no querían comer el arroz que daba el
gobierno. Tuvimos que quitar del menú las coles de Bruselas.

Bebían mucho (jugo de naranja instantáneo de la marca) Tang porque tenía Vitamina C".

Cantidades de alimentos usados por el programa en los dos primeros años:*

	1961	1962
Aceite		4.000 litros
Arroz	2.086 kilos	22.035 kilos
Azúcar	2.177 kilos	16.502 kilos
Café	707 kilos	1.229 kilos
Carnes	18.925 kilos	123.179 kilos
Cereal preparado		287.300 paquetes de 28 gramos
Condimentos (pepinillos, mostaza, etcétera)		5.412 kilos
Frutas y vegetales	18.693 kilos	74.875 kilos
Granos		10.575 kilos
Helado	7.544 litros	24.572 litros
Huevos	3.944 docenas	17.205 docenas
Jugo	116.974 litros	119.417 litros
Leche	78.168 litros	466.929 litros
Levadura		1.137 kilos
Mantequilla	940 kilos	11.570 kilos
Mermelada		2.340 latas
Pan	25.457 flautas	154.200 flautas
Pasteles	18.329 docenas	87.226 docenas
Pescado	1.406 kilos	16.738 kilos
Queso	724 kilos	5.474 kilos
Sal		850 kilos

Como es usual en la adolescencia, los muchachos de Mate-cumbe se aburrían fácilmente. Para matar el tiempo, nadaban

---

*Según los archivos de Crotty Brothers Florida, Incorporated, de 1961 y 1962.

en la piscina o jugaban baloncesto, pero sus opciones eran limitadas. Algunos decidían explorar los bosques. Rafael Carvajal, que ahora se acuerda a sí mismo como un inconforme en aquel tiempo, cuenta que él había construido un pequeño bohío en el bosque, al igual que lo hicieron otros dos o tres muchachos. Para entretenerse y evitar ir a clase, cada uno de ellos visitaba el del otro. "Después del desayuno, yo me escapaba al bosque. Recibíamos un dólar y cincuenta centavos a la semana, pero si no asistías a clases, te multaban. Yo nunca recibí el dinero completo".

Ray McCraw, un trabajador social que había sido trasladado a Matecumbe, explica, "Yo me preocupaba por ellos y les decía, 'Oye, vamos, por favor, no corran por el bosque descalzos . . . hay un millón de animalitos pequeños allá fuera, hay alacranes'. Como venían de Cuba, desconocían la existencia de las serpientes de cascabel, y de todas esas pequeñas criaturas extrañas que existían en nuestros bosques. Ellos lo llamaban 'el infierno verde', por los pinos verdes que nos rodeaban. No era raro tener que correr al hospital o al *Serpentarium* (parque dedicado a las serpientes) en busca de un antídoto contra la mordida de una serpiente".

La instrucción formal era importante para los niños a muchos niveles. Primero era necesario familiarizarlos con la cultura del país. Segundo, les daba la oportunidad de socializar en un ambiente más ordenado bajo supervisión adulta. Tercero, a aquéllos que querían aprender, les mitigaba el aburrimiento causado por la pérdida del tiempo. En su capacidad de administrador, el padre Palá habló con el padre Walsh sobre la idea de abrir una escuela. Ambos estuvieron de acuerdo en enseñar inglés porque sabían que les iba a ser muy útil a los niños fuera del campamento.

Margarita Oteisa comenzó a trabajar en Matecumbe en el mes de septiembre de 1961 como maestra de inglés. Aunque ella ni siquiera tenía un cuarto donde trabajar, su enorme entusiasmo compensaba cualquier inconveniencia. Clavó un letrero en un pino que decía "Señora Oteisa", y así comenzaron las clases al aire libre. Sus discípulos se sentaban atentamente sobre las viejas gradas, no solamente porque querían aprender la lengua de su nueva patria, sino porque la señora Oteisa, una hermosísima viuda trigueña, era la atracción principal. Algunas veces ella reconocía entre sus alumnos a algunos muchachos que pertenecían a la clase de otro maestro. "Debieron haber pensado que yo era una tonta que no me daba cuenta, pero prefería tenerlos en mi clase y no dando vueltas por ahí", explicó la señora Oteisa. Después de algún tiempo pudo tener una pizarra que guardaba en el baúl de su automóvil, junto con algunos libros que había conseguido.

Ella también recuerda:

> Yo manejaba el carro por el camino de tierra del campamento por las mañanas y podía oírse un grito, "El safari de la señora Oteisa", entonces salían del bosque como hormigas. Se acercaban a mi carro, sacaban la pizarra del baúl y los libros, y nos sentábamos sobre las gradas para la clase. Si llovía, lo hacíamos dentro del omnibús.
>
> Un día, me pusieron una culebra en el carro, pero como yo sí sabía quién era el responsable, estaba segura que no era venenosa. La agarré y se la di al muchacho que estaba al lado mío, diciéndole, "Creo que se te olvidó esto". No creo necesario decir que nunca más me molestaron con otra culebra.

Para llegar al Campamento Matecumbe, la señora Oteisa conducía el automóvil a lo largo de la carretera South Dixie, viniendo de la avenida 17. Cada lunes recogía a los muchachos que habían pasado el fin de semana con familiares y que se les había ido el último autobús de regreso del domingo por la noche. La señora Oteisa sabía que la esperaban, y a ella no le importaba que disfrutaran de unas pocas horas más de libertad.

Cuando llegaban al campamento, los pedro panes adolescentes recibían una lista de once reglas. La primera les recordaba que su situación era temporal, y que podían ser trasladados a cualquier otra parte de los Estados Unidos. La segunda indicaba que mientras estuvieran en el campamento, estaban sujetos a las normas disciplinarias del lugar. Las otras reglas se referían al plan de las salidas de fin de semana (los viernes de las cuatro a ocho de la tarde, los sábados de las nueve de la mañana hasta la medianoche, y los domingos de nueve de la mañana hasta las ocho de la noche), asistencia obligatoria a clases, baños diarios obligatorios, asistencia obligatoria a misa los domingos, y no llamar a Cuba desde los teléfonos del campamento. La última regla denotaba confianza en que los muchachos la seguirían. No obstante, si alguna de ellas era desobedecida, el castigo significaba reducirles o eliminar el subsidio semanal, o suspenderles la salida del fin de semana.

En los fines de semana los muchachos iban al centro de Miami para disfrutar de un día de esparcimiento. Rafael Carvajal recuerda, "A mí me suspendían mi pase de fin de semana regularmente, por lo que yo entraba al bus con un nombre ficticio, Ángel Ramos, o cualquier otro. No se daban cuenta". El viaje de Matecumbe al centro duraba más de una hora. Salían del campamento alrededor de las ocho de la mañana, y eran recogidos a las cinco de la tarde.

Un pasatiempo provechoso, por más que ilegal, era rayar centavos sobre el cemento para reducirlos al tamaño de monedas de diez centavos, y entonces usarlos en las máquinas de refrescos o en los teléfonos públicos. Carvajal recuerda a un joven muy alto, al que apodaban "Horqueta", que dominaba el procedimiento a la perfección. Tenía un cepo y una lima de metal y lo podía hacer rápidamente. "Él hacía cinco centavos y se quedaba con uno como pago".

Carvajal, recuerda, en medio de risas, otra broma pesada de los adolescentes—"¿Recuerda aquellas máquinas de Coca-Cola que tenían puertas? Cogíamos un abridor de botellas y la abríamos a la fuerza, poníamos el líquido que escapaba dentro de un vaso y entonces tomábamos lo que quedaba con una pajita dentro de la misma máquina".

Orlando no ha olvidado cómo acostumbraba a escaparse para unirse a los trabajadores emigrantes mexicanos en las tomateras cercanas para ganarse algún dinero, aunque hacerlo estaba prohibido. "Yo recogí muchos tomates. Pagué por las visas de mis padres recogiendo tomates. No se suponía que lo hiciéramos, pero nos escapábamos. Nos aparecíamos en las plantaciones, y allí nos recibían bien. Nos pagaban quince centavos por cesta".

A pesar del aburrimiento, el aislamiento y las condiciones indeseables en que vivían, permanecer en Matecumbe era algo importante. Los niños querían seguir en el área de Miami, porque de esa manera permanecían cerca de Cuba y de sus parientes. A la propia vez, preferían las penurias conocidas a las desconocidas. Las cartas recibidas en el campamento de los que se habían marchado contaban a menudo historias horripilantes de orfelinatos, temperaturas muy frías, y la soledad.

Aunque Matecumbe no era perfecto bajo ningún concepto, era preferible a cualquier otra alternativa. "Me escribían", dice Margarita Oteisa. "Algunas veces eran cartas preciosas, sobre la bondad de la familia de acogida. O 'Tengo una beca* mala, por favor, señora Oteisa, trate de sacarme de aquí'. Yo inmediatamente llevaba la carta al trabajador o la trabajadora social, pero, francamente, una vez que se habían marchado . . . las becas malas eran espeluznantes".

Todo el mundo sabía que el campamento ofrecía alojamiento temporal, hasta que uno permanente pudiera ser encontrado para cada pedro pan. Una vez que la fecha de par-

---

*Los traslados eran llamados "becas".

tida y la destinación eran asignadas, quedaban grabadas en piedra. Había que abrir espacio para el constante flujo de recién llegados. Un grupo de jóvenes osados decidió que no habría modo de que los sacaran de Matecumbe. Orlando estaba entre ellos. Llegó en el mes de junio de 1961, como un asustadizo niño de trece años, y logró quedarse hasta casi los últimos días del Campamento Matecumbe en 1964. Ya entonces era un entendido jovencito de 17 años de edad. Orlando cuenta cómo logró quedarse, "Lo que yo hacía era escaparme uno o dos días antes del que me tenía que ir. ¡Déjalos que me busquen, y que me encuentren, si pueden! Tenía amigos en Miami y me quedaba con ellos. Los lunes por la mañana, o cuando el peligro pasaba, me presentaba en casa del barbero o del chofer para que me llevaran de vuelta al campamento. ¿Y qué podían hacer ellos, castigarme o retener mi ayuda semanal? Eso no me importaba si lograba evitar el viaje".

El motivo de Orlando por quedarse era que quería sacar a sus padres de Cuba, y pensaba que en Miami había más oportunidades. Es decir, allí podía recoger más tomates y ganar más dinero. "Yo lo solicité (el permiso de salida para sus padres) a través de varios lugares. Le escribí a la señora Jacqueline Kennedy varias veces, diciéndole que estaba solo y quería estar con mis padres".

Aunque no recibió respuesta de la señora Kennedy, la persistencia de Orlando dio resultado, y lo explica de esta forma, "Durante el trueque de medicinas por personas,* mis padres llegaron en el último bote. Yo siempre, siempre, tuve muchas esperanzas de que ellos vinieran, ya fuera escapándose en un bote o de cualquier otra manera. Nunca perdí la fe. Y los trabajadores sociales finalmente desistieron de tratar de trasladarme de Matecumbe".

El Campamento Matecumbe sufrió algunos cambios en el

---

*Se refiere al trueque de medicinas por los invasores de la Brigada 2506 capturados después del fracaso de Bahia de Cochinos.

año de su inauguración. Un lago fue dragado y en su lugar se construyó un gimnasio enorme con catres situados en el interior. Los Hermanos de La Salle, del colegio del mismo nombre en Cuba, se hicieron cargo del campamento, y se mejoró la enseñanza al introducirse nuevos cursos. Las carpas se convirtieron en salas de clases. Hasta hubo un grupo de graduados de la escuela de segunda enseñanza provisional *Matecumbe High*. "Los Hermanos de La Salle eran maravillosos", recuerda Ray McCraw. "Lograban que los muchachos se quedaran dentro de las carpas en pleno verano, cuando el calor era sofocante, y continuaban allí dentro dándoles clases. ¡Era sorprendente! Yo entraba y me sentaba al fondo de la tienda, solamente para captar la experiencia y el sentimiento. ¡Ver a esos muchachos concentrarse a pesar de la temperatura! Cuando el calor se volvía imposible de tolerar, iban a la piscina".

Matecumbe les dejó memorias indelebles a todos los adolescentes que pasaron a través de sus puertas. También quedaron con apodos que todavía usan cuando se refieren unos a los otros. Carvajal era "El Camello", sobrenombre que le dio el padre Maximiliano porque caminaba con los hombros caídos. "Mosquito", "Serpiente", "la Foca" y "Cara Cortada", eran otros apodos.

"Ha habido dos tipos de reacciones diferentes sobre Matecumbe", dice Margarita Oteisa. "Está la que los unió, y hasta tienen reuniones hoy en día. Quizás estos eran los más sensibles. Pero para otros la separación de los padres fue tan terrible que han querido borrar todo recuerdo de Matecumbe. Fue demasiado doloroso".

LA RESIDENCIA SAN RAFAEL

La Casa Cubana de Muchachos en la calle Southwest 15 Road, funcionó hasta el mes de septiembre de 1961, cuando el padre Walsh y los pedro panes se mudaron a la Residencia San Rafael, y los jesuitas se hicieron cargo de la Casa Cubana de Mucha-chos, entonces llamada la Casa Jesuita de Muchachos, o *White-hall,* que daba cabida a veinte jóvenes. El padre Jesús Nuevo era el director. San Rafael y la Casa Jesuita eran diferentes a los otros refugios porque no funcionaban como refugios transito-rios. Los que tuvieron cabida en cualquiera de ellos se quedaron allí hasta la llegada de sus padres.

La recién abierta Residencia San Rafael se le consideraba como el hotel de lujo entre los refugios de Miami. El poder con-seguir sitio en ella era muy deseado, aunque también era una fuente de celos entre los muchachos. El local era un edificio de apartamentos dentro de una ambientación urbana ideal, situado en el número 325 de la calle Northeast 21, cerca de la céntrica avenida Biscayne Boulevard, y muy próximo al centro de Miami, de manera que los muchachos podían caminar hasta allí. Otra característica que la hacía tan atractiva era que solamente alber-gaba ochenta jovencitos, divididos en grupos de doce, super-visados por ocho matrimonios de padres de acogida cubanos.

Según Jorge Finlay, que vivió allí desde que la residencia abrió sus puertas hasta su cierre definitivo, "San Rafael era muy agradable. No tenía cercas ni portones. Uno podía pasear por sus alrededores, siempre y cuando estuviera de vuelta a tiempo para la cena. Los muchachos jugaban baloncesto o fútbol en el patio de estacionamiento para los carros, que estaba vacío la mayoría de las veces".

El padre Walsh reclutó a Ray McCraw para trabajar en la residencia. "Yo estaba sumamente impresionado por los hábitos de estudio de los muchachos. ¡Dios mío! Se sentaban a estudiar durante varias horas, y quiero decir estudiar de verdad, no a jugar ni a otra cosa. No paraban hasta que terminaban de hacer lo que se habían propuesto. Yo estaba sorprendido, pero aparentemente sus padres en Cuba les habían inculcado eso, y cuando llegaron aquí, prometieron que obtendrían una edu-cación, y, santo Dios, lo lograron". Los estudiantes estaban distribuidos entre varias escuelas católicas de enseñanza superior como Arzobispo Curly, La Salle y Belén.

Como el padre Walsh vivía en San Rafael, trajo con él a Alicia Honen, que entonces contaba con cincuenta años, para ser su ama de llaves y asistente. Los muchachos le dieron el sobrenombre de "Abuela". Además, la señora Honen estaba encargada de comprarles ropa y llevarlos a las tiendas. Ella dice que San Rafael se convirtió en su vida. "Eran muy cariñosos conmigo. Sufrían y yo sufría con ellos, pero también pasábamos muy buenos ratos juntos. El cura no quería que ellos se sintieran en un ambiente colegial. Éramos una familia. El cura comía con ellos comida cubana. Allí todo era cubano".

Como sucede en todas las familias, había problemas de disciplina para los que el padre Walsh tenía un método que no fallaba—la paleta. "Existía la famosa paleta", dice Willy Chirino. "Era un acto disciplinario, pero también era como un chiste que el cura te diera con la paleta. Los otros pensarían, 'Caramba, ¿qué pudo haber hecho él?'. Pero siempre el castigo era merecido. Los niños a veces ponen en puena a los adultos para ver hasta dónde pueden llegar. Y ese era el caso del padre Walsh. 'El cura', como todos lo llamábamos, era un hombre extraordinario. Yo casi nunca lo vi disgustado, y cuando lo estaba, era por un problema de disciplina. Siempre tenía buen carácter, diciendo chistes o palabras amables". A Rafael Yániz nunca le pegaron con la paleta. Él dice que el padre Walsh le ofrecía alternativas, y por eso siempre pudo tomar la decisión correcta. Según Rafael, "Uno escogía su propio castigo. Podías escoger no salir en el fin de semana, o renunciar a la ayuda monetaria semanal. El cura nunca le pegó a un niño innecesariamente. En realidad, en la playa, todos nos confabulábamos contra él, y jugando, lo tirábamos al suelo. En resumidas cuentas, era él quien terminaba recibiendo golpes".

En lugar de recibir la paleta, Rafael Yániz pidió que la ayuda semanal le fuera suprimida, ya que tenía un negocio secundario lavando autómoviles, en que a veces lavaba catorce o quince a la semana. "Oiga, señor, le lavo el carro", les decía Rafael a los que se estacionaban en la consulta médica del edificio contiguo. Cuando el padre Walsh se dio cuenta por qué a Rafael no le importaba que le quitaran el dinero semanal, el castigo de no lavar automóviles por una semana fue impuesto cada vez que era considerado necesario.

El padre Walsh estableció la tradición de caminar por toda la casa cada vez que entraba en ella. "El cura entraba en un cuarto y nosotros pretendíamos estar dormidos. Él sabía que no lo estábamos. Una vez se le preguntó cómo lo sabía, y respondió, 'Tú duermes de lado o colocas los pies de esta manera'. Era sorprendente. ¡Sabía exactamente cómo dormíamos!", recuerda Jorge Finlay. El cura se empeñó también en conocer personalmente a cada niño de San Rafael, hasta el punto de poder leer la expresión de sus caras, y también aprendió a hablar español. Ahora Jorge recuerda que a veces el padre Walsh les decía que tenían *cara de culpable*. Aún en el presente, cuando uno de ellos se le acerca, el cura le dice, "¿Recuerda, cara de culpable?".

En los fines de semana el padre Walsh llevaba a algunos niños a pasear en su barco de vela. "Tenía un grupo de favoritos, los que habían ganado su confianza", recuerda Willy Chirino. "Yo tuve la suerte de haber sido uno de esos en alguna ocasión". Sin embargo, los muchachos de Matecumbe se enteraron de esos paseos, y por eso resentían al cura y a San Rafael aún más.

Se puede ver bien claro el cariño que aún siente Rafael Yániz por el monseñor Walsh. Lo llama "el segundo san Patricio". La relación fue cimentada cuando Yániz fue escogido para ir a San Rafael y él rehusó, diciendo que no iría sin su hermano. El padre Walsh le prometió que si demostraba que sabía comportarse, traería a su hermano tan pronto hubiera lugar para él. Y cumplió con su promesa.

"Para mí era como un segundo padre. Es un santo. Más que un cura, me gusta el hecho de que es un ejecutivo", explica

Rafael Yániz. "Nunca permitió que un niño careciera de alimentos o de ropa. Nunca preguntó si uno había recibido la comunión, o asistido a misa. Los domingos, algunos niños lo provocaban diciéndole, 'No tengo deseos de ir a misa'. Él les contestaba, 'Eso es entre tú y Dios. Sin embargo, no vas a desayunar hasta que regresemos de la iglesia' ".

Rafael cuenta cómo cuando regresaban de misa y se sentaban a desayunar, el padre Walsh le decía a la oveja descarriada que recordara que había una misa más tarde en la Iglesia Gesù (Jesús) en el centro de la ciudad. "No tenía la mentalidad de un cura que te llama pecador y te regaña. Era más efectivo de esa manera. Por eso, casi siempre ese muchacho tomaba un autobús e iba a misa más tarde".

La "Abuela" Alicia Honan recuerda el día que recibieron la noticia de la muerte del padre de uno de los niños. El cura llegó a la hora de almuerzo y, en cuanto se enteró, fue a hablar con el niño. Al cabo de una hora, regresó y le dijo, "Alicia, déjalo que llore, que llore mucho". Ella subió y le entregó una pequeña toalla para que se secara las lágrimas. "Fue un día muy triste", recuerda la señora Honan.

El Día de los (Santos) Inocentes, el 28 de diciembre, los muchachos sonaron una alarma de fuego a las seis de la mañana. Los bomberos llegaron y se armó una gran algarabía. Rafael Yániz recuerda que el próximo viernes, cuando llegó el momento de repartir la ayuda monetaria semanal, los niños notaron que había varias monedas sueltas en el sobre que solía contener dos billetes de un dólar. Estaban encantados, pensando que iban a recibir un aumento, hasta que abrieron el sobre y se dieron cuenta de que contenía un dólar y 75 centavos. "Inocentes", dijo Walsh. "La multa por la falsa alarma de fuego me costó 200 dólares, que serán deducidos de su pago semanal hasta que el total haya sido abonado por ustedes". El padre Walsh siempre tenía una manera de hacer pagar a uno por sus acciones, y el castigo siempre le hacía justicia al delito.

EL HOGAR PARA NIÑOS DE KENDALL

En el mes de enero de 1961, cuando los niños pedro panes empezaron a llegar, el padre Walsh alquiló los terrenos del Departamento de Asistencia Social del Condado Dade, que tenían espacio para 140 niños. Pero, ¿quién estaría a cargo de dirigir "Kendall", nombre que le habían dado a la institución por estar situada en la calle Southwest 76 y la avenida 107, en la zona de Miami del mismo nombre? La providencia intervino durante uno de los viajes que el padre Walsh hacía al aeropuerto para recoger niños. El padre Walsh vio desembarcar a un padre escolapio, y se le acercó, preguntándole cuáles eran sus planes en los Estados Unidos. El escolapio le contestó que no había abandonado Cuba de propia voluntad, y si podía ayudar a los cubanos de alguna manera, lo haría con mucho gusto. Al día siguiente estaba trabajando en Kendall. Pronto, el escolapio les envió a otros padres escolapios en Cuba los dólares necesarios para comprar los billetes de avión, y éstos también comenzaron a trabajar en Kendall tan pronto llegaron. Entre estos curas estaba el padre Francisco Palá, que estaría a la cabeza del próximo a inaugurarse, y más amplio, Campamento Matecumbe.

"Yo estaba aterrorizada de aquel sitio. Todos eran cuarteles viejos. Dormíamos en camas catre", dice Ana Gema Lopo, que tenía trece años cuando llegó a Kendall con su hermana Lourdes, de once años. "Recuerdo que era el Día de las Madres, todas nos fuimos a dormir y alguien empezó a llorar. Yo lloré también, porque era el primer Día de las Madres que pasábamos lejos de las nuestras. Antes de que nadie se diera cuenta, parecía que el mundo entero estaba anegado en llanto. ¡Ah, era tan espantoso! Algunas de las pequeñas abrazaban a otras . . . era de lo más triste".

No todo el mundo tuvo la misma suerte que tuvo Ana, que pudo tener a su hermana junto a ella, y una cama donde dormir.

Roberto Zaldívar recuerda que después de haber sido separado de su hermano debido a la diferencia de edad, se le preguntó si quería dormir en la lavandería o en la oficina del trabajador social. Como otro niño ya había pedido la lavandería, Zaldívar se dirigió a la oficina del trabajador social. "Al no encontrar ninguna cama, pregunté dónde íbamos a dormir. 'En catres' fue la respuesta. Nosotros mismos teníamos que prepararlos. Nunca había preparado ninguno, pero esa noche aprendí. Teníamos que colocar un colchón pequeño, poner sábanas encima de él, y una almohada. Teníamos que dejar los *gusanos* en el pasillo y vigilarlos para evitar que los otros los abrieran". Los lugares para dormir eran arreglados de acuerdo a la antigüedad, y los recién llegados eran colocados cerca de la puerta y, como resultado, los que entraban y salían del cuarto les caminaban por encima. "Uno rezaba para tener antigüedad, y poder estar situado al fondo de la habitación", recuerda Roberto.

Otro muchacho recuerda la falta de privacidad que había allí, que para él era el pormenor más difícil. "Tenías que ponerte en fila, desnudo, para darte una ducha, y hacerlo rápidamente. Por lo tanto, yo no me duchaba hasta que salía los fines de semana. Lo mismo sucedía con los inodoros. No teníamos privacidad, por lo que yo no defecaba hasta que llegaran los fines de semana. Me aguantaba".

El 25 de enero de 1963, el periódico católico *The Voice* dijo que 134 muchachos que vivían en Kendall habían sido trasladados al Aeropuerto Naval de Opa-Locka. Durante muchos meses, los jovencitos ahí habían vivido y asistido a clases en alojamientos superpoblados de los dos edificios principales y otro pequeño para clases prestados por el Departamento de Asistencia Social del Condado Dade a la Beneficencia Católica. Y al fin, el padre Walsh le devolvió formalmente las instalaciones de la Casa de Niños de Kendall a Joseph E. Ems, director de Departamento de Asistencia Social del Condado Dade.

FLORIDA CITY

Florida City, que abrió sus puertas en el mes de octubre de 1961, era el refugio más grande, ya que les daba alojamiento a niñas de todas las edades, al igual que a los varones menores de doce años. De todos los refugios, Florida City era el que estaba más lejos del centro de Miami, alrededor de 56 kilómetros al sur, y era manejado por las Hermanas de San Felipe Neri de España, y dirigido por el padre Salvador de Cistierna.

El recinto, compuesto de edificios de dos pisos, estaba autorizado para alojar 700 niños, y lo rodeaba una cerca de alambre para que los niños pudieran jugar sin peligro en las calles adyacentes. Se instaló una tienda de campaña de nilón para celebrar misas, que a la vez era usada para juegos o bailes, y además les ofrecía a los niños resguardo del sol de la Florida. El tranquilo pueblo de Homestead, situado en un área agrícola, quedaba cerca, al igual que la base aérea del mismo nombre. Un parque cercano les proporcionaba alguna diversión a los niños. Éstos vivían en apartamentos bajo la supervisión de parejas cubanas, según un arreglo conveniente, e ideado en el refugio, que creaba un ambiente mucho más acogedor.

Isabel y Raúl Rodríguez-Walling, ambos abogados en Cuba, se convirtieron en padres de acogida en Florida City. Ellos recuerdan una época cuando llegaron a tener un grupo de cuarenta y dos matrimonios que trabajaban como padres de acogida. Los esposos Rodríguez-Walling se hicieron cargo de las hembras, comenzando con ocho en un chalé de tres cuartos—dos aposentos para las niñas, y uno para ellos. "Algunas noches teníamos hasta veinte, y terminábamos abriendo catres plegables", recuerda la señora Rodríguez-Walling.

Los que llegaban a ese refugio eran mejor recibidos y aceptados que los que llegaban a Matecumbe. "Las niñas se ayudaban realmente unas a las otras, y eran muy amables con las nuevas. Hasta les cedían algunas veces sus camas", dice la señora Rodríguez-Walling. Las nuevas pedro panes eran llevadas primero a la administración, donde sus papeles y certificados de salud eran examinados. Si era necesario, se les daba sus vacunas. Después que el papeleo y otras tareas estaban completas, pasaban a una familia de acogida.

La tarea de los padres de acogida era un trabajo de veinticuatro horas al día, con un día de descanso, en el que otros padres sustitutos se hacían cargo. Los Rodríguez-Walling recuerdan haber recibido cada uno, como honorarios, 150 dólares al mes. No obstante, los Pérez Plana recuerdan haber recibido 250 dólares por los dos, que ciertamente no era mucho dinero por tantas horas de trabajo. Pero era un trabajo que compensaba las necesidades básicas de una pareja de recién llegados, como casa, comida y un ingreso seguro.

Se les exigía a los niños comer con sus padres de acogida en la cafetería repleta, que a veces servía tres turnos de desayuno, almuerzo y comida. Una Nochebuena, sin embargo, la celebraron sentándose todos juntos en mesas situadas en la calle, para darles cabida a todos. De momento, la temperatura bajó a menos de cero grados centígrados, y aunque el lechón asado y los frijoles negros se enfriaron, todos los comieron de buena gana.

Los padres de acogida asumían muchas responsabilidades que iban más allá de sus obligaciones. Trataban de proporcionar una amorosa atmósfera familiar, mientras que les enseñaban a los niños a asumir la responsabilidad propia. Isabel Rodríguez-Walling se impuso la tarea de enseñarles a ahorrar dinero. "Los niños recibían dos dólares a la semana, y algunas niñas lo ahorraban todo para cuando sus padres llegaran. Yo les abrí una cuenta bancaria en Homestead. Cuando tenían ocho o diez dólares, íbamos a depositarlos al banco. Recuerdo a una muchachita de quince años que había ahorrado sesenta dólares de esa manera. Recuerdo también a otra que lo gastaba todo en sellos, porque le escribía cartas a cada miembro de su familia y a cada amigo que tenía en Cuba".

Las niñas tenían órdenes de la administración de mantener limpia el área donde dormían, al igual que el cuarto de baño y la sala. El administrador, que pensaba que las niñas debían aprender disciplina, solía regañar a algunos de los supervisores de la residencia por hacerles regularmente el trabajo para consentirlas. "Había una niña de raza negra a la que le dije, 'Mañana es tu turno de limpiar' ", cuenta Isabel Rodríguez-Walling. "Ella me contestó, 'No soy la criada', a lo que le respondí que yo tampoco lo era, que aquí no había sirvientas, y que todos teníamos que cooperar, porque no había nadie que nos ayudara". Sin embargo, eso no era enteramente cierto. Había otras que, por una pequeña cantidad, estaban dispuestos a hacer esos trabajos. La señora Pérez Plana recuerda a una muchacha en particular, muy emprendedora, que cobraba dos centavos por hacer las labores caseras que las otras no querían hacer.

Dos sicólogos cubanos, José Ignacio Lasaga y su esposa, Águeda Demestre, fueron asignados a los niños, por eso iban cada miércoles a Florida City. "Un día me llamó la señora Jones, la directora, y me dijo, 'Algunas de estas niñas han llegado a una edad muy difícil. Quizás sus madres no han hablado con ellas, por lo que quiero que reciban algunas clases de educación sexual'. Pensé que iban a burlarse del tema, pero lo aceptaron muy bien".

La doctora Demestre dice que el problema de adaptación en Florida City no fue tan difícil como en otros lugares. Ella atribuye el éxito que tuvo el hogar al concepto de los padres de acogida. "Indudablemente, el conflicto principal fue la separación de la familia, pero no hubo otros más profundos", recuerda la doctora Demestre.

María Dolores Madariaga, de ochos años de edad, tomó la situación de la adversidad en sus propias manos. Cuando fue a Matecumbe y la separaron de su hermano, lloró durante una semana. Ella recuerda que un día al levantarse, se miró en el espejo, y dijo, "No voy a llorar más. Y así lo hice". Pedía repetidamente reunirse con su hermano, porque solamente lograba verlo una vez por semana. Como no encontraba el arreglo satisfactorio, María Dolores decidió hacer algo más. Sabía que un cura que trabajaba en la administración de Florida City era la persona que podía ayudarla. Trató de verlo varias veces, pero le fue negada la entrada al lugar, por lo que intentó verlo de otra forma. Durante uno de esos intentos, María Dolores echó un vistazo a la oficina, en la que notó una ventana que daba a un área donde se construía algo. Fue allí, amontonó unos cuantos ladrillos, se encaramó sobre ellos hasta alcanzar la ventana, y entró por ella. Se sentó y lo esperó.

Cuando el cura llegó a la oficina encontró a la espabilada niña sentada allí, esperándolo. Cuando le preguntó qué hacía allí, ella le contestó que quería que su hermano de trece años estuviera con ella, y añadió, "O el cura que consiguió nuestra visa en Cuba les mintió a nuestros padres, o alguien lo hizo, porque a nosotros nos dijeron que estaríamos juntos, y si usted no puede hacerlo, quiero que me envíen de regreso a Cuba". El cura se sonrió, y le dijo a María Dolores que por causa del valor que había mostrado entrando a través de la ventana, algo se haría. Y así sucedió. Una excepción a la regla del límite de doce años fue hecha, y Juan Antonio Madariaga, de trece, entró en Florida City.

Leopoldo Arista, abogado cubano, estaba debatiendo si abandonar Miami para irse para Suramérica en el momento que fue embaucado por su amiga, la madre María Paz, para ir a Florida City, diciéndole que necesitaba hablar con él. Mientras esperaba en un destartalado salón de clases, los niños comenzaron a llegar y le preguntaron si él era el maestro. Les contestó que no lo era, pero al oír sus súplicas, empezó a darles una clase de matemáticas. La madre María Paz contemplaba cómo Arista se comunicaba con los muchachos. Cuando la monja le ofreció un puesto de maestro, él le contestó, "Yo no soy maestro, soy abogado," pero ella le aseguró que era las dos cosas. Había estado observándolo, y lo hacía muy bien.

El señor Arista le prometió a la madre María Paz que lo pensaría, pero cuando iba a marcharse, alguien le gritó, "¡Profesor, profesor!". Era uno de los niños que le suplicaba, "Por favor, no nos traicione". Él le preguntó por qué decía semejante cosa, y el muchachito le respondió, "Hemos sido abandonados. Por favor, no nos abandone usted ahora". Las lágrimas le corren por las mejillas cuando se acuerda del encuentro. Regresó al día siguiente y siguió de profesor hasta que Florida City cerró sus puertas.

Arista dice que nunca tuvo un empleo peor remunerado, aunque nada le dio más recompensa espiritual que sus años como maestro en Florida City. "Una vez tuvimos 1.122 niños. Imagínense la situación; algunas veces había dos niños por cada pupitre. No podía soportar ver las paredes desnudas, por lo que compré un cuadro de san Juan Bautista y lo colgué. Más tarde le añadí una bandera cubana. Las clases eran muy informales, porque no sabíamos cuánto tiempo íbamos a tener a los niños en ellas. Les enseñé un corto vocabulario en inglés, y traté de explicarles las diferencias entre la cultura americana y la cubana, cosas que ellos fácilmente podían asimilar".

Durante una época navideña, Arista les pidió a los niños que hicieran tarjetas durante la clase; su regalo fue enviarlas por correo a sus padres en Cuba, y la idea les encantó a todos. También recuerda esa Navidad por otra razón. "Como vivían en un mundo tan raro, decidieron hacer una mata de plátanos en vez de un árbol de Navidad, fabricado con papel de periódico. No sé dónde encontraron el palo y los percheros para armar las ramas, pero el resultado fue una belleza".

Arista pagaba por muchos de los suministros escolares de su reducido sueldo. También llevaba a su casa a algunos pedro panes los fines de semana. Su esposa les cocinaba, y toda su familia los incluía en las actividades de fin de semana, tales como ir a misa o a la playa. Su compromiso con los niños era tal que sus propios hijos se pusieron celosos. Arista recuerda cómo una vez, cuando se acostó para dormir una siesta, uno de los niños le pidió, "¿Puedo acostarme junto a usted para dormir una siesta yo también?" Cuando su propio hijo entró al cuarto y también hizo lo mismo, el niño de Florida City le dijo, "Por favor, no te pongas celoso. Deja que él finja ser mi padre por un rato".

El monseñor Walsh cuenta dos historias que relatan las situaciones poco usuales que existían:

> Una vez en Florida City tuvimos una niña de doce o trece años, y llegó el día en que ella tenía que marcharse a (la ciudad de) Buffalo (en el estado de Nueva York), o a otra parte, ya que su beca había llegado. Había estado allí (en Florida City) por un par de meses. Cuando la trabajadora social fue al apartamento donde los supervisores estaban ayudándola a empacar, la niña comenzó a llorar y dio una terrible perreta. Quiero decir, en realidad se negó a marcharse, llorando y colgándose del cuello de la madre de acogida. Casi se le fue el avión.
>
> La calmaron y la subieron al carro. Iban conduciendo a través de Homestead, por la carretera US-1 en camino al aeropuerto, y la niñita estaba sentada muy tranquila, riéndose y hablando. De repente, la trabajadora social le preguntó, "¿Estás contenta de irte?", a lo que la niña le respondió, "Estoy encantada. No puedo esperar llegar a Buffalo", o donde quiera que ella iba. Por lo que la trabajadora social le dijo, "Pero es que estabas tan enfadada antes". Y la niña le respondió, "Yo tenía miedo que si la directora se enteraba de que yo quería irme, no le iba a gustar". A veces, las mentes de los niños funcionan de maneras muy extrañas.

La otra historia es acerca de una pareja de tíos que estaban en Miami visitando a unos niños. Cuando se enteraron de que éstos iban a ser transferidos a otro lugar, vinieron a quejarse del traslado. Habíamos pasado por esto antes, por lo que les dijimos, "Tienen una alternativa. O ustedes se hacen cargo de los niños, o tenemos que trasladarlos, porque mañana llegan más niños. Es una cosa o la otra."

Los niños llegaron al aeropuerto y los tíos se presentaron, y crearon tal lío que la policía tuvo que intervenir. El policia quería resolver el problema, pero no tenía la más mínima idea de qué se trataba. Todos terminamos en la Beneficencia Católica. Y entonces cuando llegamos allí, el policía decidío que éramos nosotros los que teníamos que resolver el problema. Yo traté de explicarle cuál era en realidad el problema; no teníamos más remedio que trasladar a los niños. No había ninguna otra alternativa. De repente, hubo un silencio sepulcral, y yo dije, "Tiene que ser así". La tía entonces dijo, "Mire, son nuestros hijos". Ellos eran los verdaderos padres.

Los padres habían estado en los Estados Unidos por algún tiempo, y visitaban a los niños pidiéndoles que guardaran el secreto, y que dijeran que ellos eran sus tíos. Estaban tratando de establecerse, y mientras eso sucedía, querían que a sus hijos no les faltara nada.

Estos son algunos de los incidentes que hacían muy difícil saber lo que estaba pasando en realidad. Si los niños estaban confundidos, nosotros lo estábamos también.

Muchos de los supervisores estaban muy compenetrados con los pedro panes, y deseaban poder encontrar maneras de que se divirtieran. Le presentaron al padre Walsh la idea de celebrar un baile semanal. El acto social sería rotado entre los diferentes refugios—Florida City, Matecumbe y San Rafael—y muy pronto se convirtió en la actividad más popular. Hermanas y hermanos podían verse a menudo de esa manera, y también, muchos amores florecieron.

Ray McCraw está todavía asombrado de que un cura, de ascendencia irlandesa y conservador, fuera lo suficientemente liberal para permitir que las hembras y los varones se mezclaran. "¡Fue maravilloso!" opina McCraw, y también recuerda que los niños agradecían los bailes como si fueran un privilegio, y por eso se comportaban muy bien. "Los supervisores estaban presentes, pero no estaban allí como policías o patrulleros. Se mezclaban perfectamente con los chicos. Parecía una gran familia".

Mirta Almeyda recuerda su primer baile como un acontecimiento fantástico—una fiesta del Día de los Enamorados (o San Valentín) el catorce de febrero. Cuando salió de Cuba, le permitieron llevar con ella veinte kilos de ropa. Escondió entre la ropa tres discos de larga duración que aún guarda como un tesoro—música instrumental cubana, Blanca Rosa Gil y Benny Moré. Ese día buscó su vestido más atractivo y se marchó a Matecumbe con las demás muchachas. También recuerda que en la fiesta habia *pretzels,* papitas fritas y ponche. "¡Y todas sabíamos bailar!", añade Mirta. Esos son los mejores recuerdos que guarda ella de ese período de su vida.

OPA-LOCKA

Cuando los vuelos entre Cuba y los Estados Unidos fueron suspendidos durante la crisis de misiles de octubre de 1962, terminó el éxodo directo de los pedro panes. La única manera de salir de Cuba era por terceros países, por lo general España o México. Más niños fueron enviados solos a España, donde la iglesia católica se ocupaba de ellos. El cambio en la situación política hizo la salida de los niños solos mucho más difícil. Algunos pocos niños aún llegaban a los Estados Unidos, mientras que otros eran entregados por sus familiares a la Beneficencia Católica porque ya no podían mantenerlos. No obstante, las llegadas masivas pararon abruptamente el 23 de octubre de 1962, y el número de niños en los campamentos comenzó a declinar. Los pedro panes que ya habían cumplido diecinueve años abandonaban el programa, mientras que varios de los padres llegaban a través de terceros países. Una vez que parecía ser cierto que los vuelos no serían reanudados, los refugios temporales fueron obligados a tomar un nuevo derrotero.

El padre Walsh sabía que el programa que había obtenido los mejores resultados era el de los padres de acogida en San Rafael y Florida City. Quería cerrar Matecumbe y distribuir a los pedro panes entre otros refugios parecidos a San Rafael. Sin embargo, el obispo Coleman Carroll, el superior del padre Walsh, y sus ayudantes, pensaban de otra manera—les parecía que consolidar todos los refugios era la mejor solución. El padre Walsh recibió órdenes de hacerlo de esa manera, y Opa-Locka abrió sus puertas. El lugar había sido una base de infantería y una estación aérea de la fuerza naval, con cuarteles en donde las camas estaban alineadas a lo largo de los cavernosos pasillos. Los seis edificios podían acomodar a 500 personas. Las instalaciones incluían comedores, áreas de recreo, una capilla, doce salones para clases, y oficinas administrativas. Seis hermanos maristas y más de treinta seglares les daban clase a los jóvenes.[10]

La Residencia San Rafael fue cerrada y, con gran oposición, todos los muchachos fueron trasladados. "Estábamos furiosos", dice Jorge Finlay. "Opa-Locka era un cuartel. No podías escaparte, porque si lo hacías, no tenías a dónde ir. Un día, según corríamos en el carro, vimos el Hotel Alí Babá, y uno de los muchachos dijo sarcásticamente, 'Mira, el Hotel Fountainebleau de Opa-Locka' ", refiriéndose al hotel más lujoso de Miami Beach en aquel momento. El suburbio de Opa-Locka fue planeado en 1926 al estilo morisco. Por eso, las calles principales de Opa-Locka llevaban los nombres de los personajes del libro *Los cuentos de las mil y una noches árabes*. Eso no sedujo a los muchachos. "Regresábamos a las duchas sin puerta y al poder oír los ronquidos al fondo del dormitorio. Dimos un paso hacia atrás".

En ese momento, el padre Walsh se había convertido en el monseñor Walsh. Ascendido en el mes de septiembre de 1962, Walsh era el monseñor más joven de los Estados Unidos en aquel entonces. Sin embargo, el monseñor Walsh, pensaba que la consolidación de los refugios era un error. Asi y todo, se mudó para Opa-Locka, pero ahora describe la vida allí como el peor período de su vida.

Una fuerte campanada despertaba a los ocupantes de Opa-Locka todas las mañanas. A nadie le gustaba el ruido, y por eso, un día, uno de los muchachos tuvo una reacción violenta. Se despertó con el sonido una mañana, cavó un hueco en el patio, arrancó la campana, y la enterró. Al día siguiente, una campana aún mayor la reemplazaba, donde, según cuenta Jorge Finlay, se quedó para siempre.

Opa-Locka se cerró en el mes de junio de 1966, cuando sólo tenía 25 jóvenes, que entonces fueron trasladados a una casa para varones, situada en el número 83 de la calle Southeast 8, sitio del antiguo Hotel Sweet Dreams. Ahí el programa instaló a algunos de los que habían salido de Cuba vía España, según cuenta Gerardo Girado* quien, con su hermano, fueron posiblemente los muchachos que más tiempo permanecieron

*Seudónimo

en el Programa para Niños sin Acompañantes. El programa continuó en el nuevo lugar durante cuatro años. En 1970, el grupo volvió a mudarse al Hotel Bímini.

El proyecto terminó definitivamente en 1981. "Ya entonces no teníamos a ninguno de los muchachos originales. Recibíamos a varones que habían llegado en bote, o que habían nadado hasta la base (naval estadounidense) de Guantánamo",* dice el monseñor Walsh. Uno de ellos era un muchacho de raza negra, de alta estatura, apodado "Watusi". Gerardo Girado recuerda que Watusi había huido de Cuba con otros adolescentes, y que dos de ellos habían sido asesinados a tiros mientras trataban de escapar. Watusi fue uno de los que tuvo la suerte de salvarse.

---

*Base naval de los Estados Unidos que abarca casi la totalidad de la bahía del mismo nombre en la provincia de Oriente.

Los papalotes no van más altos cuando vuelan
con el viento, sino cuando vuelan en contra de él.

—WINSTON CHURCHILL

CAPÍTULO 6

LA ASIMILACIÓN Y LA ADAPTACIÓN— CUANDO *PEDRO* SE CONVIRTIÓ EN *PETER*

En lugar del contacto personal, la correspondencia era el medio
más común—y a veces el único—que podía salvar la distancia
entre los pedro panes y sus padres en Cuba. El servicio telefónico entre los Estados Unidos y la isla era, en el mejor de los
casos, esporádico. Y ya que las llamadas se hacían a través de
una operadora, tomaban a veces más de veinticuatro horas en
establecerse. Ambos interlocutores tenían que mantenerse
junto al teléfono durante todo el tiempo porque nunca sabían
cuándo iban a lograr su propósito.

Las cartas capturan indeleblemente los sentimientos
momentáneos del quien las escribe. Abraham Lincoln le dijo
una vez a su ministro de guerra, Edwin Stanton, que escribiera
una carta en contestación a una ofensa. Cuando Stanton le
enseñó la carta terminada, Lincoln aplaudió el fuerte lenguaje
usado y le preguntó a Stanton qué iba hacer con ella. Sorpren-

dido, éste le contestó, "Enviarla," a lo que Lincoln replicó, "En realidad, usted no quiere enviar esa carta. Quémela. Eso es lo que hago cuando escribo una carta mientras estoy enfadado."[1]

Los niños en general, en su inocencia, escriben cartas simples, pero honestas. Los niños pedro panes escribían sobre sus problemas de asimilación y sus soluciones finales, sobre sus nuevos amigos y entornos, sus soledades y la nostalgia que sentían por la familia y la patria. No obstante, algunos de ellos cruzaron prematuramente el umbral de la madurez, escribiendo misivas que no retrataban sus verdaderos sentimientos; al contrario, hacían creer que todo estaba bien para evitarles a sus padres más sufrimientos.

Las siguientes cartas, ahora arrugadas y viejas, son el testimonio—de hace cuarenta años—de la adaptación y asimilación de los firmantes en los Estados Unidos.

Cada uno de los hermanos Pichardo, de doce, once, nueve y ocho años de edad, escribió desde Miami un párrafo de la siguiente y alegre carta a sus padres, fechada el primero de enero de 1961.

Queridos papás,

Llegamos bien y sin problemas. Estamos muy contentos y jugamos mucho. Yoyi y Batty juegan con nosotros. Hoy está lloviendo un poco y no podemos salir a jugar porque el campo está mojado. Estamos muy contentos y salimos casi todas las noches.

Queridos padres, llegamos muy bien y contentos. No te preocupes por nosotros que estamos bien.

Papi y mami, estoy muy contenta. Nos divertimos mucho con Yoyi y Bati y espero que también tú estés muy contenta.

(firmado) Gabriel, Eugenio, Adolfo y Yoyi

Aunque el intento de parecer alegre tuvo éxito en la primera carta, las amarguras que estos niños tuvieron que vivir hizo muy difícil que mantuvieran un frente de valentía. A la carta anterior le siguió una descorazonadora carta fechada el 2 de febrero de1961:

Queridos papás,

Queremos que vengan pronto para acá, porque nos van a llevar a Filadelfia y nosotros no queremos ir.

Todas las noches lloramos porque los extrañamos mucho. Estamos viviendo en un hospital, con las sábanas de los enfermos, y también en sus camas. Vengan cómo puedan. Estamos muy mal aquí. La comida es muy mala y no queremos estar más aquí. Les pedimos por favor que vengan. Los esperamos.

Sus cuatro hijos que te quieren,

(*firmado*) Gabriel, Eugenio, Josefina y Adolfo
PS: La dirección de aquí es: Box 1017—Cot 6
South Miami, Fla.

Una vez en Filadelfia, Adolfo escribió el 15 de abril de 1961:

Queridos papi y mami,

¿Cómo están Chicho y Norita? Cuando regrese a Cuba quiero verlos muy gorditos y quiero que coman mucha comida, o sino, no le traigo nada de lo que él me escribe siempre que es caramelos y bombones.

¿Cómo están papi y mami? Estoy muy contento porque hoy la Sister (monja) me acarició. Ise [sic] un buen trabajo muy lindo. Ahora se acabó el colegio y me mandaron una tarea, y también estoy haciendo la tarea junto con la carta. Ise [sic] lo que mi hermano me mandó. Estoy jugando mucho con mis dos hermanos y con muchos amiguitos más que tengo aquí. Estoy muy seguro que me voy a portar bien en la escuela.

Muchos besos y abrazos de tu hijo que te quiere,

(*firmado*) Adolfo

Ana María Carnesoltas, en la actualidad una jueza de Miami, era una jovencita solitaria de catorce años en Villa María, un albergue para niñas adolescentes de la ciudad de San Antonio en el estado de Texas. Ana María vertió su alma en papel en el mes de junio de 1962. Esos mismos sentimientos fueron publicados en el rotativo *El Miami Herald* el 18 de octubre de 1987:

Esta es la primera vez desde que llegué a los Estados Unidos que expreso mis pensamientos en un diario. No voy a escribir más que unas pocas líneas. Las quejas y todo lo demás lo guardaré para siempre.

Estoy en San Antonio. ¿Dónde? En una casa vieja con un aspecto misterioso que haría temblar al más valiente.

¿Qué hay en el interior? Algunos muebles viejos, varias mujeres mayormente solteras y viejas en el segundo piso, monjas que algunas veces se interesan, y otras veces permanecen distantes. ¿En quién puedo confiar? En Dios y en este pedazo de papel que lleno con líneas irregulares y feas. No hay ni siquiera un sacerdote al que le pueda confesar mis pobres pecados. Escribir no es fácil por la manera como yo me siento hoy. Hace unos momentos pensé que no me importaba.

Ahora son alrededor de las ocho de la noche. Todavía queda alguna luz de día. No han encendido las luces en Villa María, ni siquiera la estatua de la Virgen. Estoy escribiendo sentada al lado de una ventana. No puedo ver bien, porque hay muy poca luz. (Echo de menos a mi madre más que nunca).

Acaban de encender las luces de la Virgen . . . hoy lloré en la capilla y ofrecí rezar el rosario . . . Le he pedido a Dios que me ayude a sobrevivir.

Desde aquí puedo ver una pequeña tienda que me hace recordar la casa de mi tía en Santa Clara. Creo que nunca más veré a mi patria, el país que me vio nacer . . .

4 de julio de 1962

Hoy es el cuatro de julio de 1962. Es el día que este país celebra su independencia. ¿Cuándo podré oír yo los cohetes y voladores celebrando la independencia de Cuba?[2]

Sara Yaballi, fallecida recientemente, era enfermera del Campamento Matecumbe. Se convirtió en madre sustituta de muchos varones adolescentes que continuaron comunicándose con ella por carta después que abandonaron el campamento, contándole historias sobre su adaptación y pidiéndole consejos, y en algunas ocasiones, hasta dinero.[3]

De Silvio en Portland, Oregon:

2328 N.W. Everett Street, Portland, Oregon
9 de mayo de 1962

Recibí tus cartas que me hicieron muy feliz. Ya tú sabes que estamos aquí donde el diablo dio las tres voces y nadie lo oyó. Esto se pone más raro por día. A las nueve de la noche es aún de día, llueve día y noche, y el frío es espantoso.

4 de noviembre de 1962

Sara, por favor, perdona la letra, pero me duele mucho la garganta. Estoy cansado de esto y de este país de basura. Creo que no hay nada como Cuba en todo el mundo. Estamos bien aquí, no carecemos de nada, vivimos bien y estudiamos, y quizás la semana próxima tengamos trabajo, pero todavía nos quejamos, porque creo que nunca nos acostumbraremos. Si Fidel no se cae pronto, o se va, el día menos pensado regreso a Cuba.

De Julio en Portland, Oregon:

2328 N.W. Everett Street, Portland, Oregon

Aquí en Portland nosotros seis estamos viviendo bien en una casa muy grande, tiene tres pisos, abajo está la sala, comedor, cocina y despensa, y dos pasillos enormes. Hay dos dormitorios y un baño, y en el tercer piso hay dos dormitorios y un cuarto de estar.

Porfirio y yo tenemos un cuarto en el segundo piso. Es muy acogedor, las camas son cómodas, (tenemos) dos gavetas y dos mesas de noche y dos clósets. Tiene cortinas y alfombra y es muy bonito. Guillermo y Carlos comparten otro cuarto, y la pareja que nos cuida el tercero. Es una pareja cubana, y nos tratan muy bien.

La ciudad es muy bonita. Parece como si estuviera en un valle, porque ves montañas alrededor . . . Vivimos como la realeza . . . la gente es muy fina, hablan muy bajito y despacio, y pronuncian las palabras muy bien.

De José en Reno, Nevada:

101 Boyton Lane

Nos han dado algunas cosas, pero nos las restriegan en la cara todo el día. Y algunas veces le han pegado a alguno. Bueno, dicen que las cosas mejorarán, pero eso lo están diciendo hace tiempo.

De Raúl en Helena, Montana:

203 North Ewing Street, Helena, Montana
10 de enero de 1962

Estoy bien, pero con mucho frío. Está ahora a treinta grados bajo cero (Fahrenheit). Cuando íbamos hoy para el colegio, el viento nos daba en la cara y nos hizo llorar con lágrimas que se congelaban. La víspera del primero de año fui a casa de un amigo americano y me divertí mucho, a pesar de que no podía olvidar a mi familia.

Pero tengo fe en Dios, y sé que Él me concederá el milagro de poder regresar a nuestra adorada y lejana patria.

24 de mayo de 1962

El 15 de junio nos mudamos para la casa que Monseñor compró para nosotros. Es magnífica. Quisiera que pudieras venir a vivir con nosotros. De esa manera podríamos tener alguien que nos cuidara y nos guiara.

Creo que van a mandar a buscar a más muchachos. Quiero que nos envíes una lista de diez muchachos para dársela a Monseñor. Antes de que escojan a nadie, nosotros podemos escoger muchachos mejores que nos den buenos ejemplos.

18 de junio de 1962

El día de mi cumpleaños almorcé con Monseñor, y entonces fui a dar una vuelta en automóvil. Su secretaria me regaló un cake, y en resumidas cuentas, me divertí mucho.

13 de agosto de 1962

¿Qué sabes de Cuba? No tenemos aquí muchas noticias, a excepción de que las cosas van de mal en peor. Me dieron la visa de salida para mis padres y abuela, y estoy muy contento.

Dos meses después, los vuelos entre Cuba y los Estados Unidos fueron suspendidos, dando al traste con las esperanzas de Raúl.

6 de junio de 1963

Día de graduación. Al final, todos los graduados se ponen en fila y la gente se les acerca a felicitarlos. Fue uno de los momentos más duros para mí, porque los padres que estaban presentes fueron a abrazar a sus hijos, y lo único que nosotros podíamos hacer era mirarlos y pensar en los nuestros. Tenemos fe en Dios que muy pronto todos estaremos juntos, y esperamos que, aunque ellos no estuvieron con nosotros físicamente, estuvieran pensando en nosotros.

De Pablo en Helena, Montana:

Helena, Montana
14 de abril de 1962

Acerca del pueblo, déjame decirte que es pequeño y puedes ir de un lado a otro rápidamente. Todavía no sé si me gusta o no. La comida es estupenda, ayer por la tarde me comí un bisté con papas fritas, dulces, jugo, leche, ensalada, etcétera . . . La comida aquí es deliciosa.

30 de abril de 1962

Yo estoy tratando de adaptarme, y lo estoy pasando bien, pues aunque estas
costumbres son tan diferentes a las nuestras, y la moral de la mayoría está tan
baja, en el fondo no son tan malos, aunque nos creen unos incivilizados, nosotros
que tenemos para enseñarles a ellos, aunque te diré que aquí todos son buenos,
peor era en Miami, que te miraban como si fueras un perro.

De Enrique en Helena, Montana:

16 de septiembre de 1962

Ayer fue cuando me devolvieron la carta que yo le escribí, con un sello que dice
"sin reclamar". Yo no comprendo eso, pues que yo sepa, las cartas no hay que
reclamarlas. Vamos a ver si esta le llega. En la primera le contaba todo el viaje
y la llegada aquí, mas usted ya sabe todo eso.

    Sabrá que estoy trabajando en la universidad, junto con Guille y Taibo.
Fregamos platos, limpiamos el piso, los congeladores, en fin, lo que sea. Ya
tengo ganado algún dinero que no será nunca suficiente, pues tengo que
comprar mucha ropa y efectos escolares, pues Monseñor es algo duro, pero
así y todo, le pienso pagar por lo menos uno de los giros. En cuanto me paguen,
le mando el dinero.

6 de octubre de 1962

Primero que todo, por favor, perdóneme por no escribirle. Sara, no es que yo la
haya olvidado, pues a quien se quiere como a una madre no se puede olvidar. El
problema es que no tengo tiempo, Sarita. Yo sabía que esto iba a ser duro, y
usted sabe bien que venía dispuesto a sacrificarme, pero esto es duro de
verdad. En muchas clases no tengo problemas con el inglés, pero en otras no
entiendo nada, Sarita. El día que más temprano me acuesto es a la una de la
mañana, pues nos ponen una cantidad de tarea bárbara. Con decirle que ayer
hacía diez días que no les escribía a los viejos.

    Sara, aquí le mando el importe de un giro postal. La vieja me escribió
diciéndome que lo recibió perfectamente. Ayer nos pagaron y eso fue horrible.

Armamos una gritería terrible, y ya no nos queda dinero, pues nos hemos habilitado para el frío bastante bien.

Sara, yo le voy a hablar sinceramente como siempre creo lo he hecho. Yo tengo en mis manos para pagarle el otro giro postal. Si a usted le hace falta, me lo manda a decir enseguida, y se lo giro. Ahora bien, si a usted por ahora no le hace falta, yo prefiero quedármelo a deber pues sinceramente me hace mucha falta ese dinero. Usted sabe bien que yo tengo palabra y que en cuanto pueda pagarle uno, lo estoy haciendo. El otro yo le prometo que se lo pago, aunque tenga que trabajar en el cementerio. Usted me dirá, y sin pena Sarita, sea sincera como siempre.

10 de noviembre de 1962

Sobre los estudios, le diré que las primeras pruebas han sido desastrosas; saqué y ponché a dos. Pero ahora vienen las segundas pruebas y voy a ver si las saco todas. Hay que pegarse como loco, y el inglés lo complica mucho.

29 de diciembre de 1962

Sarita, perdóneme, pero en estos días no he escrito nada más que a mi casa, y para eso porque la vieja mía es muy nerviosa y se va a preocupar; pero le juro Sarita que en estos días no tengo ganas ni de vivir. De contra Monseñor no dio un centavo para las pascuas y hoy es cuando vengo a tener dinero para sellos. No le pude ni mandar una postal. Yo recibí la suya. Está preciosa y muy cariñosa. Gracias.

Yo no sé si le habré mandado a decir que tenemos que pagar 255 dólares de este semestre. Resulta que la beca no es tal beca, pues Monseñor pagó una parte, pero nosotros tenemos que pagar la cantidad antes mencionada, y supongo que para el segundo semestre tengamos que pagar más. Pero bueno, ya se pagará.

Aquí el frío es bárbaro. Hace tres días la temperatura era de 25 grados bajo cero (Fahrenheit). Los dolores en la cara no se resisten.

19 de abril del1963

Me fui para California con Guille y otros amigos de la universidad. Aquello es divino y la pasamos de lo mejor. La temperatura allá es divina, como en Cuba, mientras que aquí todavía hace un poco de frío. Le diré que ya terminé los exámenes y que salí muy bien. Tengo un promedio de 2,7, que es bastante bueno.

9 de junio de 1962

Mañana me mudo para California. Monseñor nos dio 184 dólares, y creo que vamos a estar bien en lo que respecta al dinero . . . Termino ahora porque tengo que hacer las maletas.

De Jorge en Albuquerque, Nuevo México:

Route 1 Box 1486 Albuquerque, New Mexico

De todas las postales de Navidad, ninguna fue tan dulce como la suya. Al leer, "Te quiere, mamá Sara", casi lloro. Uno se siente tan falto de cariño aquí. Nos dicen que ya somos hombres, pero cuando me acuesto por la noche, yo me siento la mayoría de las veces con deseos de llorar, como si fuera un niño chiquito, y me pregunto, "¿Cuánto más, querido Dios?" . . . Aquí somos cuarenta, y no nos entendemos. ¡Qué podemos esperar de un país!

21 de enero de 1963

Yo sé que lo que ahora tengo que hacer es ponerme en buena forma emocional, física, intelectual y moral, por la iglesia y por Cuba, y también por mis padres, que tanto se han sacrificado por mí.

De Fernando en Albuquerque, Nuevo México:

Albuquerque, Nuevo México.
27 de agosto de 1962

Estoy pintando la casa del vecino. Ayer me gané cinco dólares. Hoy me viene a buscar otra vez. Uno usualmente puede encontrar trabajo aquí.

De Jesús en Austin, Texas:

Saint Edward's High School, Room 309, Austin, Texas
2 de mayo de 1962

Cuando llegamos al aeropuerto de Austin nos estaban esperando con un letrero que nos daba la bienvenida. Había también dos fotógrafos y salimos en la televisión.

De Fernando (apodado "Sex Appeal") en York, Nebraska:

8 de febrero de 1962

Tengo catarro y la dueña de la casa me vio deprimido y aburrido, y me dio a beber vino tinto (tomamos mucho de eso, porque el cura viene a beber y se prepara los martinis). Yo he dicho que no me gustan, y entonces nos dan el vino. En otras palabras, el vino se ha convertido en "mi pan de cada día". La señora me puso discos de Pérez Prado para que yo los oyera.

21 de febrero de 1962
Querida "Tía" Sara,

El pasado viernes, día de san Valentín, hubo un baile, y su nueva sobrina americana creía que yo era una naranja, porque me apretaba por todas partes. ¿Es que acaso soy tan dulce? Este viernes voy a otro baile con otra muchacha americana, que también quiere ser sobrina suya. ¿La complazco?

De Pedro en Wilmington, Delaware:

De Sales Home, 1300 North Broom Street, Wilmington, Delaware
15 de agosto de 1962

¡Que inteligente fue su consejo, mucho más ahora que nos sentimos más solos que nunca! Sí, esta es una emoción que nunca antes había sentido. En Miami extrañábamos a nuestros padres solamente, y ustedes eran quienes los representaban. La patria estaba muy cerca y no la echábamos tanto de menos. Ahora sólo tengo un buen amigo en quien puedo confiar: Dios. Pero mi patria está más lejos que nunca y ni siquiera tengo a mis padres. Y usted está siempre batallando por el bienestar de esos muchachos que un día tomaron el mismo camino a través de ese infierno verde.

De José en Marquette, Michigan:

Marquette, Michigan
8 de julio de 1962

El cura de aquí nos está consiguiendo trabajo a todos para cortar el césped y limpiar oficinas. Pero cuando uno termina, te quedas en el aire, pero como es un pueblo pequeño, no hay dónde gastar el dinero. Y referente a los muchachos, no pueden pedir más, porque estamos viviendo como reyes, con un harem para cada uno. Lo único que me tiene muy impaciente es que aquí no se sabe nada de Cuba, nuestra Cuba, y eso no puedo resistirlo.

Mucho le agradecería si me pudiera dar alguna noticia, porque estoy en la más absoluta oscuridad, y quiero enterarme de algo. Pero yo sé que hay un Dios allá arriba que lo ve todo, y Él es nuestra única esperanza. Por favor, aconséjeme, ya que nunca daña recibir un buen consejo. Le pido a Dios que la bendiga por haber sido tan buena con todos los muchachos jóvenes que, como yo, estuvimos en los campamentos.

De F. González en Marquette, Michigan:

Marquette, Michigan

Déjeme decirle que este lugar es maravilloso. Las monjas nos cuidan y hacen todo lo posible para que estemos felices. Vivimos con el monseñor en una casa que, aunque usted no lo crea, somos considerados parte de los ricos de aquí. Tuvimos ayer una fiesta, todos americanos, que nos invitaron a sus casas. ¡Si pudiera ver cómo nos trataron! Nosotros caemos bien aquí. La nieve es linda, desde aquí podemos ver el pueblo completo, y luce bellísimo.

De Héctor en York, Nebraska:

Mi vida la paso todo el día dentro de la casa, ya que no hay a dónde ir, y uno no tiene un círculo de amistades. Los americanos nos tratan, pero de alguna manera, también nos evitan. Yo sé que nuestro inglés los debe cansar. Sea lo que fuere, me estoy muriendo por regresar a Cuba.

¿Sabe usted lo que significa estar dentro de una casa desde la mañana hasta la hora de irse a dormir? Nadie puede resistirlo.

De Regino en Brooklyn, Nueva York:

Saint Vincent's Home, 66 Boerum Place, Brooklyn, NY
primero de diciembre de 1962

Los muchachos aquí son puertorriqueños, italianos, americanos y negros. Yo no me siento bien aquí. Estoy resignado a este martirio.

PS: Nos abren la correspondencia.

3 de enero de 1963

Me gustaría pedirle un favor. Cuando lleguen las visas de mis padres, por favor, envíemelas enseguida. Yo ni siquiera sé si todavía es posible salir de Cuba, o si Fidel se va a caer. Acerca de eso tengo el presentimiento que nunca, porque él es muy fuerte y cada vez que pienso en eso, me vuelvo loco y me pongo tan furioso que ¡comienzo a dar discursos! El único que me aguanta es Pedro, que también me anima.

No me he unido al ejército de la invasión porque les prometí a mis padres en Cuba que yo iba a estudiar aquí, de lo contrario, me hubiera alistado.

De Jorge en Louisville, Kentucky:

3201 Bardstown Road, Louisville, Kentucky
15 de diciembre de 1961

Aquí nos volvemos locos cada vez que nos encontramos con latinoamericanos o americanos que hablan español. Nos quedamos hablando con ellos por dos o tres horas. Me desespero cuando no recibo carta suya, y no he recibido ninguna de mi casa desde hace dos semanas. Dígale al padre Walsh que estamos muy contentos de estar viviendo aquí.

De Heraclio en Spokane, Washington:

Spokane, Washington

La beca ha resultado ser maravillosa. Nos tratan con cariño, y cada vez que se encuentran con nosotros, nos saludan e inician una conversación.

De Jorge en Denver, Colorado.

31 de octubre de 1962
Denver, Colorado

Han transcurrido seis días desde que llegué a esta ciudad donde me siento muy feliz, porque la gente aquí es maravillosa. Nos han dado toda clase de atenciones y privilegios. En el momento que escribo, nos han dado un radio y un buen abrigo para mí. Y además, veinte dólares. Tenemos una casa grande, tiene tres dormitorios con calefacción, ya que aquí hay mucho frío. Está amueblada, y no pagamos un centavo. Ayer mi padrino y yo fuimos a trabajar, y nos ganamos 25 dólares en cinco horas. Tengo cantidad de oportunidades aquí, por lo que no se preocupe por mí.

Solamente me entristezco y preocupo cuando pienso en el problema de nuestra patria, que es ahora enorme, y toda mi familia que está allá. Un primo se marchaba el viernes pasado y no pudo porque suspendieron los vuelos. Espero que cuando lea estas líneas, haya recibido buenas noticias de Cuba.

CAPÍTULO 7

LOS ORFELINATOS—
UNA VIDA PERRA

El primer orfelinato establecido en lo que hoy se conoce como los Estados Unidos abrió sus puertas en 1729, en la capital de la colonia francesa de Luisiana, Nueva Orleáns. En el siglo XIX esas instituciones—impulsadas por la religión—eran fáciles de encontrar por todos los Estados Unidos. En 1800 había aproximadamente seis orfelinatos; en 1880, había más de seiscientos.[1]

Como los niños pedro panes necesitaban vivienda y atención constante, los orfelinatos católicos se convirtieron en hogares para muchos de ellos. Aunque no eran el ambiente perfecto, funcionaban durante todo el año. Muchos de los niños que vivían en ellos no eran en realidad huérfanos, sino que tenían padres con problemas, o que simplemente no los querían a su lado.

Abraham Ribincoff, ministro de salud, educación y asistencia social de los Estados Unidos dijo en 1962, "Sabemos por larga experiencia que en el caso de niños separados por largo tiempo de sus padres, resulta una alternativa preferible el hogar de acogida que el cuidado individual. Además, existe un límite con relación a la cantidad de niños que pueden ser acomodados en las instituciones existentes. No puedo enfatizarles lo suficientemente a los ciudadanos que necesitamos su cooperación en los magníficos esfuerzos que realizan las agencias voluntarias de proveer hogar adecuado para estos niños".

Debido a la ideología que predominaba en los Estados Unidos en los años 60, hubo un cambio del cuidado institucionalizado de los orfelinatos a los cuidados de acogida. Sin embargo, muchos niños tuvieron la desventura de entrar en contacto con personas parecidas a la malvada Miss Hangman del cuento clásico *Little Orphan Annie*. Los estereotipos con relación a estas instituciones resultaron ser muy apropiados durante aquellos últimos días del cuidado institucionalizado de orfelinatos en los Estados Unidos.

LAS HERMANAS ÁLVAREZ Y MENDIETA—DUBUQUE, IOWA

Los destinos de las hermanas Álvarez y Mendieta se convergieron en el Aeropuerto Internacional de Miami el 5 de octubre de 1961. Estas cuatro niñas pedro panes embarcaban hacia una nueva etapa de sus vidas en los Estados Unidos, un país tan poco conocido para ellas como lo era el concepto del cosmonauta Yuri Gargarin, girando alrededor de la tierra en aquel momento.

Las hermanas Álvarez, Lissette y Olguita, eran las hijas de Olga y Tony, un dúo de cantantes que había alcanzado el superestrellato, y con ello, el derecho a ser llamados por su primer nombre únicamente, no sólo en su tierra nativa, sino a través de toda Latinoamérica. La pareja daba conciertos en vivo por toda Cuba y también en el extranjero. Habían grabado infinidad de discos y eran estrellas de su propio programa radial en Radio Progreso. Elegidos "El Señor y Señora Televisión de 1955", habían sentado plaza con *El Show de Olga y Tony* en la emisora CMQ del nuevo medio de la televisión. El programa era un espectáculo de variedades, que incorporaba fragmentos personales de sus vidas. Igualmente, eran dueños de una empresa que se dedicaba al mercadeo, y una tienda en la céntrica calle habanera de La Rampa. La mayoría de las niñitas de la capital poseían muñecos idénticos a Olga y Tony, y las damas habaneras usaban crinolinas *a lo Olga* para realzar las faldas de sus vestidos.

El árbol genealógico de las hermanas Ana y Raquel Mendieta está recargado de la historia de Cuba. El tío de su padre, Carlos Mendieta, fue presidente de Cuba en 1934. Su bisabuelo, por el lado materno, había sido el general Carlos María de Rojas. En la residencia materna en el conocido lugar de veraneo de Varadero, celebraban con frecuencia grandes banquetes que sentaban cincuenta comensales a la mesa. El padre de las niñas, Ignacio Alberto Mendieta, era abogado, y su bella madre, Raquel, ganó en una ocasión el título de "Miss Varadero". Durante sus días universitarios, Ignacio y Raquel habían pertenecido, al igual que Fidel Castro, a la Federación Estudiantil Universitaria.

El día de año nuevo que le trajo la victoria a Castro, las hermanas Mendieta estaban sorprendidas cuando vieron a su padre desbaratar los sofás y las sillas de la sala. Dentro de ellos había un arsenal de armamentos que nunca fueron usados. Ignacio Mendieta había estado trabajando para la revolución clandestinamente. El retrato de Fidel fue expuesto en otro de los cuartos de la casa, y posteriormente, Mendieta pasó a ocupar un puesto en el Ministerio de Estado y Relaciones Exteriores del nuevo gobierno.

En 1960, durante una revisión de su expediente personal por motivos de seguridad, se reveló que durante la segunda guerra mundial, Ignacio Mendieta, en su cargo como comandante de la policía nacional, había perseguido a los proscritos comunistas cubanos clandestinos. Eso no le agradó al nuevo gobierno, que le pidió a Mendieta que se uniera al partido comunista. Éste se negó hacerlo, y entró de nuevo en la clandestinidad. Finalmente fue a parar en la cárcel.[2]

Cuando el régimen dio órdenes de que todos los colegiales de catorce años o mayores fueran al campo a alfabetizar a los campesinos por un período de siete meses, Raquel, la hija mayor, acababa de cumplir catorce años. O sea, podía ser reclutada. Su madre sugirió enviar a las dos niñas solas a los Estados Unidos, ya que los padres y los demás parientes debían permanecer todos juntos en Cuba.

Las niñas se mezclaron en la distribución de panfletos contra el gobierno. Y cuando un antiguo amigo de la familia fue apresado y condenado a treinta años de prisión, Ignacio Mendieta accedió a la separación. Las niñas partieron hacia Miami el 11 de septiembre de 1961.

Hoy en día, sentado en la oficina que tiene en su casa de Miami, llena de obsequios y paredes donde cuelgan infinidad de recuerdos, premios y fotos, el aún atractivo Tony Álvarez[†] recuerda, "Tenemos que reconocer que las mujeres algunas veces tienen un sentido extra. Cuando Olga me preguntó si deberíamos irnos, yo le dije, '¿Estás loca? ¿Y hacer qué, empezar de nuevo?' ". Mientras trataba de convencer a Tony, Olga decidió que al menos una de sus hijas podía encontrar un lugar seguro en los Estados Unidos. A través de Mongo Grau, cuya casa visitaban a menudo, consiguió los permisos de salida, y de alguna manera se las arregló para que Tony, de mala gana, autorizara el viaje. "Cuando Olga me dijo que las niñas se marchaban, el corazón se me paralizó", explica Tony. Era muy duro separarse de Olguita, especialmente porque en aquel entonces tenía sólo cinco años de edad.

Lissette también había cometido diabluras contra el gobierno. Tony reconoce que de no enviar a Lissette fuera de Cuba, todos habrían ido a parar a la cárcel. Olga está de acuerdo, y añade que su hija mayor "no le tenía miedo a nada, y algunas veces tenía un carácter violento". Lissette estaba interna en un

---

[†]Falleció en 2001.

colegio, pero muchas veces por las tardes se escapaba y recorría las calles de La Habana, pegando volantes políticos sobre las paredes que decían, "Las ideas se discuten, no se matan", refiriéndose al infame *paredón,* o pelotón de fusilamiento.

En la sala de su moderno y elegante hogar de Miami, la rubia Lissette, ahora también superestrella por derecho propio, y conocida igualmente por un solo nombre, recuerda el miedo que la invadió cuando—un día que sus padres estaban ausentes—los milicianos registraron su casa, situada en la lujosa Quinta Avenida de Miramar. Lissette había escondido los volantes prohibidos entre la mitad superior e inferior de su gabinete. Para su gran suerte, no los encontraron, pero los milicianos, en cambio, sí se apoderaron de los jabones de baño de su mamá, alegando que estaba prohibido amontonar mercancías.

Cuando sus padres regresaron, Lissette acompañó al furioso Tony a la estación de policía, donde recibió infinidad de disculpas con la excusa de que el registro había sido una equivocación. Lissette recuerda también haber visto allí un montón de mercancías que la policía les quitaba a los *gusanos*.

Los padres de Lissette la enviaron a la playa de Varadero para tratar de mantenerla fuera de problemas. Sin embargo, el portero del edificio donde vivían en el balneario les avisó que la avispada jovencita había estado garabateando lemas anticastristas en los elevadores del edificio, tales como "Fidel, asesino". En la playa la emprendió contra unos jovencitos que el gobierno entrenaba para ir a alfabetizar a los campesinos. Sus padres no tuvieron más remedio que enviarla fuera del país porque sino, sabían que pronto tendrían que ir a visitarla a la cárcel.

Una vez en los Estados Unidos, las hermanitas se embarcaron en una aventura diferente. Fueron enviadas a la ciudad de Dubuque en el estado de Iowa. Tanto las hermanas Álvarez como las Mendieta habían estado esperando impacientemente en el Campamento Kendall de Miami su traslado a un nuevo hogar en los Estados Unidos. Lissette recuerda haber visto su nombre y el de su hermana en la pizarra del lugar, donde diariamente aparecían los nombres escritos de las que debían marcharse, así como el día y la fecha de partida. Lissette también recuerda haber buscado en un mapa el nombre de Dubuque sin encontrarlo. Las hermanas Mendieta también vieron sus nombres en la pizarra. "Nunca habíamos oído hablar de Dubuque, ni siquiera sabíamos cómo pronunciarlo. Empezamos a leer, y para nosotras sonaba como "Diubiuc, Aioua", dice Raquel. "No queríamos en realidad irnos de Kendall; nos sentíamos seguras allí, conocíamos el idioma. Ninguna de las seis niñas destinadas a partir, tres grupos de dos hermanas, quería irse, pero no teníamos ninguna otra alternativa; nadie nos había preguntado si queríamos irnos o no".

A las hermanitas Mendieta les fue pintado un retrato más favorable de Iowa que a las Álvarez. Habían sido informadas que iban a pasar una o dos semanas en una casa, y que después serían situadas con una familia de acogida de antecedentes similares a su propia familia de Cuba.

"Recuerdo el aeropuerto. Lo tengo grabado en la mente como si fuera una película", dice Raquel Mendieta. "Una de las muchachas mayores no quería irse, y se encerró en el baño de señoras. La persona que nos acompañaba en el aeropuerto era un hombre, y no podía entrar al baño. Hubo mucha gritería y mucho corre-corre de un lado a otro. Finalmente la aeromoza vino y la sacó del baño. Querían pegarnos unas etiquetas que nos hacían sentir como si fuéramos perros, pero nosotros nos las arrancamos enseguida".

El vuelo de Miami a Dubuque hizo una escala en Chicago de noventa minutos. Para las temerosas niñas cubanas, Chicago era la ciudad gobernada por Al Capone y sus gángsteres. En el aeropuerto encontraron sillas alrededor de una columna, y durante todo el rato que pasaron allí, estuvieron sentadas unas detrás de las otras, vigilando atentamente la aparición de los temidos gángsteres.

Raquel recuerda:

> Cuando nos subimos al avión, una niña, la
> única que hablaba inglés, tenía la boca llena
> de chocolates. La azafata nos pedía los bi-
> lletes, y nosotras no entendíamos qué decía.
> Mi hermana, que era muy atrevida y segura de
> sí misma, decidió que estaba preguntándole su
> nombre, por lo que la mira y le dice, "Mi nom-
> bre es Ana María Mendieta". La aeromoza le
> responde, "Billetes, por favor". Mi hermana
> insiste, "Mi nombre es Ana María Mendieta", y
> esto sucede tres o cuatro veces, mientras la
> niña con los chocolates en la boca los estaba
> escupiendo por todas partes por la risa tan
> grande que tenía. Algunos de los recuerdos
> que tengo son extremadamente cómicos
> cuando uno los piensa, aunque en aquel
> momento no lo eran.

Igual que las niñas pensaban que todo el mundo era un
gángster en Chicago, los lugareños de Dubuque tenían su
propia ignorancia sobre los cubanos. Raquel explica:

> Pensaban que la gente en Cuba vivía en
> árboles y no llevaba ropa puesta, que no
> tenían televisión, ni habían visto jamás un
> bolígrafo. Estábamos en términos iguales. Era
> muy difícil ajustarse a la idea de que esas per-
> sonas nunca habían oído hablar de Cuba. Yo
> les decía a algunas compañeras de colegio,
> "Yo soy de Cuba", y ellas preguntaban,
> "¿Cuba, Illinois?". Yo contestaba negativa-
> mente y volvían a preguntarme, "¿Dónde está
> Cuba?". Había una gran ignorancia cultural.

Las niñas fueron enviadas a vivir al orfelinato Santa María, situado en un edificio grande de dos pisos a lo largo del río Mississippi, en la avenida Kaufman de Dubuque. En 1960 la ciudad de Dubuque tenía una población de casi 40 mil habitantes.

Lissette y Olguita fueron separadas porque las niñas eran agrupadas de acuerdo a su edad. "La palabra orfelinato suena humana, pero éste era un colegio para niñas con problemas. Aunque parezca extraño, no había muchos niños en los alrededores", dice Olguita. "Con mis cinco años, creo que yo era la más pequeña del grupo de cubanas. Llegamos al lugar en medio del invierno. Recuerdo haber visto montañas de nieve. ¡Era tan frío! El piso era como el de un hospital, de granito, sin alfombras, y muy, pero que muy frío. Las camas eran muy altas, como las de un hospital, o al menos así me parecían".

El choque cultural de las niñas fue aún peor porque no hablaban inglés, y por añadidura, no entendían lo que la gente hablaba. El no poder entender inglés era aún más terrible porque el orfelinato proporcionaba albergue mayormente a delincuentes juveniles. "Una de las niñas en nuestro dormitorio había herido a su madre con una tijera. Otra había arrojado a alguien en un pozo. Otra más había tratado de estrangular a una consejera y empujarla fuera de un balcón", dice Raquel. "Otra había asaltado a punta de pistola una gasolinera, otra había sido violada sexualmente por su padrastro, había huido de la casa, y solicitado ser recogida. Otra era una retrasada mental y nunca entendí por qué estaba allí. Otra niña fue apresada en la calle porque peleaba a navajazos con los hombres".

"Esta era la gente con que fuimos a vivir. Nosotros veníamos de casas de familias de clase media de Cuba, y habíamos estado siempre muy protegidas. Nuestra cultura reclamaba que las muchachas jóvenes deberían ser chaperoneadas a cualquier parte que fueran. Nosotras pasamos de ese tipo de vida a esta clase de ambiente distinto, en el que no se sabía en cada minuto si alguien nos iba a asesinar, a golpear, o qué cosa podía suceder", añade Raquel.

Lissette recuerda los días transcurridos en completo estado vegetativo, llenos de inercia, sentada en una sala de espera mientras escuchaba discos de 45 revoluciones por minuto (RPM), en la época que estaban de moda las canciones "Mr. Postman", "Where the Boys Are", y "Moon River", "Desayunábamos, asistíamos al colegio situado frente a donde vivíamos, y regresábamos a aquella sala de espera. En los fines de semana vagábamos como almas en pena. No hacíamos absolutamente nada". Nada, a excepción de adquirir los malos hábitos de sus compañeras. "Un día, Lissette llevaba en el cabello rolos plásticos y estaba sentada en una silla, mientras yo no tenía ningún sitio dónde sentarme", recuerda Raquel Mendieta. "Ella se levantó y fue al baño, y cuando regresó, me dijo que me levantara de su silla, a lo que yo me negué. Entonces ella se sentó en mis piernas. Yo la mordí y terminamos a puñetazos en el suelo".

"Yo creo que la atmósfera negativa del lugar nos estaba contagiando", dice Lissette. "Las otras niñas delincuentes nos quitaban las sillas en el comedor cuando nos íbamos a sentar, y nosotras terminábamos por imitarlas". También recuerda otro incidente que tuvo lugar en el baño, mientras que se arreglaba para ir a la escuela. Una muchacha más joven, encargada de limpiar el área, quería que Lissette se apurara y se marchara, y le gritó, "¡Acaba de irte al carajo!", y como Lissette no la entendió, comenzó a gritarle, "¡Maldita seas! ¡Maldita seas!". Cuando Lissette le respondió con las mismas palabras, recibió una gran paliza que se prolongó a lo largo de todo el pasillo. "¡La monja lo vio y no hizo absolutamente nada!", exclama Lissette.

Por las normas del orfelinato de Santa María de cambiar las compañeras de cuarto y los muebles cada dos semanas, Lissette y Raquel de vez en cuando compartían el mismo cuarto. "Era como si no quisieran que nos acostumbráramos a nada", dice Lissette. "Una monja china nos dijo una vez que nunca más veríamos a nuestros padres, porque así les había sucedido a los niños de la

China, y muy pronto veríamos cómo las cartas de Cuba dejarían de llegar. "¡¡Puedes imaginarte lo que significa para un niño que le digan eso!?", termina diciendo Lissette con indignación.

Lissette recuerda lo siguiente:

> Una noche recibí una carta de mi papá, y Raquel y yo empezamos a llorar. La monja se nos acercó y nos dijo que nos calláramos, pero como no podíamos hacerlo, nos agarró y nos llevó por el pasillo hasta que nos empujó dentro del clóset donde estaban todos los aparatos de la calefacción. Fui a agarrar el tirador interior de la puerta, y como no había ninguno, antes de cerrar, la empujé y comencé a gritar tanto que nos encerraron en la cocina, donde estuvimos llorando durante cinco horas.

Lissette también recuerda que todas las que no hacían preguntas o hablaban eran enviadas a ver a un sicólogo que les daba a las niñas barro para hacer figuras. "Yo no tenía ningún trauma", ella declara ahora, subestimando su situación cuando dice, "sólo había sido sacada de mi país".[3]

Olguita, que también por un tiempo siguió la carrera de cantante, trabaja en la actualidad como reportera y presentadora de noticias de una emisora de televisión en español de Nueva York. Es una linda rubia, con ojos color pardo, indulgentes como los del ciervito Bambi, y de suaves maneras. Conversamos sentadas en una ruidosa cafetería situada frente a la sede de la emisora Telemundo de Miami. No se acuerda de Cuba por más que trate, pero Iowa sí está grabada en su mente.

A las hermanas Álvarez no les estaba permitido verse. Olguita opina que las monjas nunca comprendieron que ellas eran solamente unas refugiadas, no niñas con problemas como las que estaban acostumbradas a tratar. Le decían a Olguita que ella no hablaba inglés porque no quería, cuando en realidad era por que no podía. "Yo estuve muda por tres semanas; como no podía hablar inglés, no hablaba nada. No sé qué habrán pensado las monjas. Finalmente, empecé a mezclarme con las otras niñas. Si señalaban una mesa y decían "table" ("mesa"), yo lo recordaba. Así fue como pude aprender palabras, aquí y allá, porque en la escuela nadie me ayudó".

Entre las humillaciones que las niñas tuvieron que soportar, Olguita recuerda que sólo le permitían bañarse una vez a la semana. Ésto no tiene precedente entre personas que provienen de países tropicales, donde duchas diarias son lo corriente.

Olguita sigue contando, "Mis padres llamaban todos los domingos, y decían que yo me volvía más silenciosa cada semana, que cada vez hablaba menos. Cuando después de cinco meses regresé a Miami, se me había olvidado el español".

Tony llenó su casa en Cuba de altoparlantes para que todos allí pudieran oír las conversaciones telefónicas con las niñas. Él recuerda el período de prueba de Olguita. "A consecuencia del terror que ella experimentó, casi dejó de hablar. Uno tenía que llenar de letras el vacío telefónico", dice Tony. "Anteriormente, era como un cascabel. Su carácter cambió por completo". Después de cada llamada, Olga se encerraba en el cuarto de baño a llorar.

"Me imagino que para mí esto debe haber sido un gran choque", dice Olguita. "Venir de una vida tan perfecta como la de un cuento de hadas, y entrar en otra rodeada de personas muy frías. ¡Todo el mundo y todas las cosas eran tan frías! Mi carácter cambió por completo. Me volví extremadamente tímida y tuve que tratar de sobreponerme. Cuando regresé a mi nueva casa de Miami pedía permiso hasta para tomarme un vaso de agua".

Olga estaba preocupaba de que más nunca iba a ver a sus hijas. Lissette no ayudaba a la situación porque pintaba en sus cartas dibujos de niñas prisioneras detrás de barrotes con la palabra "¡Socorro!" saliendo de sus bocas, al estilo de los muñequitos. Olga también dice que su hija contaba, "Mami, estas monjas son muy crueles. Hay una monja china que nos odia, y hace que Olguita limpie los inodoros", lo que Olguita desmiente. "Lissette también nos decía que las monjas no dejaban a Olguita ponerse el abrigo", dice Olga. "Me sentía tan impotente".

Si bien Olguita se volvió tímida y retraída, la reacción de Raquel Mendieta fue completamente distinta. De una jovencita muy tímida, se convirtió en la madre de Ana, su hermana menor, a la que protegía. Ana no se adaptaba bien; extrañaba su casa y lloraba todo el tiempo. "Yo sentía que tenía que ser muy fuerte. Tenía que ser un modelo para mi hermana. Tenía que mostrarle que no había nada por qué preocuparse para que ella pudiera seguir adelante. Yo era la única que les hablaba con autoridad a todas, tanto a las monjas como a las trabajadoras sociales. Estaba a cargo de todo. Era una situación muy difícil para nosotras".

El 8 de septiembre de 1985, Ana, de 36 años de edad, cayó vertiginosamente a su muerte desde una ventana de su apartamento del barrio de Greenwich Village en Nueva York. Su esposo, Carl Andre, artista renombrado como lo era ella, fue acusado de asesinato por la muerte de Ana, pero luego de un juicio, fue exonerado.[4] Raquel dice, "A mi hermana Ana, ya fallecida, en un momento de su carrera artística, alguien le preguntó, '¿Cuándo supiste que querías ser artista?', y ella le contestó, 'Después de estar un año o dos en los Estados Unidos, sabía que cuando creciera, o iba a ser una criminal o una artista. Me decidí ser artista' ".

Después de ejercer varias carreras, Raquel se ha convertido en una artista que hace instalaciones que reflejan su herencia cubana, igual que la obra de su hermana. El trabajo de Ana era inspirado en su patria, y por eso usaba muchos motivos aborígenes de Cuba, algunos de ellos grabados en árboles, otros en

tierra. Muchos de ellos se encuentran en la colección permanente del Museo Metropolitano de Arte de Nueva York.
Además, Ana Mendieta fue destacada por el Museo de Arte
Moderno en su exhibición de los artistas plásticos latinoamericanos más importantes del siglo XX.

EL ORFELINATO SAN VICENTE—VINCENNES, INDIANA

Mientras esperaban en Florida City su traslado, las hermanas
Iturralde, Virginia e Iraida vivían con el temor de ser enviadas al
más perverso de todos los orfelinatos en Denver, Colorado. En
su lugar, fueron enviadas al Orfelinato San Vicente en el pueblo
de Vincennes, estado de Indiana. "El que estaba en Denver era
más famoso, pero el nuestro resultó igualmente malo", dice
Iraida, recordando las penurias que sufrieron en Indiana.

El vuelo de las hermanas Iturralde a Indiana fue documen-
tado por Gene Miller, reportero del rotativo *Miami Herald* el 9
de marzo de 1962 en un artículo titulado "Pedro Pan significa
verdadera vida para algunos niños". Miller escribió: "Este es el
tren clandestino del cielo, la Operación *Peter* Pan. Quizás
debería ser Operación *Pedro* Pan". De esa manera dio
comienzo la pegajosa frase que serviría para identificar el
éxodo de los niños cubanos.

El escrito tenía dos retratos, en uno aparecían dos niños
abrazados por un adulto a su llegada a Evansville, y en el otro,
una pequeña niña dormía con la cabeza sobre el brazo de un
asiento, abrazando fuertemente a una muñeca, *la pequeña
Lulú*. El pie de foto decía: "Nueva vida en una nueva tierra
aguarda a la Dulce Durmiente". Aunque no fue identificada, la
niñita era Iraida. El artículo continúa diciendo:

> Los niños son refugiados de la Cuba roja de
> Castro. Sus padres están a mil millas de distan-
> cia. Durante quince meses, la diócesis católica

de Miami ha ayudado a trasladar en silencio a 7.778 niños, todos huyendo de Cuba sin sus padres. Alrededor de tres mil han sido enviados al norte. Los comunistas seguramente lo llaman un contrabando de niños. Nadie dice realmente cómo se hace. Nadie lo hará. El temor a represalias es demasiado grande.

El vuelo de la línea aérea Delta de Miami a Evansville hizo escala en Atlanta. Virginia, de doce años de edad, se sentía orgullosa de llevar puestas su primer par de medias nylon, un regalo de su madre de acogida de Florida City. Las amarró con cordones de zapatos por no estar segura de cómo mantenerlas estiradas. Un empleado de la línea área en Atlanta notó el problema que tenía Virginia y le regaló un par de ligas de mujer, las primeras que tuvo. Eran negras con rosas rojas; una decía "Sí" y la otra "No".

El Orfelinato San Vicente, ahora cerrado, estaba en Vincennes, un pueblo con una población de 18.046 en 1960, y situado a 110 kilómetros al norte de Evansville. Los niños estaban divididos dentro de los pabellones de acuerdo con el género y la edad. Iraida y Virginia fueron destinadas a un dormitorio para las niñas no mayores de trece años. "Había ocho cubanas en el nuestro; había otras dos hermanas, Yolandita y Esperancita, que solamente tenían cuatro y seis años de edad. Cada pabellón tenía algún niño cubano," recuerda Iraida. Virginia, la mayor del grupo cubano, se convirtió en la madre de todas.

Cuando llegaron, toda la ropa que llevaban, menos dos mudas de ropa de uso diario, y una para el domingo, les fue retirada. Iraida recuerda la "confiscación " de sus pertenencias como un acto cruel e innecesario. Virginia, sin embargo, ahora dice que entiende lo que pasó. "Los niños allí eran muy pobres. No era bueno que nosotras nos paseáramos por todas partes con un vestido diferente todos los días. Esas monjas no estaban acostumbradas a tener niñas como nosotras, solamente habían tratado con niños que no tenían amor familiar, mientras que nosotras estábamos muy malcriadas. Además, en el momento no teníamos raíces. No tenían capacidad o sicología para tratarnos".

Susana Garrandes, de nueve años en aquel entonces y hermana mayor de mellizos varones, recuerda, "Cuando dejé Cuba con mis hermanos, mis padres me dijeron, 'Eres ahora la mayor' ". Por consiguiente, sentía una enorme responsabilidad sobre sus tiernos hombros; de repente, estaba a cargo de sus hermanos, Tony y Jorge, de ocho años. Después de haber estado toda su vida protegida, ahora le tocaba a ella ser la protectora.

"La monja que estaba a cargo de los dormitorios empujaba a mis hermanos contra la pared, y así se golpeaban la cabeza. Fue al fin reemplazada por otra monja que castigaba a los varones haciéndolos vestir ropa de mujer. Eso simplemente no se le puede hacer a un niño cubano". Un día la monja volvió a tratar de vestirlos de niña. Susana, protegiendo a sus hermanos como si fuera una leona, golpeó a la monja con una silla. Ella no recuerda cuál fue el resultado final de su furia.

Durante muchos años, Matilde Aguirre no pudo hablar de un incidente que sufrió en el orfelinato sin llorar. Un día vio con horror cómo una monja agarraba por la garganta a su hermanito pequeño, José, como si lo fuera a estrangular. Su voz aún se rompe cuando habla del suceso.

A Matilde le fue encomendada la tarea de limpiar los baños. Dice que ella había sido tan malcriada en Cuba que ni siquiera tendía su cama. El choque de tener que limpiar los baños la enfermó. "Me daba mucho asco. La monja a cargo de nuestro pabellón era, según mi opinión, la peor sicológicamente, no físicamente; esa era la que le tocó a mi hermano. Yo había sido siempre muy tranquila y calmada, pero cuando la monja quiso forzarme a limpiar los baños, me volví rebelde. Tuvo tantas dificultades conmigo que asignaron a otra monja para supervisar mis tareas". Matilde se convirtió en la lavadora de platos de los más pequeños, un trabajo que no le disgustaba, pero recuerda a la monja anciana que atendía a los pequeñines como la más dulce del edificio. Su desafío dio resultado.

Virginia cuenta que se sentaban a la mesa con largos blusones, porque después de las comidas, tenían que ayudar a limpiar la cocina. Iraida recuerda un día que tenía que ir al baño mientras el grupo estaba viendo la televisión. Le preguntó a la niña que estaba junto a ella cómo pedir permiso en inglés, y la niña replicó, "Can I go to the bathroom?" (¿Puedo ir al baño?). Iraida fue hacia la monja y repitió la pregunta, a lo que la monja le contestó, "May I?" (¿Se puede?), corrigiéndole la modalidad gramatical que tiene igual significado. Iraida pensó para sí misma, "¿Qué está diciendo ella?", y repitió la pregunta. La monja de nuevo contestó igual. Creyendo que la respuesta había sido, "maybe" (quizás), Iraida se quedó petrificada, por que no podía creer que la monja fuera tan cruel como para decirle a una persona que quizás podía ir al baño. "¿Cómo puede esta mujer torturarme así?", pensó Iraida.

Iraida comenzó a caminar hacia el baño, pero la monja le dijo que regresara mientras repetía, una y otra vez, el mismo "May I?", a lo que Iraida respondió, "Sí, a mear"*, mientras se asombraba de que la monja usara un vocabulario tan vulgar. "No había puertas en los baños, por lo que pensé que quizás ella me preguntaba qué iba yo a hacer allí. " No hablar el mismo idioma y tener que soportar la dureza de las monjas hacían del ambiente sumamente difícil para los niños de San Vicente.

Los mellizos Tony y Jorge Garrandes llegaron a Indiana en invierno. A la hora de dormir no conocían la palabra "frazada", por lo que se apretaron uno contra el otro en una sola cama

---

*"May I" suena como "mea", tercera persona del verbo "mear", la forma vulgar de decir "orinar".

para mantener algún calor. "Si no sabías pedir algo en inglés, no lo conseguías", dice Jorge. "Los primeros meses fueron terribles. Por supuesto, aprendimos a hablar inglés enseguida. Teníamos que preguntarles a los otros muchachos cómo decir las cosas. Los cubanos nos manteníamos juntos porque todos vivíamos la misma miseria. San Vicente era un campo de trabajo de niños esclavizados", añade Jorge, enfatizando las memorias negativas que tiene del lugar. "Nos hacían recoger maíz, manzanas o fresas, pero nosotros veíamos cómo los campesinos les pagaban a las monjas".

José Aguirre recuerda dos monjas que "nos daban bofetones por no saber la palabra correcta en inglés. Nuestras experiencias en los baños fueron bastante traumáticas, porque la monja se paraba allí. Si yo entraba a la ducha y no decía jabón, ella me pegaba y repetía 'soap' ('jabon')".

Debido a las barreras del idioma y la cultura, Susana cuenta cómo las niñas cubanas establecían mejores vínculos con las niñas negras que con las otras, ya que eran las dos únicas minorías del orfelinato. Hasta 1996, sólo un 1,8 por ciento de la población del estado de Indiana era hispana. "Cuando pienso en Indiana, las dos niñas que más recuerdo son de color. Las niñas cubanas y las negras podían establecer contacto". Jorge no ha olvidado el racismo que presenció en el orfelinato, y cómo los niños estadounidenses se referían a él y a los demás muchachos cubanos como "spics".*

En los orfelinatos no existía la privacidad. Hasta la correspondencia era interceptada por las monjas, que leían las cartas. Las hermanas Iturralde, Susana Garrandes y Matilde Aguirre recuerdan haberles pedido a sus padres que las mandaran a buscar. Matilde se atrevió a escribirle a las Caridades Católicas de Miami para quejarse del tratamiento que recibían en el orfelinato.

_____

*Palabra despectiva que se usa para insultar a los hispanoparlantes en los Estados Unidos.

Después de estar dos meses en San Vicente, las hermanas Iturralde fueron a una casa de acogida. Algunos fines de semana volvían a San Vicente para visitar a las niñas que aún quedaban allí. Una de esas niñas le dio a Virginia una carta secreta para que se la enviara a sus padres. Virginia temía que la carta fuera devuelta por correo, por lo que escribió su propio nombre y dirección en el sobre como si ella fuera la remitente.

En aquel momento, Virginia desconocía el contenido de la carta. Ignoraba que la niña les decía a sus padres que a ella no le importaba el comunismo de Fidel Castro, siempre que pudiera abandonar San Vicente y regresar a Cuba. También había pintado una hoz y un martillo en la carta. Cuando ésta llegó a Cuba, los furiosos padres le escribieron al orfelinato, preguntándole qué clase de adoctrinamiento político comunista recibía su hija.

Al recibir la carta de los padres en Cuba, el orfelinato hizo llamar a un agente del gobierno, y como el nombre de Virginia aparecía como remitente en el sobre, la monja la mandó a buscar. Cuando el agente vio a la acusada, comenzó a reírse de buena gana. "Nunca olvidaré su cara, y aunque yo no entendía lo que estaba diciendo, sus gestos parecían preguntar, '¿Fue para esto que me mandaron a buscar?' ", dice Virginia. Nunca supo qué castigo recibió la autora de la carta.

EL ORFELINATO REINA DEL CIELO—DENVER, COLORADO

La ciudad de Denver en el estado del Colorado ya era una gran urbe, con una población de medio millón de habitantes, en 1960. El Orfelinato Reina del Cielo, situado en el número 4825 de la avenida Federal Boulevard, era un lugar espacioso, dirigido desde 1905 por las Hermanas Misioneras del Sagrado Corazón. La fundadora de la comunidad, santa Francisca Javier Cabrini había diseñado el edificio estilo neoclásico ella misma con una escalera circular a la entrada. La madre Cabrini, primera santa católica estadounidense y canonizada en 1938, fue la fundadora del Instituto de las Hermanas Misioneras del Sagrado Corazón de Jesús. Ella y otras monjas habían ayudado con sus propias manos en la construcción del Reina del Cielo, cargando ladrillos y cemento.[5] El espacioso complejo incluía viviendas, dormitorios, una escuela e iglesia, y amplios campos de juego, juntos a un lago y una piscina.

Para María Cristina Romero, el orfelinato a donde iba podía haber estado en la luna. Ella no tenía la menor idea sobre lo que encontraría en el Colorado. María Cristina creía que si el Colorado quedaba geográficamente al lado de los estados de Kansas y Oklahoma donde vivían los vaqueros y los indios, entonces también el Colorado tenía que ser parte del oeste salvaje. Cuando le dijeron que iba a Denver, la imagen que repentinamente le apareció en la mente fue la de indios. Como era rubia y de ojos azules, esta niña estaba segura que la degollarían. "Yo estaba horrorizada. Cuando aterrizamos, esperaba que los indios se iban a aparecer. Para ir del aeropuerto al orfelinato atravesamos un corral de ganado que apestaba mucho", recuerda María Cristina. A los doce años de edad, María Cristina Romero era la mayor del grupo de más o menos treinta niños cubanos que en el mes de mayo de 1962 fueron enviados al Orfelinato Reina del Cielo.

Otros niños pedro panes habían estado llegando al orfelinato desde 1961. "Yo creo que los que nos precedieron prepararon a las monjas para nosotras", dice María Cristina. Igual que su imagen del Colorado iba acompañada de estereotipos de ignorancia, muy pronto fue ella víctima del mismo tipo de incomprensión. "Las monjas les habían dicho a los otros niños del orfelinato que los cubanos eran salvajes, que éramos negros, y que no usábamos zapatos".

El rotativo *Rocky Mountain News* hizo mención del monseñor Elmer Kolka, director de las Caridades Católicas, en la edición del 18 de marzo de 1962 cuando reportó la presencia de los cincuenta y tres niños cubanos que estaban alojados en el orfelinato. "Es un poco difícil para ellos la adaptación inmediata. La mayoría proviene de familias de mediana posición y están acostumbrados a ser servidos. Pero nosotros no los malcriamos. Aunque muchos de ellos nunca han desempeñado ninguna labor manual o recogido nada de lo que tiran al suelo, aquí sí lo hacen. Y creo que será una buena experiencia para ellos", dijo el monseñor Kolka.

Lourdes Lopo, que entonces tenía once años de edad, no está de acuerdo con que adquirir experiencia en el trabajo sea un mérito. Recuerda que le entregaron un pulidor de piso que tenía un disco grande debajo. Como nunca había visto uno, y mucho menos lo había usado, no tenía la menor idea de cómo manejarlo. Se sintió derrotada cuando la máquina se le escapó de las manos girando vertiginosamente.

La barrera del idioma, al igual que su falta de experiencia, solía elevar la ira de la madre Ignacia. Lourdes entendía solamente la mitad de lo que esta monja le decía. Un día Lourdes pensó que la madre Ignacia le preguntaba si ella había sido atrevida con las monjas en Cuba, por lo que le contestó que sí, solamente para recibir un bofetón. "Le encantaba dar bofetadas", cuenta Lourdes.

Con trece años de edad, Ana Gema Lopo, hermana de Lourdes, sentía, sin embargo, que el orfelinato estaba operando un cambio en ella. No era solamente cómo la trataban. Se sentía que, como la hermana mayor, era ahora responsable por su hermana, dos años más joven que ella. Ana Gema se rebeló contra las leyes despóticas de las monjas. "Había una indita americana, (llamada) Beverly, que tenía la misma edad que mi hermana. Era fuerte y metía miedo. Una vez le dio una paliza a mi hermana, y cuando ella subió al dormitorio del segundo piso, tenía el labio partido y sangriento. Le pregunté quién la había golpeado, y me contestó, 'Beverly'. Bajé las escaleras corriendo, agarré a Beverly y le di una pateadura. Desde ese día en adelante más nunca volvió a molestar a mi hermana ni a ninguna de las otras niñas cubanas. Las monjas se enfurecieron, pero a mí no me importó".

La rebeldía de Ana Gema continuó mientras estuvo en Reina del Cielo:

> Me di el gusto de vengarme. No podía tolerar el abuso. Me convertí en una verdadera bravucona. Esto fue uno de los resultados de esa situación, y como yo tenía una hermana, no iba a tolerar nada. Me tenían miedo.
>
> Una vez, la madre Ignacia me dijo, "Lo sentimos mucho, pero te vamos a enviar a un hogar de delincuentes juveniles". Yo creí que esta vez sí lo iban a hacer, pero en vez de acobardarme, miré fijamente a la monja, me reí y le dije, "¿Por qué no lo hace? Yo tengo el número de teléfono de las Caridades Católicas, así que hágalo". La monja abrió los ojos desmesuradamente y nunca más volví a oír hablar del asunto.

Ana recuerda a Lourdes en esos días como si fuera una bola de fuego. "Mi hermana es dos pulgadas más bajita que yo, y que por su estatura fuera ella la que me protegiera y, no parecía posible que les entraria a golpes a las niñas que trataban de hacerme daño. Siempre estaba lista para defenderme. Y hasta el día de hoy, que les entrara a la sigo respetando. Cuando tengo problemas o surge una dificultad en mi camino, es ella a quien llamo".

La mayoría de las niñas tomaban una posición más dócil cuando se enfrentaban a una situación difícil. "Yo seguía la corriente. No era fácil", dice María Cristina Romero. "Una vez recuerdo haber estado en fila para entrar en la capilla, y alguien dijo algo. No fui yo, pero una monja se dió la vuelta y me dió un golpe en el cuello. Me desmayé. Eran muy estrictas. No era fácil".

Denver les dio la bienvenida no sólo a los pedro panes, sino también a los cubanos refugiados adultos que buscaban los empleos que el superpoblado Miami no les podía ofrecer. Las

Caridades Católicas reubicaba a un promedio de uno a tres cubanos semanalmente en el área de Denver. Entre el mes de marzo de 1961 y octubre de 1962, ya había un total de 375 cubanos instalados allí.[6] El monseñor Elmer J. Kolka encabezó el esfuerzo, trabajando muy de cerca con el Concilio de Iglesias (protestantes) y el Servicio Judío para las Familias y los Niños.

De vez en cuando, los cubanos residentes de Denver visitaban a los niños del orfelinato para animarlos. El 20 de mayo de 1962, el Comité de Exiliados Cubanos, un grupo constituido por los refugiados adultos de Denver, celebraron el aniversario de la independencia de Cuba con una misa y una visita a los 48 niños que entonces vivían en Reina del Cielo.[7]

La mayoría de las jovencitas estudiaban en escuelas de segunda enseñanza públicas, aunque algunas tenían becas para estudiar en Virgen del Carmen, una escuela católica. Las más jóvenes les daban dinero a las mayores para que les consiguieran artículos del "mundo exterior", tales como radios portátiles.

Cuando las pedro panes recibían su subsidio semanal, usualmente iban calle arriba a una farmacia y tienda de comestibles llamada *Miller's*. "Yo solía comprar *Cheetos*. La mayoría de las otras compraban rizadores de pelo o artículos de baño que luego no te prestaban", dice María Cristina Romero. "Una vez ahorré dinero y compré una de esas cámaras tipo Brownie. Era muy importante poder tener una cámara para enviar les fotos a nuestros padres en Cuba. Tomábamos fotografías en blanco y negro porque eran más baratas que las de color".

Algunas de las fotografías de aquel tiempo muestran paseos al Santuario de la Madre Cabrini en Golden, un pueblo en las montañas, a donde las niñas iban de paseo en el verano. Ya que allí hay un manantial cuyas aguas tienen fama de poseer poderes milagrosos, la misma madre Cabrini había colocado en el lugar grandes piedras blancas en forma de corazón, rodeadas de una cruz y una corona de espinas de piedras más pequeñas. Para llegar a la estatua del Sagrado Corazón, de siete metros de altura, se tenía que subir 373 escalones. Muchas de las pedros panes recuerdan haber limpiado el piso del santuario, e incluso hasta haber limpiado el camino. También recuerdan el lugar como un sitio de gran belleza física, y un esparcimiento encantador que hacía más llevadera la monotonía del orfelinato.

Lourdes Lopo nunca ha olvidado cuando fue corriendo a su hermana para darle la maravillosa noticia de que iban a abandonar el orfelinato. "Me respondió que ella había rezado secretamente a la madre Cabrini, pidiéndole que si de verdad existía, nos sacara de aquel lugar".

Siguiendo la ideología que tomaba por asalto al país, y que también prevalecía en el seno de la comunidad de las Hermanas Misioneras del Sagrado Corazón, los orfelinatos fueron retirados y convertidos en escuelas privadas. En marzo de 1966, la madre Elizabeth le habló con entusiasmo acerca de su "nueva" escuela, la Escuela Cabrini, el nuevo nombre de lo que fue el Orfelinato Reina del Cielo, a un reportero de *Rocky Mountain News:* "No mencione el orfelinato. Es ahora una escuela privada para niñas y unos pocos niños".[8] La casa y la escuela fueron derribadas en 1969.

MISIÓN DE LA VIRGEN INMACULADA DEL MONTE LORETO—STATEN ISLAND, NUEVA YORK

Miguel Ponte, que contaba entonces quince años de edad, llegó con otros adolescentes pedro panes a Nueva York en el mes de enero de 1961. Fueron recibidos por un cura y llevados a dar un paseo en el ferry de Staten Island en camino a su nueva casa, un orfelinato donde habitaban mayormente muchachos de la raza negra y puertorriqueños. El impresionante perfil de la ciudad hechizó a los recién llegados. Ignorantes de su destino, se detuvieron para disfrutar de una buena comida a base de carne.

La primera pista que tuvieron los jovencitos sobre su futuro fue cuando el cura les advirtió que no se acostumbraran a la buena comida, porque no la iban a encontrar a donde iban.

La Misión de la Virgen Inmaculada del Monte Loreto estaba situada en la parte sur de la isla de Staten Island, uno de los cinco municipios que forman la ciudad de Nueva York. El campanario de la Iglesia de San Joaquín y Santa Ana, que databa de 1891, era la seña más prominente de la bucólica urbanización de 375 acres situada cerca del mar. Desde el muelle, la tierra se extendía hasta la calle Amboy Road. La céntrica avenida Hyland Boulevard dividía la propiedad, los varones a un lado y las niñas al otro. Tenía su propio cementerio donde estaban enterrados algunos de los huérfanos que crecieron allí y que pelearon en la segunda guerra mundial, al igual que la tumba del padre John Drumgoole, el fundador de la institución.

En 1961, los frailes y monjas franciscanas, con la ayuda de algunos profesores laicos, cuidaban a 880 niños de entre seis y dieciocho años de edad. A la llegada de los pedro panes, "El Monte" celebraba sus noventa años de existencia. Era la institución principal para el cuidado de niños en los Estados Unidos.

Los adolescentes del Monte Loreto asistían a una escuela vocacional que se encontraba allí mismo, la Escuela de Artes y Oficios San José, donde aprendían dibujo, impresión, carpintería, mecánica automotriz, sastrería y electrónica.

A su llegada, los pedro panes fueron colocados en viviendas separadas de los demás, según cuenta Conrado Forte, que recuerda que los cubanos inmediatamente exigieron ser colocados con los otros, ya que tarde o temprano tendrían que enfrentarlos. También insistieron en asistir a una escuela pública corriente de segunda enseñanza, no a la escuela de artes y oficios del Monte. La petición les fue concedida, y así recibieron permiso para estudiar en la escuela de segunda enseñanza Tottenville High School. "Éramos inflexibles en nuestros deseos, y hasta abrimos el camino para que los muchachos negros y puertorriqueños de inteligencia superior estudiaran también en esos institutos", dice Manuel. Esto es cierto, pues en 1964, cincuenta y dos de los muchachos y muchachas adolescentes asistían a clases fuera del Monte.

"Mi hermano Roberto y yo nos escapamos la primera noche, pero tuvimos que entregarnos enseguida. ¿Adónde íbamos a ir?", dice José A. Arenas, que aunque contaba entonces con sólo dieciséis años, estaba poseído de una gran angustia. "Cuando llegamos, no nos gustó lo que vimos, y entonces le dije a mi hermano, 'Esto no es para nosotros, vámonos de aquí'. Había mucho frío y enseguida nos encontraron. Pensábamos que alguien nos iba a llevar a Miami. No teníamos ni idea de dónde estábamos. Era en un pueblo llamado Tottenville en Staten Island".

En su primera semana en el orfelinato, José recuerda haber tenido una pelea con un muchacho de la raza negra. Pasaban lista a ciertas horas. "Decían tu nombre, te parabas contra la pared, y tenías que contestar, 'Presente', y mientras yo estaba en eso, un negro me dijo algo que no entendí, a lo que, por supuesto, le contesté enseguida, 'tu madre,' y un puertorriqueño sabelotodo se lo tradujo. El negro levantó los puños para darme, pero yo le pegué primero. Esa fue la única vez que le di a alguien". No le tomó mucho tiempo a José comprender que una pelea no era ventajosa para él, porque ninguno de los pedro panes tenía la experiencia de sus espabilados compañeros.

Otro de los muchachos le dijo que a las únicas personas a quienes los residentes del orfelinato temían eran a los locos, porque eran imprevisibles, por lo que José maquinó un plan para sobrevivir. Fue a la biblioteca pública y se robó un libro, *The Rise and Fall of the Third Reich* (*La ascención y caída del Tercer Reich*). La cubierta era negra con una esvástica blanca. "Me pasé un año entero con el libro bajo el brazo. El libro se convirtió en mi escudo protector. Después de eso, nadie más me molestó. Todos pensaban que yo estaba loco".

Conrado Forte, de trece años, era el más joven de los pedro

panes. Recuerda haber llegado luciendo unas cuantas piezas de joyería, y alguien le preguntó, "¿Son de oro de verdad?", a lo que él respondió sin malicia, "Por supuesto, ¿de qué otra cosa van a ser?" Las joyas le fueron robadas inmediatamente después. Una rutina normal del orfelinato era la búsqueda de armas escondidas. "Muchos de los muchachos eran criminales. Las autoridades no sabían qué hacer con ellos, y simplemente los internaban allí", dice Eulogio Soto. "Muchos tenían cicatrices de balas".

La vida había endurecido a los muchachos del Monte Loreto. Los que no eran huérfanos, venían de hogares rotos, o los padres no los querían. "Nunca olvidaré a este muchacho que parecía tener cien años, en vez de quince, que me dijo que su meta en la vida era encontrar a su padre para matarlo", recuerda Emilio Soto con asombro, todavía sorprendido y confundido por la conversación. "Y allí estaba yo, recién salido del nido de mis padres; unos padres a los que adoraba".

"Los consejeros y los curas a cargo del lugar se comportaban como militares, muy estrictos y con una total falta de sentimientos. Realmente creo que eran duros con nosotros para que los otros muchachos no pensaran que nos estaban dando un tratamiento especial, aunque el dejarnos estudiar en una escuela fuera del sitio creó un montón de resentimientos", añade Soto.

Los recuerdos de Emilio vuelven al tiempo libre de los fines de semana:

> Teníamos permiso para abandonar el área los sábados, de las once de la mañana hasta las cuatro de la tarde, siempre que nuestra conducta fuera intachable y todas nuestras tareas desempeñadas, como limpiar el piso y darle brillo, ayudar en la cocina lavando platos, y ayudar en lo que fuera necesario. Durante estas cinco horas de libertad, podíamos ir a cualquier

parte, pero teníamos que estar de vuelta antes de las cuatro de la tarde de todas maneras. No había excusa posible. Por supuesto, siempre íbamos a Tottenville, el lugar más cercano.

Un sábado muy frío, a mediados de febrero, fui a Tottenville y me encontré con Kristine, una amiga del colegio que estaba de compras, pero que ya estaba en camino a la casa. La acompañé hasta la parada de guaguas (autobuses) y nos sentamos en un banco a esperarla (guagua/autobús). Conversamos cogidos de manos y nos besamos mientras que las guaguas pasaban una tras otra. Cuando uno está pasándolo tan maravillosamente bien, el tiempo no significa nada. Kristine cogió la guagua de las seis de la tarde, y yo empecé a caminar hacia el Monte.

El señor Furlong, el sádico consejero principal, era un infante de marina jubilado que no dudaba en usar la fuerza física contra cualquiera de los muchachos del Monte si lo estimaba necesario. Ese día estaba dando vuelta por el pueblo en su carro para ver si alguien había volado del nido. Me vio, pero no se detuvo. Justamente cuando yo estaba llegando al Monte Loreto, la policía y el señor Furlong me estaban esperando. Me quedé paralizado en el lugar. No corrí ni traté de esconderme. Estaba horrorizado. El señor Furlong se adelantó, me agarró por el abrigo y me bofeteó. La correa de su guante me dejó la cara marcada por muchos días. Entonces comenzó a recordarme que yo era un refugiado cubano en su país y tenía que seguir ciertas reglas, o de lo contrario, él se aseguraría que yo acabara en la calle. Le dijo a la policía que me había escapado, y le pidió que me llevaran preso.

Fui conducido a la estación de policía de Pleasant Plains. Allí la policía me acosó y humilló, asegurándose de que sus tácticas fueran iguales a las del señor Furlong. Esa noche, alrededor de las diez de la noche, fui llevado de vuelta al Monte Loreto y puesto en libertad. Me situaron en un patio abierto rodeado de una cerca. Me obligaron a pararme con los brazos en alto, desde las diez y media de la noche hasta las doce y media. Las orejas se me congelaron y los pies se me adormecieron por haber estado de pie sobre la nieve por tanto tiempo. Por seis semanas me suspendieron el subsidio semanal, que significó no escribirles a mis padres durante todo ese tiempo.

Eulogio Soto, hermano de Emilio, también recuerda haber sido castigado en la nieve, con los brazos abiertos, pero dice que él siempre se sitúa en el lugar de la otra persona, y comprende que la disciplina rígida era necesaria para mantener el orden en el orfelinato. Su actitud era, "el que la hace, la paga". También dice que su hermano encontraba muy difícil ajustarse a la vida del orfelinato, mientras que Eulogio usaba tácticas más diplomáticas. Se hizo amigo de la monja que distribuía la ropa, usualmente *jeans* de la marca Wrangler, y esa relación dio buenos resultados. Algunas veces ella le daba piezas adicionales. Eulogio también recuerda con agrado al padre Kehan, a quien le agradaban los muchachos cubanos, y les conseguía trabajos adicionales que le proporcionarían el dinero necesario para comprar los billetes de avión, y así traer a sus padres de

Cuba. Eulogio más tarde se enteró de que ese dinero muchas veces salía del bolsillo del propio cura.

Las amistades y relaciones formadas en la escuela, fuera de las paredes del desapacible orfelinato, les servían a los muchachos como un oasis muy necesario. "Tottenville High School era una bendición. Allí teníamos contacto con gente normal", dice José. "Éramos muy felices en el colegio. Hacíamos amistades, y ellos algunas veces nos invitaban a sus casas los sábados. Para nosotros eso era estupendo".

Sin embargo, la libertad tenía su precio. A cambio, se ganaron el resentimiento de los otros muchachos en el Monte. Igualmente era difícil tener trato con las muchachas de la localidad, porque era casi imposible para ninguno de ellos ser aceptado por la familia de cualquiera de las jóvenes si sabían que vivían en el Monte Loreto. Los pedro panes tenían que explicarles que su situación era temporal, y también tenían que demostrarles que eran diferentes a los demás muchachos del Monte. Sin embargo, uno de los muchachos fue despedido de la casa de una muchacha, únicamente para ser luego ayudado por la tía de ella, que había visitado Cuba como turista, y por eso intercedió en su favor.

A finales de 1962 se llevaron a cabo algunos cambios importantes en el orfelinato. Un periódico local, el *Staten Island Advance,* reportó el 6 de septiembre de 1962:

> Contra las corrientes cambiantes del sistema de asistencia social de los niños, la Misión de la Virgen Inmaculada, Monte Loreto, es una roca. Los huérfanos inmigrantes que una vez se arremolinaban en "El Monte", ahora adornan las paredes de la galería de fotos de la iglesia. Las niñas ciegas se han desaparecido. Las oleadas de niños refugiados de la Cuba revolucionaria y del destrozado Vietnam han

disminuido. Hoy sus camas son ocupadas por los incapacitados en su desarrollo mental y emocional, mayormente negros, muchos víctimas de la pobreza, las drogas, el abuso y el abandono.

A través de los años, el Monte pasó por varios cambios, adaptándose y, no obstante, sobreviviendo y siempre ayudando a los niños, como era el sueño del padre Drumgoole, cuando en 1871 se hizo cargo del refugio para los desamparados de la ciudad de Nueva York. En la actualidad, el Monte Loreto es un centro de recreo a cargo de la Organización de Juventudes Católicas, y la mitad de sus cuarenta y seis edificios están vacíos. Casi 145 acres de su terreno han sido designados como áreas abiertas por la Agencia de Protección al Medio Ambiente de Nueva York.

De su experiencia en el Monte Loreto, José Arenas ha dicho, "En fin de cuentas, te resignas, pero al mismo tiempo te preguntas, '¿Por qué yo?'. Entonces te das cuenta de que es sólo mala suerte, y tienes que seguir adelante".

Olvide las ofensas pero nunca las bondades.

—CONFUCIO

CAPÍTULO 8

VIVIR CON UNA
FAMILIA AMERICANA

Abraham Ribicoff, ministro de salud, educación y asistencia social, recurrió a la bondad de los estadounidenses a principios de 1962 al pedirles que abrieran las puertas de sus casas y sus corazones a los pedro panes. "A muchos ciudadanos de los Estados Unidos que viajan a través de Latinoamérica, los hispanos les dan la bienvenida cortésmente con la frase, 'Esta es su casa'. Ahora, centenares de familias estadounidenses pueden devolverles la hospitalidad, al decirles a los niños cubanos privados de padres, '¡Siéntanse en su casa!'. Bajo el Programa de Refugiados Cubanos, el Departamento de Salud, Educación y Asistencia Social de los Estados Unidos pagará por el cuidado de los niños. Pero necesitamos hogares. No creemos que haya una mejor manera de 'luchar contra el comunismo', que atender a esos niños que huyen de él. ¿Les interesa?"[1].

Según la petición del ministro Ribicoff se extendía a través de todos los Estados Unidos, muchas familias por todo el país abrieron sus puertas con la generosidad de espíritu característica de esta nación. Resultó más difícil situar a los adolescentes varones al cuidado de las familias de acogida. Desgraciadamente, ellos eran los que más lo necesitaban, porque sobrepasaban a las hembras dos a uno. Las historias siguientes muestran la bondad de cuatro familias en las cuidades de Coral Gables y Orlando, y de los estados de Nuevo México e Iowa, que representaron un cambio maravilloso en la vida de estos pedro panes.

PEDRO MARTÍNEZ Y LA FAMILIA HUBER—ROSWELL, NUEVO MÉXICO

Cuando Molly Huber recibió a Pedro en su hogar, este niño pedro pan de once años de edad acababa de separarse de sus padres. Ahora la señora Huber reflexiona sobre el día que, dos años después, Pedro abandonó su casa para reunirse con un tío. "Tú sabes, el día que Peter se separó de mí, el día que se marchó, ah . . . fue tan doloroso verlo irse. Yo pensé, 'Dios mío, acabo de perder dos años de mi vida'. Pensé también, 'A él no le importa un comino. ¿Por qué hice yo este esfuerzo?'. De verdad lloré pensando que todo fue simplemente una pérdida de tiempo".

Pedro había llegado dos años antes, en 1962, solo, en un largo viaje desde Miami a Albuquerque, donde fue recibido por la señora Huber, su marido Patrick y sus tres hijos, Judy de nueve años, Mary de siete y Philip de cuatro. En algún lugar del trayecto de 140 kilómetros a Roswell, pararon en un restaurante al lado del camino para estirar las piernas y comer. Pedro no hablaba una palabra de inglés. Le sirvieron un plato con mermelada para las tostadas, y él preguntó qué era. Cuando le dijeron "jelly" (mermelada), pensó que era gelatina de la marca Jell-O, y se la comió con una cuchara.

Pasar de ser un hijo único malcriado a ser el mayor de cuatro no fue fácil para Pedro, que no olvida haber sido rebelde en aquella época, debido a todos los cambios que—comenzando con el divorcio de sus padres—había tenido que vivir durante sus cortos once años de vida. La señora Huber recuerda oírlo llorar de noche. "Trataba de consolarlo, pero él me llamaba 'la mujer'. No entraba en sus planes que una mujer tratara de aliviar su pena, porque él ya era un hombre".

Traer a Pedro al seno de su hogar había sido desde el principio la idea del señor Huber. Un cura había solicitado familias que estuvieran dispuestas a recibir niños cubanos, y por eso, el señor Huber le dijo a su esposa, "¿Por qué no recibimos a uno? Tenemos tres hijos, pero siempre hay espacio para uno más". Cuando fueron consultados sobre qué género y edad ellos preferían, el señor Huber respondió que estaban dispuestos a recibir a cualquiera que necesitara refugio.

En la actualidad, Roswell es una ciudad con una población de 44 mil habitantes, y tiene fama de ser donde se han manifestado los OVNI. Pero por el año 1962, Roswell era más pequeña que La Habana. O sea, un niño de once años podía atravesar la pequeña ciudad en bicicleta, algo que Pedro hacía con frecuencia, para el desasosiego de la señora Huber, que se moría de miedo cuando el niño estaba ausente por un largo rato.

Cuando Pedro llegó a Roswell en el mes de abril, la señora Huber encargó a Judy, que entonces tenía nueve años de edad, a que leyera con él y que lo ayudara a aprender inglés. Al comienzo del semestre de otoño, Pedro ya podía hablar en inglés con todos los niños del barrio.

Como era producto de otra cultura y otro nivel socioeconómico, Pedro presenció por primera vez una infinidad de situaciones desconcertantes. Por ejemplo, él se sorprendía del cúmulo de trabajo que su madre de acogida desempeñaba, y le preguntaba, "¿Cómo es que usted hace todas estas cosas, manejar el carro, limpiar la casa, llevar a los niños al colegio?" A lo que ella le contestaba que no podían pagarle a una persona para que hiciera la limpieza. En realidad, Pedro quizás tenía otro motivo por averiguar sobre una sirvienta, porque todos los niños en el hogar tenían algún trabajo casero que desempeñar, y eso era algo que a él no le gustaba. Un equipo compuesto por los tres niños mayores, incluyendo a Pedro, lavaba los platos y se alternaban los deberes. Una semana a uno le tocaba lavar, al otro secar y al tercero guardar.

Según Pedro aprendía inglés, se iba convirtiendo en un buen estudiante, obteniendo calificaciones de "A" (*sobresaliente*) y "B" (*aprovechado*), excepto en conducta, porque le encantaba decir chistes y hablar mucho. Cuando recibió una "D" (*aprobado*) en conducta, tuvo que lavar, secar y guardar los platos por una semana. Al darse cuenta de que podía haber otra calificación de "D" en su futuro, fue a casa de la maestra y le suplicó, "Por favor, no me dé una "D". Haré cualquier cosa. Me van a hacer lavar platos por un mes".

Pedro se convirtió en *Peter* cuando la señora Huber trató de ganarse al muchacho pronunciando su nombre en español, pero lo hacía arrastrando demasiado la "**erre**". "Él se enfureció de verdad, por lo que me dije a mí misma, al diablo con todo esto", dice ahora la señora Huber. Lo que ella no comprendía en ese momento era que en lugar de *Pedro*, lo había llamado *perro*. Finalmente, Pedro pidió ser llamado *Peter*.

"Yo era rebelde en aquella época. Había estado dando tumbos por tanto tiempo. Siempre he resentido los cambios—no poder tener un verdadero amigo de la niñez, no poder echar raíces en ninguna parte". Además de los problemas fundamentales que Peter encontraba mientras vivía con los Huber, cuando supo que su madre verdadera había sido encarcelada, los problemas se volvieron aún mayores. Desesperada por estar con su hijo, la madre se había unido a un grupo que planeaba escaparse clandestinamente de Cuba en un bote. "Uno de los organizadores pertenecía al régimen, y los estaban esperando en la playa", cuenta Peter. Él cree que su madre murió en los Estados Unidos—en el exilio y joven—a causa de la hepatitis que contrajo en la cárcel de Pinar del Río, cuando cumplía una sentencia de un año. "Fue muy doloroso para mí. Me rebelé, pero a la larga, era una cuestión de adaptación".

Hoy en día Peter se siente muy agradecido por todas las lecciones, hasta las más insignificantes, que le fueron enseñadas en casa de los Huber. Recuerda especialmente un día en que todos iban en el automóvil y él tiró un pedazo de papel por la ventanilla. El señor Huber lo había observado a través del espejo retrovisor, pero continuó conduciendo. Al poco rato, detuvo el automóvil. " 'Ve a recoger el papel que tiraste por la ventana', me dijo. Hasta el momento presente, nunca más he vuelto a tirar papel alguno por la ventanilla", dice Peter. "Siempre estaré agradecido. Ellos decidieron aceptarme a pesar de la dificultad de tal encomienda. Yo supe desde el principio que era una empresa de proporciones inmensas", termina diciendo Peter de sus padres de acogida.

El señor Huber falleció hace diez años. Actualmente, Peter y Molly Huber disfrutan de una relación sólida y tierna. "Le digo que él es tan cariñoso y se preocupa tanto por mí como mis propios hijos y, sin embargo, no estuvo aquí más que dos años. No pudo mostrarme ese otro lado suyo mientras estuvo conmigo. Para mí, por la parte que me toca, fue una verdadera bendición tenerlo", termina diciendo la señora Huber.

LOS MUCHACHOS CUBANOS SMITH— CORAL GABLES, FLORIDA

Una serie de incidentes prometedores rodearon a los tres hermanos Cepero a su salida de Cuba. Los sucesos comenzaron a desarrollarse desde antes de salir del país, donde estudiaban en el Candler College, una escuela metodista. Cuando sus padres decidieron mandarlos solos al extranjero, establecieron contactos a través del colegio con los metodistas de Miami. En 1962, durante un servicio religioso en la Primera Iglesia Metodista de Coral Gables, Elizabeth Smith oyó al pastor solicitar un hogar provisional para tres hermanos cubanos.

Al regreso a su casa, la señora Smith le habló a su marido sobre los muchachos y le preguntó si podrían recibirlos a todos, ya que sus propios hijos adultos no vivían en el hogar paterno. Su marido, el señor MacGregor Smith, le preguntó, "¿Y qué pasa si son negros?", a lo que ella le respondió, "Los quiero de todas maneras". Después de muchas súplicas, llantos y camelos, la señora Smith se salió con la suya.

El consentimiento final del señor Smith les aseguró a los hermanos Cepero—Pablo de dieciséis años, Eloy Guillermo de quince y Eloy Mario de once—una vida lujosa desde el momento que llegaron a la elegante residencia de dos pisos, situada en el número 1132 de la calle South Greenway Drive, frente al campo de golf Granada de Coral Gables.

La vida diaria de los muchachos incluía una piscina, y los cuidados de un mayordomo y una sirvienta. Coral Gables, una ciudad dentro del área metropolitana de Miami, era el vecindario más opulento del lugar; además, estaba fuera del alcance de la mayoría de los refugiados cubanos. El área había sido diseñado por George Merrick a mediados de los años 20, y construida en el terreno de lo que fue la plantación de cítricos de su familia, siguiendo el patrón de un pueblo mediterráneo, y cuyas casas fueron fabricadas al estilo ítalo-hispano. En un tiempo, hasta góndolas auténticas se deslizaban a través de una serie de canales que corrían a lo largo de Coral Gables.

El señor Smith era un hombre dinámico, y al igual que Merrick, un visionario. Oriundo del estado de Tennessee, su vestimenta habitual, aun para ir a la oficina, era una camisa de mangas cortas y un sombrero de paja. Era el director y ejecutivo principal de la compañía de electricidad Florida Power and Light Company, miembro de la junta directiva de la Reserva Federal en Atlanta y de la línea aérea Eastern Airlines, y uno de los cinco miembros de la Comisión de Energía Atómica de los Estados Unidos. Tenía también a su cargo la supervisión de la planta de Turkey Point, la primera planta de energía nuclear del sur de la Florida.

Los muchachos le dieron nueva vida el señor Smith, que

comenzaba a sentir pena por no haberles dedicado más tiempo a sus propios hijos. Los hermanos Cepero llegaron en el mes de junio de 1962, con tres mudas de ropa—la única cantidad que el régimen castrista permitía sacar del país. Acabados de llegar, el señor Smith llevó a los hermanos de compras. "Tienen que lucir bien porque ustedes son ahora mis hijos", les dijo. Como no iba a permitir que una cosa tan insignificante como una lengua extranjera interfiriera en su comunicación con los hermanos Cepero, el señor Smith inmediatamente tomó un curso relámpago de español.

El segundo hermano Cepero, Eloy Guillermo, era no solamente un atleta talentoso, sino muy alborotador y extrovertido. El señor Smith inmediatamente se identificó con el muchacho, en el que veía reflejada su propia personalidad. Cuando Eloy Guillermo ingresó en la escuela de segunda enseñanza Coral Gables High School, corrió la pista de carreras con sus zapatos tenis usuales, y así y todo, rompió el récord de la escuela. Luego el entrenador de atletismo lo inscribió en el equipo de baloncesto. "Como no hablaba inglés, tenían que traducirme las jugadas", Guillermo explica. "El señor Smith me dijo, 'Tienes mucho talento. Tenemos que explotarlo'. De esa manera, se convirtió en mi entrenador. Se levantaba a las seis todas las mañanas y me hacía correr en la pista de golf frente a la casa. Después de seis meses, yo era el mejor corredor de la ciudad. Me volví campeón local".

"Estaba tan orgulloso que compró un montón de ejemplares del periódico *Miami Herald* para repartirlos entre sus amigos". Además, cuando Eloy Guillermo jugaba baloncesto, tenía su propio grupo de gritones que incluía el señor Smith, la cocinera, el mayordomo, y toda la familia.

Durante uno de esos partidos, un jugador del equipo contrario empujó con el codo a Eloy Guillermo. El señor Smith corrió por el pasillo durante un descanso para regañarlo. "¿Cómo puedes permitir que te empujen?" Por esa intervención, el entrenador expulsó del juego al señor Smith, por lo cual tuvo que pedirle perdón al día siguiente. El señor Smith se regocijaba diciendo, "Yo tenía razón, porque él tenía que aprender a que nadie lo empujara". Se hacía eco de una filosofía que se extendía fuera de los límites del baloncesto. Eloy Guillermo fue suspendido en las matemáticas, y por eso el señor Smith se hizo cargo de darle clases particulares durante el verano, asegurándose de que consiguiera una calificación de "A" en el semestre del otoño.

Eloy Mario, el hermano más joven, tuvo mucha afinidad desde el principio con la señora Smith. "Me enseñó inglés y me ayudó a adaptarme a una nueva cultura. Era muy dulce y servicial", dice Eloy Mario. "Era una verdadera dama sureña. Nunca había trabajado y había sido alumna de un colegio privado donde preparan a las jovencitas para el mundo social. Era una pintora talentosa. Todavía conservo un retrato que ella me hizo". Los Smith tenían más de sesenta años cuando recibieron a los hermanos Cepero, a quienes pidieron ser llamados "tío" y "tía". "Les dimos alegría. Trataron de enseñarnos inglés y, en cambio, los hicimos reír".

Durante el primer verano que pasaron juntos, el señor Smith decidió ver algo de los Estados Unidos por medio del camping. Acomodó a los muchachos y al mayordomo en una vagoneta y todos partieron hacia Tennessee, su lugar de nacimiento, visitando también los estados de Georgia y Carolina del Sur. Casi nunca hicieron camping por el camino, quedándose en cambio en hoteles, porque la camioneta estaba tan atestada que bajar y subir los trastos de ella se convirtió en una imposibilidad. Una noche sí pararon en un terreno de camping. Desde Cuba, los muchachos tocaban instrumentos musicales, y ese día descubrieron que la música transciende las barreras del idioma. Eloy Guillermo tocaba la tumbadora, el joven Eloy Mario las maracas, y Pablo la filarmónica. El señor Smith también tocaba la filarmónica. El cuarteto disfrutaba tanto tocando juntos que lo hacían con regularidad. Una noche, el señor Smith y los muchachos cubanos Smith sorprendieron a los otros campistas, ofreciéndoles una presentación musical en vivo.

Como parte del viaje, se pasaron más de dos semanas en el terreno de los Smith en Blue Springs, Ocala, en la región norte central de la Florida, que más tarde él donaría para convertirla en una reserva para la fauna. Los recuerdos de ese verano, que transcurrió nadando en un lago transparente, navegando en bote, o sentados al aire libre frente a una hoguera, quedaron grabados en las mentes de los hermanos Cepero para siempre.

No obstante, no fueron solamente las diversiones y momentos emocionantes los que recuerdan; hubo también otros muchos llenos de gran estímulo. Eloy Guillermo no ha podido olvidar un domingo por la mañana cuando el señor Smith les dijo que se vistieran de traje porque iban a la iglesia. Como él no era el típico hombre que acostumbra ir a la iglesia, los muchachos se sorprendieron. Comenzaron a caminar entre los bosques, mientras que el señor Smith llevaba la Santa Biblia en una mano y un machete en la otra. La sorpresa aumentó todavía más cuando blandió el machete y comenzó a abrirse paso hasta la cima de una loma.

Una vez allí, después de disfrutar del panorama, el señor Smith leyó de la Santa Biblia en voz alta por alrededor de una hora. Cuando terminó la lectura, rompió a llorar, y les dijo a los muchachos, "Estoy llorando al pensar lo mucho que sus padres deben estar sufriendo por no tenerlos a su lado". Con el hemiciclo del Creador rodeándolos, los cuatro se unieron en un abrazo de lágrimas y sudor, vistiendo cuello y corbata bajo el ardiente sol de la Florida.

Otras ocasiones extraordinarias sucedieron durante el año, como aconteció el día que volaron sobre el terreno de la compañía en Palatka, al noreste de la Florida, en un aeroplano particular de la empresa. Eloy Mario pensaba que su vida en esta nueva tierra era maravillosa porque, "creía que todos vivían igual".

No era raro que los Smith tuvieran fiestas en su casa de Coral Gables para agasajar a senadores, gobernadores y todo lo que "vale y brilla" de la Florida; los muchachos Cepero siempre eran incluidos en esos festejos. Las comidas a diario eran en sí unos acontecimientos, con flores frescas en la mesa, y la señora Smith, discretamente, llamando al mayordomo al apretar un botón en el suelo. El criado hacía su aparición en el comedor trayendo bandejas de plata, de las cuales los muchachos se servían.

Eloy Guillermo recuerda con alegría la divertida personalidad del señor Smith. Una noche estaba vestido de rojo, de pies a cabeza, y le preguntaron adónde iba con tal atuendo. Miró a los muchachos y les dijo, "Recojan sus instrumentos musicales, vamos a tocar esta noche". Smith era el principal orador invitado del banquete de la Sociedad Estadounidense de Banqueros de Miami Beach. El pimentoso personaje y los muchachos cubanos Smith proporcionaron la gran diversión a los asombrados comensales.

Pocos meses después que los jóvenes Cepero llegaron a los Estados Unidos, los vuelos directos entre Cuba y los Estados Unidos se suspendieron. Ya que los esposos Cepero no habían podido conseguir los permisos de salida a tiempo, tuvieron que encontrar un tercer país para abandonar la isla. Escogieron México. Sus permisos de salida fueron concedidos dos años después de la llegada de sus hijos a Miami. El señor Smith estaba en ese momento en la Unión Soviética como delegado de la Comisión de Energía Atómica. En cuanto recibió la noticia de que el matrimonio Cepero llegaba a Miami desde México, les pidió a los soviéticos que lo trasladaran a Helsinki (Finlandia), en donde abordó un avión para Nueva York, y allí hizo conexión con otro que iba a Miami. Pudo llegar a tiempo para darles la bienvenida a los Cepero en el aeropuerto.

"¡Deberían haber visto esa reunión! ¡Mi mamá, mi papá, nosotros tres, los Smith, el mayordomo, era sorprendente!", recuerda Eloy Guillermo. El matrimonio Cepero también encontró acomodo con los Smith por un mes, hasta que decidieron mudarse a Tampa donde tenían amigos. Luego el señor Smith los ayudó a comprar una casa y un negocio. Eloy Guillermo permaneció en la Universidad de Miami, viviendo con sus compañeros de la asociación estudiantil y pasando los fines de semana con los Smith. Más nunca volvió a vivir con sus padres, porque ya por esa época podía mantenerse por sí solo.

En Miami, en camino al cayo Vizcaya (Key Biscayne) a la altura de Turkey Point, hay un letrero que dice, "Área de Recreo MacGregor Smith". En la pared de la oficina de Eloy Guillermo Cepero, en la compañía bancaria de la que es uno de los dueños, hay un retrato enorme del señor Smith. "Cuando murió, su esposa y yo estábamos a su lado", dice Eloy Guillermo, quien se mantuvo como un verdadero hijo de Smith hasta su muerte.

"Ahora cuando pienso en el pasado, veo que nuestras vidas fueron como un cuento de hadas", dice Eloy Mario, dándose cuenta de lo dichosos que fueron.

CARLOS PORTES Y LOS HOCKETT— MARSHALLTOWN, IOWA

Carlos Portes tuvo dificultades al incorporarse a su nueva vida en Marshalltown en el estado de Iowa, situado en el mismo centro de los Estados Unidos, donde vivía con la familia de un tío suyo. Sin embargo, el muchacho de once años encontró el refugio y confort necesarios en su fe católica. La iglesia le proporcionaba algo reconfortante y familiar. Él asegura que su fe en Dios le dio la fuerza necesaria para soportar la tristeza de esos días. Para estar más unido a su religión, se convirtió en monaguillo fanático, sirviendo en todas las misas que fuera posible. El lenguaje de la iglesia no era un impedimento para el joven

Carlos, ya que la misa todavía se decía universalmente en latín, y él había aprendido las palabras del misal en Cuba.

"Yo solía encontrarme con el cura del Hospital San Lucas todos los días, a las seis de la mañana, para llevarles la sagrada comunión a todos los enfermos y decir misa", explica Carlos. "Después desayunábamos en el hospital, y el cura me llevaba a una escuela de la localidad, donde se celebraba una misa para todos los estudiantes. Una vez más yo era el monaguillo. Yo era igualmente el monaguillo para todas las misas de los domingos. Eso me mantenía muy cerca de la iglesia en todo momento".

León Hockett y su esposa Kay solían ir a la iglesia con regularidad y sentían gran afinidad con el jovencito Carlos. Un domingo lo invitaron a almorzar en su casa y a pasar un rato con ellos. Repitieron la invitación al domingo siguiente, y la relación entre ellos comenzó a desarrollarse. Resultó que Carlos se dio cuenta que pasaba cada vez más tiempo con los Hockett, en cuya casa hasta tenía un cuarto propio con un escritorio y un librero.

Carlos evoca sus recuerdos de la siguiente manera:

> Nunca habían tenido hijos, y ahora encontraban un estímulo en ayudar a crecer a este jovencito, cuya cultura en realidad no comprendían. Yo traía conmigo esa burbuja de felicidad, o como quieran llamarla, que dio inicio a un sentimiento diferente dentro del hogar. Fue muy interesante porque ellos no hablaban español y yo no hablaba inglés, por lo que todas nuestras comunicaciones se hacían por medio de señas. Y de buenas a primera, me convertí en un americano de verdad.

Kay Lockett se pasaba horas con Carlos corrigiéndole el inglés, enseñándole la dicción correcta y estructura gramatical, los modales, y la importancia de ser un caballero. "Gustaba tanto de todo lo que fuera americano; le encantaban las expresiones americanas. Todo lo que fuera americano le atraía, lo quería", recuerda la señora Hockett.

Carlos dice que todas esas enseñanzas han permanecido con él a través de su vida. Hoy, como hombre de negocios que ha triunfado, dice que en asuntos de negocios a veces es él el único que se dirige a la gente usando el "señor" o "señora", y que ese respeto lo ha hecho destacarse en su profesión. Sin embargo, esos modismos estadounidenses que tanto amaba y pudo adquirir fácilmente fueron causa de problemas. La señora Hockett dice que León, su fallecido esposo, recolectaba todas esas expresiones para enseñárselas a Carlos, que nunca las olvidó. Un día León le enseñó a Carlos lo siguiente, "Si el zapato te sirve, póntelo". Al día siguiente, una monja trataba de atraer la atención de Carlos hacia algo, y él le respondió, "Si el zapato. . . ." Recibió un regaño, y esa noche, en una reunión de la asociación de padres (o PTA en inglés), la señora Hockett le explicó a la monja que a quien ella debiera castigar era a su marido por no haberle explicado a Carlos que esos dicharachos no pueden usarse en todas las ocasiones.

Carlos reconoce lo dichoso que ha sido y lamenta que los inmigrantes que llegan a las grandes metrópolis como Nueva York, Chicago o Los Ángeles no llegan realmente a conocer lo que es en realidad la generosidad estadounidense, porque son colocados dentro de crisoles donde la competencia es muy dura, y lo más importante es poder sobrevivir, a lo que le añade:

> Cuando uno en realidad comparte con americanos corrientes, encuentra que la gente de verdad se preocupa por tu bienestar, y a lo que se trata de un pueblo pequeño como Marshalltown, todo en él tiene que ver con los niños, con la educación de tu hijo. Puedes tener un equipo de pelota de menores, o puedes ofrecer una obra escénica de (la obra) Tom Sawyer en el colegio, y toda la gente del

pueblo iría a verla, porque quieren darte
respaldo. De buenas a primera, me vi inte-
grado a ese proceso por completo.

La señora Hockett recuerda la época en que compraron un
tractor más potente, y Carlos inmediatamente pidió permiso
para manejarlo. El señor Hockett no lo autorizó, pero su esposa
intervino preguntándole a Carlos si sabía cómo usarlo. Él le
contestó que sí. La señora Hockett después convenció a León
que el niño no podía hacerle daño a la máquina, y Carlos
recibió el permiso que quería. "Después de dar varias vueltas,
para delante y para atrás, lo vi arremeter contra el árbol de mag-
nolia y casi lo destroza. Al dirigirse hacia la cerca del fondo,
grité, 'Carlos, Carlos, ¿qué pasó, no me dijiste que sabías conducir?', 'Sí', me respondió, 'pero no sé cómo parar' ". El episodio aún hace reír de buena gana a la señora Hockett.

Carlos era muy decidido, estaba lleno de gran inventiva y
siempre sabía cómo ganar dinero. Cuando otros jovencitos
ahorraban el dinero para comprar un automóvil o discos, él
ahorraba su dinero para traer a sus padres de Cuba. Podía trabajar como acomodador en un cine, cortar el césped, limpiar
los patios o desempeñar cualquier otra clase de trabajo. Pero
Carlos necesitaba transporte para poder moverse en el pueblo.
"Compró una bicicleta de unas personas que querían ayudarlo,
pero tuvo que pagar un dólar por ella. Él sabía su valor",
recuerda la señora Hockett. "Y esa bicicleta fue el gran amor de
su vida. Recuerdo la noche que alguien la robó y cuán desco-
razonado estaba. Alguien le dijo que si rezaba con mucha fe, le
sería devuelta. Esa noche sonó el teléfono. Era la policía.
¡Habían encontrado la bicicleta!".

Los recuerdos de la señora Hackett continúan:

El dinero era un asunto muy delicado.
Teníamos mucho cuidado de no darle dinero,
porque hubiera sido muy fácil ganar su afecto

si él podía conseguir lo que quería fácilmente. Mi esposo se compraba cosas que le sobraran para siempre compartirlas con Carlos. Simplemente, nunca le dimos dinero. No queríamos que él nos tuviera cariño solamente por el dinero, en parte porque estábamos solos, y hubiera resultado demasiado fácil . . . ¡Disfruté tanto de su compañía mientras lo tuve!

Una vez que Carlos sintió que era un verdadero estadounidense, se unió a un conjunto de rock 'n' roll, igual que otros muchachos. Él mismo se nombró vocalista principal del grupo, y cantaba, con un acento hispano, "She Loves You", "Twist and Shout", y otras melodías de los Beatles. La banda ensayaba en el garaje de uno de los miembros, pero un día, cuando los vecinos se quejaron, Carlos dijo, "Yo sé a donde podemos ir", y todos se marcharon a casa de los Hockett. "Y cuando llegaron", dice la señora Hockett, "a mí no me importó, y él lo sabía. Era un buen desahogo para los muchachos. Mi esposo grabó algunas cintas magnéticas de los ensayos. No eran malos, y consiguieron muchos trabajos, aunque todos eran bastante alocados y ruidosos".

Aunque la influencia de los Hockett sobre Carlos y sus experiencias en los Estados Unidos fueron inolvidables, hay un incidente en particular que ha quedado grabado en su memoria como prueba de la reafirmación que encontró en el camino de convertirse en un americano. Carlos fue a casa de un antiguo soldado de Marshalltown. Él sabía cómo cantar "La Cucaracha", y el soldado sabía cómo tocar la melodía en la filarmónica, pero no conocía la letra. "Un viejo soldado americano me hizo sentir a mí, un muchacho cubano, como parte de algo que podíamos hacer juntos", dice. Eso, en su opinión, es algo que Carlos piensa que no puede suceder en una gran ciudad. Él cree que Iowa jugó un papel importante en su proceso de aceptación. El estadounidense típico lo ayudó a establecer sus raíces.

En 1997 Carlos Portes recibió la Medalla de Honor de Ellis Island, entregada a los inmigrantes que han aportado mucho a los Estados Unidos. Kay Hockett vino a Nueva York, invitada por él, para estar a su lado. De regreso a su casa, después de la emocionante ceremonia, ella lo llevó a un lado y le dijo, "Cuando yo era una niña pequeña, mi madre, mis hermanos y hermanas, todos contribuimos para hacerle un regalo a mi padre. Cuando él murió, mi madre se lo dio a León, tu padre de acogida. Creo que es más que apropiado que tú lo tengas ahora", y le entregó un bello anillo de madera petrificada con la talla de un conquistador.

"Para mí, Carlos es un hijo extraordinario. No sé cómo hubiera podido pedirle que fuera mejor. Ahora estoy sola y él siempre me dice, 'Kay, estoy solamente a tres horas de distancia de ti. Puedo estar a tu lado en cualquier momento que me necesites'. Y eso resume toda la historia. Es el amor de mi vida. Cuba me ha dado mucho".

JULIO NÚÑEZ Y LA FAMILIA SAGAN — ORLANDO, FLORIDA

Un grupo de muchachos esperaban sentados en una estación de autobuses de la compañía Greyhound. Venían del Campamento San Juan de Green Cove Springs en la Florida después de haber residido en el Campamento San Pedro de Orlando, que pronto cerraría. Los adolescentes estaban en camino a las casas de padres de acogida del área de Orlando.

Cuando los muchachos supieron que los iban a colocar en casas de acogida, se sintieron aliviados, porque la vida en los campamentos no había sido fácil. Creyendo que iban a casas de ricos, y esperando tener guardarropas nuevos, algunos habían botado la ropa vieja, y habían llenado las maletas de piedras. Julio Núñez y Tony Ardavín iban a vivir con la misma familia y, mientras esperaban impacientemente la llegada del automóvil que los recogería, apretaban contra ellos las pesadas maletas.

Vieron llegar un automóvil lujoso, grande y brilloso, y pensaron que habían venido por ellos. Su sola presencia les mejoró el estado de ánimo. Sin embargo, sus corazones dieron un vuelco cuando vieron a Carlos Calvet, otro del grupo, entrar en él. Después vieron llegar otro automóvil parecido al anterior que recogió a Mel Martínez.* "Entonces vimos acercarse un carro viejo, que era el nuestro. Pero al final resultamos ser los ganadores", dice Julio Núñez. "Todos ellos fueron a casas muy buenas, pero nosotros fuimos a una extraordinaria".

La casa extraordinaria les pertenecía a Joseph Sagan y su esposa, cuyas vidas se entremezclaron con la de los pedro panes un domingo que fueron a misa con sus cuatro hijas. Durante el sermón, el cura le habló a su congregación acerca de la necesidad que existía de conseguir familias de acogida para los muchachos del Campamento San Pedro. Joseph Sagan reconoce, "Yo no creía que se referían a mí, porque yo tenía cuatro hijas, por eso casi ni le presté atención a la prédica".

Pero Eileen, una de las hijas, sí escuchaba. Ese día, durante el viaje de regreso a la casa, le preguntó a su padre sobre cómo convertirse en una familia de acogida para esos muchachos. El señor Sagan le contestó, "Pero ustedes son niñas, cuatro en la familia, y esos son muchachos jóvenes a los que les hierve la sangre. No sé si eso sería prudente". Eileen insistió, recordándole a su padre el dormitorio adicional que le habían añadido a su casa de la calle Dial Drive.

Mientras tanto, el señor Sagan estaba pensando que él debería haberle prestado más atención al cura para conocer más detalles, ya que después de todo, ellos apenas podían cubrir sus propios gastos. ¿Cómo iban a poder añadir más personas a la familia? Acto seguido, el señor Sagan le dijo a la familia que tenía que pensarlo. Eileen no cedió. "Bueno, papá,

*Nombrado ministro de vivienda y desarrollo urbano de los Estados Unidos en enero de 2001.

tú siempre estás hablando de hacer alguna labor de buen cristiano. Ahora tenemos la oportunidad de hacerla". La señora Sagan, que había estado callada hasta entonces, se unió a la conversación. "Joseph, ¿qué le dices tú a eso?"

El señor Sagan perdió la batalla contra las cinco mujeres, y Julio y Tony se mudaron con ellos. Anteriormente en Cuba, la relación de Julio con sus propios padres no había sido muy unida, por lo que con los Sagan encontró la familia que había estado buscando. "Él era oficial de la fuerza aérea, muy americano y estricto. Ella era verdaderamente admirable, se convirtió en mi madre", Julio comenta de sus padres de acogida. Ya en su nueva casa, Julio llamaba a la señora Sagan, "Missy". El rol que jugó Eileen con Julio era el de una hermana mayor y confesora. Y mientras que Julio se llevaba bien con Kathy y Peggy—las otras dos hermanas—tenía problemas con Tricia, porque ambos tenían la misma personalidad.

Apenas los muchachos llegaron, el señor Sagan inmediatamente les deletreó los límites para el comportamiento y estableció reglas. Julio recuerda cuando fue advertido, "No quiero que toques a mis hijas, y tienes que comportarte como un caballero", le dijo el señor Sagan. "Y así siempre fue".

Los muchachos compartían un cuarto y, como parte de la familia, se les dio responsabilidades tales como lavar los platos y cortar el césped. "Perdimos como dos cortadores de hierba, porque los pasaban por encima de los riegos automáticos. Pasaron por encima de una bomba de agua que se había congelado en el invierno, y se rajó", dice el señor Sagan. "Solíamos llamarlos "la invasión cubana". Eran buenos ciudadanos en todo, sin lugar a dudas. Su formación era sólida y todos tenían profesionales en sus familias. Y aunque eran un poco malcriados, aprendieron a comer platos ucranianos—como los piroguis—que mi esposa me cocinaba".

Por ser parte de la familia, los muchachos podían conducir el automóvil si ellos pagaban por su propio seguro. Los dos tuvieron accidentes. Tony pasó por encima de una palma y el buzón de un vecino, reconoció su culpa y pagó los daños. Julio estaba disgustado por la injusticia del sistema estadounidense, porque la prima de su seguro inmediatamente aumentó cuando él no se detuvo ante un letrero de "stop", y así desbarató una vagoneta de color coral y negro, mientras que el de Tricia no fue aumentado a pesar de haber tenido ella también un accidente. Julio no podía entender por qué. Con todos los ajustes culturales y la adhesión a la ley estadounidense por la que había pasado, el señor Sagan explica, "No podíamos hacerle ver o entender que las compañías de seguros tenían leyes diferentes para los adolescentes de ambos sexos".

Julio reconoce todo lo que aprendió de su familia de acogida acerca de las responsabilidades y lo que valía el dólar. Sin embargo, a la inversa, Julio no podía hacer comprender a los Sagan que había otros medios en los que resultaba más difícil adaptarse al sistema de su nuevo país. Como refugiados cubanos, Julio y Tony encontraban prejuicio y discriminación, tanto en la escuela como en su vida personal. "El equipo de fútbol se ponía en contra tuya en el baño del colegio, querían quemarte". Referente a su vida personal, habla de una enorme desolación que sintió, "Me enamoré de una muchacha irlandesa preciosa; teníamos un romance como el de Romeo y Julieta, pero su padre no quería que ella saliera conmigo porque yo era cubano y 'huérfano'. Ella contrajo matrimonio con un jugador estrella de fútbol, se divorciaron poco después, y ella murió de una sobredosis de litio. Nunca la he olvidado. La quise mucho".

Para poder contrarrestar la discriminación de que era víctima, Julio se refugió en los libros. Su dedicación dio resultado. Después de muchos años de estudio intenso, se recibió de médico. "Él quería que sus iguales en el colegio lo aceptaran. Quería vestir la misma ropa que ellos. Pero había cierta animosidad de parte de algunos de los jóvenes de la escuela hacia él y hacia otros. Nunca dijo nada sobre esto hasta después de muchos años", recuerda el señor Sagan.

Según el propio señor Sagan, Tony tenía una opinión

diferente de su experiencia en los Estados Unidos, y la explica así, "A Tony no parecía importarle la moda. Tenía sus ideas propias, pero no era estudioso. Sus calificaciones en la escuela eran malas". Habla también de cómo pensaban sacarlo del programa por sus malas notas. Le sugirieron a Tony que se interesara en una profesión como la mecánica. Tony no quería que le hablaran de eso. Para él, ese tipo de posición estaba por debajo de su familia, recuerda el señor Sagan. "Le dijimos que aquí era considerada una ocupación muy buena, y más alta de lo que él pensaba. Entonces fue a ver algunos concesionarios, habló con el capataz y le hizo algunas preguntas pertinentes sobre el trabajo. En fin de cuentas, decidió hacerse mecánico y fue a estudiar a una escuela de formación profesional".

Tony sirvió en el ejército de los Estados Unidos durante la guerra de Vietnam y fue derribado dos veces en un helicóptero. Llegó a obtener una licenciatura en gerencia de la construcción.

Estos cuatro relatos son un ejemplo muy pequeño de la bondad que mostraron los estadounidenses hacia los pedro panes. Miles de ciudadanos respondieron "sí" a la petición de abrir sus corazones y sus casas a extraños. La generosidad de espíritu y el respaldo ofrecido abrieron el camino para que estos niños cubanos desplazados pudieran adaptarse a sus nuevos hogares.

> Mejor le fuera que se le atase
> al cuello una piedra de molino
> y se le arrojase al mar, que hacer
> tropezar a uno de estos pequeñitos.
>
> —*EVANGELIO SEGÚN SAN LUCAS, 17:2*

CAPÍTULO 9

LA INOCENCIA PERDIDA

Tener que dejar a la fuerza la patria, la familia y todo lo demás que uno conoce—como el cariño y la confianza—es una experiencia desconcertante. Adaptarse a una nueva cultura rodeada de personas extrañas es realmente una de las situaciones más difíciles que un niño puede experimentar. Pero la pérdida de la inocencia sufrida por algunos de los pedro panes fue una pesadilla tan horrorosa que se vieron forzados a habitar en un mundo de silencio y vergüenza. Estos son sufrimientos que no se pueden olvidar, la inocencia que nunca se puede recuperar.

"Yo siempre me he sentido resentida que él me robara mi primer beso", dice Dulce María Sosa, refiriéndose a su repulsivo padre de acogida. Después de pasarse seis meses en Florida City, los hermanos Sosa, Mari de doce años, Dulce María de diez y Pastor de nueve, fueron situados en un hogar de acogida de Long Beach, California, con una familia que hablaba español, y donde las excentricidades del hogar eran sólo parte del panorama.

"Para poder creer lo que allí sucedía tenías que ver el lugar", explica Dulce. "Era la casa más antigua de Long Beach. A nosotros nos parecía una casa tomada de un programa televisivo de comedia. La madre de acogida era una concertista de piano, con pelo canoso largo y rebelde. Nos recogió en el aeropuerto y llevaba puesto un largo abrigo de piel hasta el piso. Yo nunca vi un abrigo de piel en Cuba. Como yo vengo del campo, me pareció que vestía animales. Parecía una bruja", recuerda Dulce. Y aunque su madre de acogida usaba piel de animales para vestirse, también tenía en la casa varias mascotas, entre ellas tres monos en una jaula, que fue lo primero que los niños Sosa vieron cuando entraron en su primera morada provisional. Dulce recuerda su miedo inicial cuando les sirvieron helado, "Tuvimos mucho miedo de probarlo porque pensábamos que nos iban a envenenar".

Por más que la casa fuera extravagante, era sin duda muy amplia. Los hijos mayores de la familia de acogida estaban lejos en la universidad, pero las hijas menores aún formaban parte del hogar. Los tres niños Sosa compartirían el cuarto que sobraba.

Los ratos que Dulce pasaba fuera de su habitación sólo eran para ir a tomar clases de música y para ir a la escuela. Fue durante los viajes a las clases de música que el padre de acogida empezó con los abusos. Como consecuencia, antes de que Dulce tuviera tiempo de aclimatarse a su nuevo ambiente, se vio obligada a enfrentar una terrible realidad. Según lo describe, ella estaba sentada en la cocina cuando su padre de acogida le dijo que estaba desesperado y ansioso de poder tocarle los senos y besarla. Dulce trató de cambiar el tema mientras decidía mentalmente qué hacer, pero como sucede en todos los casos de abuso sexual, se sintió impotente. "Comenzó a acariciarme y a besarme, y me dijo que no dijera nada".

Pero era algo que ella no podía guardar en silencio. El miedo constante que sentía era imposible de soportar. Cuando Dulce le contó a su hermana Mari de la perversión de su padre de acogida, Mari lo reportó a las monjas del colegio. En lugar de encontrar apoyo, Dulce fue acusada de ser una mentirosa y le fue dada una alternativa: igual podía ir a otro hogar de acogida fuera del estado o quedarse donde estaba. Escogiendo el menor de los dos males, decidió quedarse con sus hermanos. Mari fue castigada por la familia por haber "mentido", mientras la madre de acogida se mantuvo al lado del esposo. Como condena, Mari fue confinada a su habitación; en represalia, ella se declaró en huelga de hambre. Dulce y Pastor les robaban dinero a las hijas del matrimonio y así compraban comida para Mari, que se la entregaban trepando a un árbol que llegaba a la ventana de su dormitorio.

Durante tres años insoportables, Dulce, resignada a su suerte, tuvo que soportar el abuso. Como hoy explica, "Mi única alternativa era guardar el silencio y aguantar, y eso lo hice por tres años".

Aunque el corrompido padre de acogida nunca acarició físicamente a Mari, ella tampoco pudo salvarse de su perversión. Dulce explica, "Con ella, él se paraba en la ventana del baño, la vigilaba, y entonces se masturbaba, lo que también hacía conmigo". La ironía es, según cuenta ella, que "tenían fama de ser la mejor familia, una familia muy religiosa".

De niña, Dulce era una cantante dotada, y mientras permaneció en Florida City ganaba todos los shows semanales de talento. Una de sus presentaciones nos ha llegado en un documental producido por David Suskind para la Oficina de Información de los Estados Unidos sobre el éxodo de los niños cubanos.

En la actualidad, Dulce continúa la carrera de cantante y compositora, y derrama el contenido de su corazón en canciones llenas de emoción. Hace algunos años se involucró en la metafísica así como en la auto-ayuda. A través de su nueva visión entendió que tenía que enfrentarse valientemente con el abuso a que había sido víctima, y comenzó a hablar de ello; hoy reconoce que haberlo hecho la ayudó a quitarse el peso de su carga íntima y sus consecuencias. También encontró consuelo y un cauce para sus sentimientos en su profesión. "Por suerte el canto me salvó. Fue mi liberación", dice Dulce.

LA HISTORIA DE FAUSTINO

Faustino Amaral era un inocente niño de seis años cuando llegó por primera vez a los Estados Unidos. Faustino, hijo único de una madre española que recordaba la guerra civil de España y los efectos causados por el comunismo en ese país en los años 30, fue enviado fuera de Cuba solo con la esperanza materna de evitarle alguno de los horrores que ella había sufrido. Qué poco sabía ella . . . El niño fue enviado a vivir con amistades de la familia en Miami, pero cuando ese arreglo no dio resultado, Faustino fue trasladado a Florida City, y de allí a un hogar en Albuquerque, Nuevo México, donde comenzó su martirio.

Su nuevo padre de acogida era un policía; su madre de acogida, una ama de casa con dos hijos. Faustino describe el tratamiento inhumano recibido a manos de esos seres tan crueles de la siguiente manera, "Cuando cualquiera de los niños hacía algo malo, yo era el que recibía el castigo. Yo padecía de asma. Tengo problemas de sinusitis. Como no podía comer y respirar al mismo tiempo, y porque me sonaba el pecho cuando comía, me ponían a comer con el perro. Colocaban mi plato junto al del perro, y yo tenía que fajarme con el animal por la comida".

Esto es sólo un ejemplo del abuso a que fue sometido Faustino. Fue desposeído de todo lo que le pertenecía. El poco dinero que la madre pudo de algún modo mandarle nunca le fue entregado. Lo único que pudo recibir de ella fue una estatuilla de la Virgen María, su única posesión y recuerdo de su madre.

Según aparecen registrados en los archivos de las Caridades Católicas, los abusos a Faustino fueron descubiertos después de siete u ocho meses por una trabajadora social que pudo adivinarlos a través de las mentiras de la familia. Al darse cuenta que algo andaba mal, la trabajadora social trasladó a Faustino a un nuevo hogar de acogida para vivir con la familia de Henry Fitzgerald.

Faustino, ya retraído, asustado y encerrado en su propio mundo autosuficiente, fue trasladado nuevamente a otro hogar. "Nunca olvidaré cuando llegué a casa de los Fitzgerald. Tenía puesta una camisa que estaba un poco rasgada y me dijeron de una manera muy delicada, 'Esa es una camisa muy bonita, pero déjame quitártela y te doy una nueva'. Fui a quitarme la camisa, y ¿tú sabes cómo sucede cuando uno siente dolor y se pone tenso? La señora Fitzgerald se dio cuenta y me preguntó, '¿Qué te pasa?', y yo le contesté, 'Nada, nada. No me duele'. Y ella estaba sentada ahí, y dijo, '¡Dios mío!'; yo tenía morados por todo el cuerpo".

El señor Fitzgerald recuerda haber sospechado que el muchacho había sido abusado por las otras personas que lo cuidaron antes que ellos. Lo mismo piensa la señora Fitzgerald, pero ella, muy discretamente, ha decidido no hablar del asunto. No obstante, habla de Tino (como lo llama), y de los primeros días que pasó con él. Lo describe como un niño callado, que parecía pequeño para su edad y que siempre daba las gracias por cualquier cosa.

En el hogar de los Fitzgerald, Faustino encontró la familia ideal, donde había cuatro muchachos más y cariño suficiente para repartir entre todos. La señora Fitzgerald recuerda una de las razones que hizo a la trabajadora social escoger a su familia. "Quiso situarlo en un hogar donde hubiera muchachos para que él pudiera sobreponerse para siempre a los malos tratos recibidos".

Como la señora Fitzgerald venía de un hogar roto, había pasado también su niñez entrando y saliendo de orfelinatos. Simpatizaba con la grave situación de los niños cubanos, y en fin de cuentas, tuvo a su cargo un total de seis. "El resultado fue bueno. Comprendíamos sus problemas. Nosotros mismos los habíamos experimentado. Hacíamos por ellos lo mismo que por nuestros hijos. O sea, asegurarnos que fueran a la iglesia y a los paseos campestres. Eran solamente las cosas que se hacen a diario", explica la señora Fitzgerald.

El aprecio que siente Faustino por los Fitzgerald no tiene

límites. "Ella trabajó conmigo", dice Faustino. "Acababan de eliminar la fonética (en la enseñanza), pero ella sacó un libro viejo de fonética y me dijo, 'Vas a aprender a pronunciar como es debido'. Y entonces añadía, 'Tu lengua tiene que hacer esto', y funcionó; mi dicción (en inglés) es muy clara. Los últimos años fueron muy buenos". Faustino aún llama "papá" y "mamá" a Henry y Patricia, e igual que hicieron los dos hijos mayores de los Fitzgerald antes que él, Faustino se unió a la fuerza aérea para seguir los pasos de su padre de acogida.

"Cuando yo dejé la primera familia, lo único que retuve fue la Virgen María que mi madre me había mandado. La llevé a casa de los Fitzgerald, y cuando me marché de allí, le dije a mi madre de acogida que quería que ella la tuviera. Hasta el día de hoy la conserva".

VILLA MARÍA—SAN ANTONIO, TEXAS

En 1962 San Antonio era una ciudad con una población que apenas sobrepasaba medio millón de habitantes y que estaba muy dividida racialmente—mexicanos a un lado, gringos al otro. Villa María, una vieja y aplastante estructura de ladrillos oscuros en la Avenida Flores, servía de casa a jovencitas hispanas que trabajaban durante el día y vivían en los pisos segundo y tercero, bajo la supervisión de las monjas de la comunidad Hijas de María Inmaculada. Esta orden dirigía más de cien hogares para muchachas por todo el mundo. El cuarto, o último piso de la casa, estaba ocupado enteramente por las niñas pedro panes. En algunos cuartos dormía una sola, en otros había dos, tres o hasta más. Había un total de cuarenta adolescentes para compartir tres baños.

Diana Alonso, una de las primeras cubanas en llegar, recuerda el primer verano que pasó en su nueva residencia. "Las monjas tenían a cuarenta criaturas bajo su cuidado, y tenían que ser muy estrictas porque algunas de nosotras éramos muy rebeldes. Tenían que establecer reglas severas. A muchas de nosotras eso no nos gustaba, pero yo encontraba a las monjas muy dedicadas. Hacían cualquier cosa para vernos tan contentas y cómodas como fuera posible".

Esta opinión la comparte Mirta Almeida, "No puedo quejarme del trato que recibimos. No podemos olvidar que éramos casos de caridad. No eran unas monjas cariñosas, pero yo me llevé con ellas de lo mejor. Las respetaba y ellas me respetaban a su vez".

Las muchachas tenían poco de qué quejarse. Estaban bien atendidas. Solían tener pocos problemas, hasta que ocurrió el percance. Una noche, cuando la mayoría de las muchachas estaban fuera, una de las muchachas que tenía su cuarto propio fue violada. El atacante subió por una escalera de incendios, trepó a una ventana, y la atacó. Nadie lo oyó. Nadie lo vio, a excepción de la víctima.

Después del ataque, la policía vino y habló con la víctima. Esa noche habló con ellos, pero nunca más volvió a mencionar el incidente. Silvia Alfonso recuerda haberse enterado del suceso cuando las monjas vinieron a revisar su cuarto. La víctima fue llevada al médico para ser examinada, y también al mes siguiente, para determinar que no estaba embarazada. "La idea de un embarazo nunca se le había ocurrido", dice Esperanza Rodríguez, que acompañó a la víctima al médico. "Francamente, a mí tampoco se me ocurrió. Éramos tan inocentes. Culpamos a las monjas. Habíamos pedido un guardia, porque en otras ocasiones otros hombres habían tratado de entrar por la fuerza. Por supuesto, después del incidente tuvimos uno".

Silvia Alfonso recuerda la gran simpatía que ella sintió por la víctima. Solamente pensar que a cualquiera de ellas podía haberle pasado lo mismo las unió hasta hacerlas olvidar todas las pequeñas diferencias que existían entre ellas. Se negaron a revelar la verdadera identidad de la víctima a una curiosa

maestra de segunda enseñanza. Todas se unieron para prote-
gerla, porque eso les hizo comprender cuán solas y vulnerables
estaban. No tenían más familia que unas a las otras.

JOSEFINA SANTIAGO

Josefina Santiago* tenía diez años de edad cuando abandonó
Cuba en el mes de mayo de 1962. Durante los cinco años y
medio que estuvo separada de sus padres, fue de un orfelinato
de la ciudad de East Orange en el estado de Nueva Jersey a cuatro hogares de acogida, antes de que finalmente se mudara con
su tía y el esposo. Ella recuerda todos los hogares de acogida
como "horrorosos", a excepción del último. "No sé por qué
tuve que ir a cuatro hogares de acogida. En el primero había seis
u ocho niños de la casa, y yo me sentía como si fuera una más.
No recibía mucha atención excepto cuando me regañaban,
pero de todos modos yo era solitaria", recuerda Josefina.

Pero ningún lugar le parecía como su hogar, y sentía,
además, que no encajaba en ninguna parte. "Recuerdo una
situación en la que yo quería dormir en la litera de abajo, y se
armó una pelea", explica Josefina. "Fui a dormir en la litera alta,
y me llevé conmigo una carta de mis padres, y en ella me enteré
que mi hermana había sido operada de un ojo y que posiblemente quedaría ciega, y lloré tanto que empezaron a llamarme
'llorona'. Creían que yo estaba llorando por la pelea".

Josefina recuerda haber sentido que, hiciera lo que hiciera,
nunca ganaba. Podía soportar ese estado de cosas; no obstante,
evitaba ser trasladada a otro hogar de acogida. "No quería ir a
ninguno más, de verdad que no quería. Prefería estar en el orfelinato, pero una trabajadora social argentina me convenció de
ir a otro. La familia era acomodada y tenían una piscina. La trabajadora social en realidad me metió por los ojos la piscina.

---

*Seudónimo

Tenía un cuarto para mí sola, lo que era muy diferente. Tenían una hija de mi misma edad y trataron, de verdad que trataron, de ser justos. No querían que la hija fuera más hija única, porque se estaba volviendo difícil, y yo estaba allí solamente para evitar que ella continuara siendo la única".

En ese momento de su vida, Josefina se sentía muy infeliz y le costaba trabajo ser cortés. "Me trataban bien, pero no me demostraban mucha comprensión. Yo era una persona tan desagradable, tan sarcástica, cínica al grado máximo, que ni yo misma podía aguantarme. No podía soportar ser tan cínica, pero no tenía otra salida. Y empecé a fingir y nadie se dio cuenta. Nadie me prestaba ninguna atención".

Cuando le dijeron que iba a mudarse con su familia porque finalmente había llegado su tía de Cuba, Josefina pensó que las cosas iban a mejorar. Finalmente iba a estar con su propia familia. Volvería a estar entre caras conocidas y en un hogar cubano.

No podía imaginarse las circunstancias tan pésimas que le esperaban. "Puedo decirte que había trece escalones para subir a mi cuarto; los contaba cada noche", recuerda Josefina. Su tía trabajaba de noche, y tan pronto como ella salía, el esposo subía los escalones al cuarto de Josefina. "Mi tío me abusó sexual y físicamente. Era lo peor que me había pasado hasta ese momento".

Siguiendo el patrón de la mayoría de los niños abusados, Josefina guardó el abuso en secreto hasta que sus padres llegaron. "En mi inocencia pensé que era mejor no decirlo; lo mantuve guardado dentro de mí por muchos años. No fue hasta que mi tía se murió que todo salió a relucir—yo estaba ya en libertad de decirlo. No lo había hecho antes por consideración a ella, pero ahora el tapón se había desaparecido y podía decirlo abiertamente".

Josefina pensó que tendría alivio. Esperaba compasión. Al menos, quería comprensión y consuelo de parte de su madre, pero una vez más, sus esperanzas se desvanecieron cuando su madre negó enfáticamente que fuera posible lo que Josefina estaba diciendo.

La primera respuesta de la madre de Josefina fue, "No te creo. Tú debes estar inventándotelo". La relación de Josefina con su madre no había sido buena desde su reunión en el exilio, por lo que estaba preparada para cualquier cosa que su madre tuviera que decir.

Josefina había guardado el secreto demasiado tiempo. Ya era tiempo de sacarlo a la luz. Según ella explica, "No importaba que me creyera o no. Yo estaba preparada emocionalmente. No permitiría que se saliera con la suya. La llamé a la semana siguiente, volví a tratar el tema, y esta vez dijo, 'Sí, sí, pero no fue tan malo' ". No era eso lo que Josefina quería escuchar.

"Pasó otra semana. Volví a hablar del mismo asunto con ella, y me dijo, 'Bueno, pero sucedió una vez nada más, ¿verdad?' 'No, mamá, sucedió todas las noches que estuve con ellos'".

Josefina, que ya no vivía con sus padres en ese tiempo, dice que después de la confesión, su madre la mantuvo alejada de su padre durante tres años para que él no se enterara. "Porque ella sabía que mi tío era un pederasta, y mi padre no se lo imaginaba. Ella sabía adónde me estaba enviando. Ese tío político le había hecho lo mismo a otras dos jóvenes de la familia de mi misma edad".

Josefina persistió en sus conflictivas llamadas semanales, esperando hacerse comprender, esperando que al fin su madre la comprendiera. Pero nunca obtuvo de ella nada más que, "Bueno, eso sucedió hace tanto tiempo que tienes que olvidarlo. Hazte la idea de que nunca pasó".

Y Josefina añade, "Así ha sido nuestra relación desde entonces". Sin embargo, ella no estaba dispuesta a ceder. Sabía el daño y el dolor que su tío político le había causado. Exigía que fuera reconocido. "'Si tú no respondes como mi madre, no eres mi madre.' Y ella lo sabe", dice enfáticamente Josefina. "Hay veces que ella me llama y dice, 'Bueno, yo sé que no me quieres, pero . . .' Me imagino que ella espera que yo le diga, 'Ah, no, madre, yo sí te quiero'. Pero no lo hago. Ella no se lo ganó. Biológicamente será mi madre y la respeto, porque esa es mi educación. Le debo el respeto, pero no creo que pueda deberle el amor".

La misión de Josefina de reafirmación ha continuado, y lo explica de esta manera, "Años después regresé a Cuba con mi madre, y fuimos a ver a una tía que considero mi verdadera madre. Le conté que había sido abusada sexualmente, y me abrazó llorando copiosamente. Mi madre nunca hizo eso".

DE REGRESO A CUBA

Es muy difícil salir solo de Cuba y tener que aguantar la separación de los padres y la adaptación a circunstancias diferentes en un nuevo país.

Como todos los niños pedro panes, Mildred Carrido* fue enviada fuera de Cuba sin acompañante. Tenía diez años de edad. Sus padres estaban divorciados, y la madre tenía la custodia total de la niña. El padre, que ya había salido de Cuba, estaba en algún país de Suramérica. Para Mildred su padre se había desaparecido de la faz de la tierra. No participaba en la educación de su hija y no hacía ningún esfuerzo por mantenerse en contacto con ella.

Cuando Mildred llegó a Miami, fue a vivir con amistades de la familia, una pareja que tenía una niña, y con ellos vivía la madre de la esposa. Mildred estaba aprensiva. En un encuentro pasado con esa familia, cuando ella tenía seis o siete años de edad, el hombre la había acariciado y apretado. Ella nunca se lo dijo a nadie. Ahora, aquí estaba ella, mudándose a su casa— en su territorio.

---

*Seudónimo

Al principio, las cosas no fueron mal. Mildred no estaba contenta con las labores que tenía que desempeñar, como lavar su propia ropa, a lo que ella no estaba acostumbrada, pero podía arreglárselas. Pero un día su existencia se volvió espantosa. Ella recuerda, "Entonces aquel hombre comenzó a molestarme otra vez. Gracias a Dios que nunca llegó al final. Creo que le tenía miedo a su esposa, pero me hizo la vida muy difícil. Me perseguía por todas partes y me tocaba en cada rincón de la casa. Yo vivía en un perenne estado de ansiedad".

Para poder escaparse de esa situación y también ganarse algún dinero para llamar a Cuba por teléfono, y comprarse ropa, Mildred comenzó a trabajar a los once años. Calle abajo, los padres de una amiga traían trabajo de la fábrica para hacer en casa, y Mildred iba todos los días después de la escuela para ayudarlos.

Desgraciadamente, esta situación no pareció aliviarle el problema. De regreso a la casa, tenía que enfrentarse a otro miembro de la familia. La madre de la esposa jugaba y me pedía dinero. Me decía que si no se lo daba, se iba a matar delante de mí. También me amenazaba para que no se lo dijera a su hija. Le daban ataques y se tiraba en la cama. Entonces, yo no tenía dinero alguno, y la hija me preguntaba qué diablos hacía yo con mi dinero", recuerda Mildred.

Los abusos a que Mildred fue sometida eran de diferentes tipos. Todo lo que vestía era motivo de crítica diaria por parte de la esposa, y le repetía, una y otra vez, que parecía una puta. Mildred era trigueña, alta, y con sólo once años de edad, tenía la figura de una muchacha de quince. "Cuando pienso en el pasado y analizo la situación, creo que estaba celosa de mí". Una vez, sin haberla provocado, la mujer abrió el clóset, tiró toda la ropa de Mildred al suelo, y la pisoteó.

Además de la persecución constante, Mildred era excluida de la vida social de la familia. Cuando salían todos juntos, Mildred se veía obligada a sumir el papel de niñera. Mientras tanto, la joven estaba esperanzada que su familia viniera a los Estados Unidos, pero esas esperanzas se vieron frustradas. El padrastro de Mildred decidió no irse de Cuba, y su madre, de carácter débil, decidió que ella tampoco lo haría. En vez de decirle al esposo, "Yo tengo una hija allá y tengo que irme", su madre comenzó a hacer arreglos para que Mildred regresara a Cuba, algo que no era fácil en aquel momento. Con la ayuda de un tío que estaba con el régimen, consiguió el permiso de entrada en Cuba, y así regresó por el Canadá.

Una vez en Cuba, la madre de Mildred le dijo que no iría más a la escuela, "porque el régimen de Castro se va a caer pronto". Pero Mildred ya había soportado bastante. La adolescente se enfrentó a su madre, diciéndole que no iba a interrumpir su vida, y que iba a estudiar. El primer día de colegio, vistiendo ropa estadounidense, Mildred se convirtió en el centro de atracción. Al principio, como era una "repatriada",* le fue vedado participar en algunas actividades, pero ella decidió unirse al sistema, lo que explica de manera siguiente, "Hice infinidad de trabajos voluntarios. Tienes que hacerlo, de lo contrario no puedes conseguir nada, una buena profesión, un buen trabajo. Yo trataba de ver el lado positivo de las cosas y eso me daba entusiasmo".

Pero su deseo de situarse dentro de la revolución le creó conflictos a Mildred. Su abuela adorada y una tía abandonaron Cuba, pero Mildred no podía escribirles, ya que cualquier clase de comunicación con los *gusanos* exiliados daba un reflejo negativo sobre su persona. Cuando su padre falleció, tuvo que pedir permiso para escribirle a su abuela.

Mildred contrajo matrimonio muy joven, a los diecisiete años, y tuvo una hija. Se hizo profesora universitaria, se divorció

---

*Los "repatriados" eran cubanos residentes en el exterior que simpatizaban con el régimen de Fidel Castro, y por ende, volvieron a vivir en Cuba.

y volvió a casarse en 1980, pero ya entonces estaba desilusionada con el régimen castrista, y quería abandonar la isla nuevamente. Continuó siendo una prisionera, una víctima, sin libertad para abandonar un gobierno represivo por más que perseveró en su búsqueda de libre albedrío. En 1995, Mildred y su familia llegaron al Aeropuerto Internacional de Miami. Comenzaba la vida de refugiada por segunda vez. Le tomó treinta años darle la vuelta completa al círculo. Pero esta vez fue su decisión.

Perder el idioma de uno es una tragedia.

—ROSARIO FERRÉ

CAPÍTULO 10

DE "NO HABLO INGLÉS", A "I DON'T SPEAK SPANISH"

Alicia Brito* vivió separada de sus padres durante cinco años con una familia de acogida en el pueblo de Tomah, en el estado de Wisconsin, cerca de la frontera con el Canadá. Durante ese tiempo, se había convertido de una aniñada cubanita de nueve años que no hablaba inglés en una adolescente estadounidense de quince años que no hablaba español.

Cuando supo la noticia que sus padres habían salido de Cuba, Alicia le confió a su hermana la preocupación que la embargaba, diciéndole, "Yolanda, yo ya no hablo español". Para prepararse para el encuentro, antes de ir a dormir, ambas comenzaron a practicar el español. Alicia recuerda, "Comenzábamos a reírnos porque sonaba tan raro". Cuando los padres de acogida oyeron el alboroto, les preguntaron de qué se reían. "¡Estamos hablando español!", fue la contestación de las muchachas, y ellos también se unieron a la risa.

"Nos encontramos con nuestros padres en el aeropuerto de San Francisco y todo parecía estar bien hasta ese momento.

---

*Seudónimo

Hubo besos y abrazos. Pero cuando fuimos a buscar el equipaje, ellos comenzaron a hacernos más preguntas, y yo dije, 'Yolanda, diles que . . .' y mi madre empezó a llorar. Estaban totalmente confundidos con todos los cambios. El cambio principal era el físico, porque ahora yo podía mirar a mi padre directamente en los ojos y había sobrepasado a mi madre en estatura".

Después que las hermanas Brito abandonaron Cuba, su madre tuvo otras dos hijas, que en la fecha del encuentro tenían uno y tres años de edad. Desde los Estados Unidos, las hermanas mayores habían seleccionado los nombres, pero ahora las bebitas se escondían entre las piernas de la madre, tratando de adivinar quiénes eran esas extrañas. "Cuando dejamos a nuestros padres, eran jóvenes, pero ahora tenían el pelo canoso. Sentados en el carro, mi hermanita de tres años les preguntó cuándo se iba la visita".

Alicia comenzó a tener dolores de cabeza cada vez que trataba de hablar español. "Podía entenderlo, aunque tenían que explicarme algunas palabras, pero no lo podía hablar. Entendía una conversación corriente, pero cuando mi cerebro trataba de reajustarse, ¡me empezaban unas jaquecas terribles! Les hablaba a los gringos en español y a mis padres en inglés".

Transcurrieron cuatro años desde que Faustino Amaral salió de Cuba, a la edad de seis años, y desde entonces había vivido en un ambiente típicamente estadounidense. Ahora, con diez años de edad, se bajaba del avión en el Aeropuerto Internacional de Miami para reunirse con su mamá. "La vi y me eché a correr gritando, '¡Mom!', 'Mom!' ('¡Mami!', '¡Mami!'), y ella me contestaba en español, y yo me asusté y pensé para mí, '¡Ay, Dios mío!', y salí corriendo hacia el avión". Faustino dice que volvió a hablar español muy pronto porque su madre no se separaba de él ni por un instante. "Siempre se me estaba atragantando el español, por lo que no tuve otra alternativa. Cuando mi padre llegó dos meses después, ya lo había aprendido de nuevo".

El problema del idioma de Susana Garrandes fue de un extremo al otro—de no hablar inglés a no hablar español. Había abandonado Cuba a los diez años. "Llegué a un punto que cuando mi madre me llamaba, no podíamos hablar," recuerda Susana. Un amigo de la familia en Cuba, que hablaba un poco de inglés, les servía de intérprete a Susana y sus padres por teléfono.

Cuando Susana llegó a Nueva York, su hermano mayor, que no hablaba nada de inglés, fue a recogerla al aeropuerto. En el área donde se reclama el equipaje, le preguntó de qué color era la maleta. "Yo solamente pude contestar *roja*, si bien era anaranjada y gris".

Los próximos tres meses en una escuela del estado de Nueva Jersey fueron muy difíciles para Susana porque todos los niños allí eran sabelotodos y maliciosos. "Yo era tan cándida. Venía tan protegida de la vida del orfelinato, rodeada de niñas cubanas y, además, mi hermano y su mujer no hablaban inglés". Tratar una vez más de adaptarse a un nuevo ambiente resultó ser muy complicado para Susana, que rezaba todas las noches por regresar al orfelinato.

> Si comparas nuestras vidas con la de un delincuente contumaz, que siempre termina en la cárcel, para bien o para mal, él conoce el sistema. Cuando conoces el sistema, te sientes cómodo, porque sabes cómo vivir en él. Y de buenas a primeras, todo se me presentaba como una novedad, hasta la comida. Una vez que regresas a tu familia, te das cuenta que no la conoces.
>
> Recuerdo cuando mi madre salió por Camarioca, voló a Nueva York y yo fui al aeropuerto, para en resumidas cuentas esconderme detrás de mi tía. Tenía miedo de ver a mi

madre. No sabía si la iba a conocer. No sabía qué debía hacer. Era una experiencia distinta, todo nuevo y complicado, y mi mente simplemente no podía aceptarlo.

Mario Sánchez estuvo separado de sus padres durante seis años, totalmente enfrascado en un ambiente donde sólo se hablaba inglés. A Mario se le olvidó el español por completo. Las monjas de la Academia del Monte San Juan de Gladstone en Nueva Jersey, lo forzaban a que no hablara español. "Las monjas del orfelinato te pegaban si lo hacías. A mi hermano no se le olvidó el idioma porque era rebelde, y cuando las monjas nos pegaban por hablarlo, a él no le importaba, y seguía hablándolo con los otros niños cubanos (pedro panes), mientras que yo lo tomaba muy en serio".

Sus padres le escribían, pero Mario no entendía ni siquiera una palabra. Su hermana mayor tenía que traducirle las cartas. Ahora Mario compara la vida con sus padres a una comedia de televisiva.

Mario no podía hablar con su madre o con su abuela. Su padre hablaba inglés y se comunicaba con el muchacho, sin embargo, hablaba en español con sus otros hijos. Desgraciadamente, el padre trabajaba noche y día para mantener a los seis de la familia. Trabajaba en un tienda de víveres durante el día y en una fábrica de latas por la noche. "Un día mi madre quiso darme un plato de sopa para almorzar y, cuando me lo dijo, me puse tan nervioso que tuvo que llamar a mi padre al trabajo. Él volvió a casa corriendo, y le expliqué que yo no quería almorzar jabón. Fue una reacción violenta porque las monjas acostumbraban lavarnos la boca con jabón en el orfanato". Fue fácil confundir la fonética de *sopa* con *soap* (*jabón* en inglés).

"Yo era el intérprete oficial de toda la familia durante mi juventud, pero no solamente de la familia inmediata, sino de todos los primos y tíos, y éramos una familia muy extensa", dice

Luis Ramírez. "Una vez, cuando yo tenía alrededor de catorce o quince años, dije, 'No más traducción', a excepción de mi familia inmediata, pero ya ellos hablaban inglés". Luis tenía ocho años cuando salió de Cuba y fue a vivir con los Varela, una familia de acogida en el estado de Delaware. Allí se sintió muy querido y aceptado en el seno de la familia que tenía cinco hijas, y Luis se convirtió en el juguete de todos. Sin embargo, aún siendo tan joven, se dio cuenta de que estaba perdiendo el español. Se despertaba a media noche hablándose a sí mismo en español, o tratando de recitar poesías en su lengua natal.

Cuando sus padres llegaron, la situación financiera de la familia era precaria. Vivían cuatro personas en un pequeñísimo apartamento con una cama tipo Murphy. Como sabían que Luis estaba bien atendido, le pidieron al muchacho que se quedara con sus padres de acogida por más tiempo hasta que estuvieran en mejor situación económica. Luis protestó porque quería vivir con sus padres, por lo que cinco personas terminaron viviendo en un "apartamento-estudio" (sin siquiera un dormitoro aparte).

Luis entendía el español, pero no podía hablarlo. Sin embargo, recuperó el idioma muy pronto. Entonces fue cuando su carrera como el intérprete oficial de la familia comenzó. "Mi padre era abogado y me hacía traducir todo de forma exacta, hasta cuando él estaba maldiciendo a alguien. Yo le preguntaba, "¿De verdad quieres que diga eso?", y muy serio contestaba, 'Sí, dilo'".

Un día, Luis tuvo que servirle de intérprete a un primo que tenía que hacerse una prueba de la vista para conseguir trabajo. Como era ciego de un ojo, le pidió a Luis que no solamente le sirviera de intérprete, sino que le dijera las letras que aparecían en el diagrama. Luis le contestó, "Yo no digo mentiras".

Antonia Martínez fue a una casa de acogida en Nuevo México cuando tenía nueve años con su hermana de quince. Su familia de acogida traía libros de jardín infantil, o *kindergarten,* de la biblioteca para enseñarles inglés. Ella recuerda la gente de

Nuevo México como muy amables, pero que reaccionaban como si las niñas pedro panes vinieran de otro planeta. "No sabían dónde estaba Cuba". Nadie en la casa hablaba español, y no querían que las niñas hablaran en su idioma entre ellas para que así pudieran aprender el inglés más pronto. Por eso, las hermanas Martínez se escondían para hablar español. "Me imagino que cuando eres pequeña puedes captar ciertas cosas con más facilidad, y también puedes aprender más rápidamente si hablas solamente un idioma", dice Antonia.

Sus padres llegaron tres años después, en 1965, saliendo de Cuba vía México. Encontraron que su hija pequeña no hablaba español, aunque podía entenderlo. "Mi madre lloró durante muchos días. Me imagino que fue así porque ella sentía que había mandado (fuera de Cuba) a una niña, pero que le devolvieron otra. Pienso que eso la afectó enormemente. Yo la comprendía; le hablaba *como una americana,* una palabra aquí y otra allá. Mi hermana tenía que servir de intérprete muchas veces".

A Antonia le esperaba otra sorpresa cuando la familia se trasladó a Puerto Rico, donde el español es la lengua oficial. "La escuela y todo lo demás allí era en español. Como asignatura, el inglés era la segunda lengua. Tuve muchos problemas con eso. Yo siempre había sido una buena estudiante; las matemáticas y las ciencias me eran fáciles, pero los idiomas no". Para su buena suerte, la familia al poco tiempo se mudó a Miami. "Mi hermana se encontró con un novio que vivía en Miami y decidió casarse. Mi padre dijo, 'Hemos estado separados por tanto tiempo que no nos vamos a separar otra vez. Si ella se muda a Miami, todos nos vamos para Miami'".

Cuando Mariana Prats puso a sus cuatro hijos mayores— Lola de seis, Benito de siete, Margarita de ocho y José de nueve—en un vuelo a Miami en el mes de septiembre de 1961, se quedó con los dos más pequeños, mientras pensaba que se reuniría con los otros en quince días. Pasarían cuatro largos años antes de verlos de nuevo. "Nos atemorizamos por nuestros hijos cuando comenzaron a cerrar las iglesias. En Camagüey no tuvimos ningún cura por quince días. Echaron de su colegio a los sacerdotes y a las monjas salesianas. Había un verdadero pánico".

Una vez que obtuvieron sus pasaportes y el permiso de salida de la policía, los Prats se enteraron de que una nueva regulación había sido puesta en efecto: la salida del país tenía que ser aprobada por la policía de La Habana en caso de que hubiera alguna acusación pendiente en la capital. La policía habanera retuvo los pasaportes de los Prats por varios meses. Mientras esto pasaba, otra regulación fue instituida sobre la salida de los médicos, ya que muchos habían abandonado el país. Como esa era la profesión del doctor Prats, sus planes de viaje fueron nuevamente echados por tierra. Viajó a La Habana durante un fin de semana, y allí se enteró que el Colegio Médico de Cuba, del cual requería el permiso, sólo estaba abierto los miércoles y jueves. Pasaron días, semanas y meses. Finalmente, la familia logró salir vía México.

Mientras tanto, los cuatro hermanos Prats fueron enviados a un orfelinato en la ciudad de Siracusa en el estado de Nueva York. El diario *Syracuse Herald* les dedicó un artículo por ser los primeros pedro panes llegados a la localidad. Poco tiempo después, los mudaron a distintos hogares de acogida—las niñas a uno y los varones a otro. Las niñas fueron recibidas en el hogar de la familia Clough. La señora Clough tenía dos hijos, pero ella sentía que aún no había terminado su labor maternal, y por lo tanto, le pidió a la iglesia que le diera menores para acogerlos. "Nos recibieron con tanto cariño que nos sentimos aceptados", dice Margarita Prats, que entonces tenía ocho años. "De verdad nos querían como si fuéramos sus propios hijos. Ella era en realidad una persona nacida para tener familia; quería tener niños a su alrededor. Le encantaba criarlos".

Por la separación de sus padres y convivir en Siracusa nada

más que con norteamericanos, los niños Prats olvidaron completamente el español. Lo que es aún más trágico que perder el idioma natal es la pérdida de la conexión con la familia. A Lola, la menor, que tenía seis años, se le olvidó no solamente el español, sino que también olvidó a sus padres. "Yo les escribía a mis padres mientras estaban en Cuba, pero para mí ellos eran solamente unas personas a las que les tenía que escribir. Mis padres de acogida me obligaban a hacerlo, de no ser así, creo que no lo hubiera hecho por voluntad propia. Yo no comprendía por qué había tenido que irme de Cuba, pero eso sí, una vez que llegué aquí, los olvidé. Recuerdo que mis padres de acogida me obligaban a escribirles, pero yo no sabía a quién les estaba escribiendo. Me decían que eran mis padres, pero yo les contestaba, "'No, ustedes son mis padres'. Todo era muy confuso para mí'".

La diferencia de dos años de edad entre las niñas determinó cómo reaccionaron con respecto a sus padres. "Yo echaba de menos a mis padres", dice Margarita. "Cada vez que surgía una conversación sobre su llegada, y siempre que algo se rumoreaba sobre eso, yo los esperaba ansiosamente. Cuando al fin llegaron, quería verlos. Quería estar con ellos de nuevo".

El día que las niñas se fueron de la casa de acogida fue otro episodio traumático para ellas. Margarita tenía doce años y Lola diez. "Yo no quería dejar a mis padres de acogida. Los consideraba mis padres, y no quería irme con aquella gente extraña", dice Lola. "Mi hermana comprendía mejor, aunque sólo era dos años mayor que yo. Ella entendía que había otros dos padres con los que teníamos que vivir. Separarnos de ellos fue una experiencia desoladora. Gritamos y lloramos durante todo el viaje al aeropuerto. Fue una nueva separación".

La familia Prats se radicó en el área de Washington, D.C., porque allí tenían muchos amigos. La bondad de personas extrañas se extendió a los nuevos visitantes. El doctor Font, un dentista que era dueño de varias casas en el suburbio de

Bethesda, supo de una familia cubana que tenía seis niños, y por eso le ofreció una de sus casas hasta que el doctor Prats revalidara su título de medicina.

Debido a que Mariana Prats había estudiado dos años en el Canadá, hablaba bien el inglés. El dominio de su marido del inglés era más limitado, pero tenía algún conocimiento de la lengua. Cuando ella se reunió con sus hijos, siguió las indicaciones de un siquiatra que le aconsejó no cortar por completo la relación con los padres de acogida de sus hijos, sino que más bien la alentara. El siquiatra le dijo a la señora Prats que era natural que quisiera a sus hijos solamente para ella, pero iba a tener que compartirlos por un rato más. "Tan pronto como los niños llegaron, hice que llamaran a sus padres de acogida. Hablaron alrededor de una hora, y una llamada de larga distancia era un gasto enorme para nosotros en ese momento", recuerda Mariana Prats. "Esa noche hice que les escribieran cartas". La señora Clough recuerda haber sido invitada a visitarlos tan pronto la familia se estableció.

Los cuatro niños Prats que habían salido de Cuba ya no hablaban español, y los hermanitos más pequeños no hablaban inglés, pero la madre recuerda que de alguna manera se entendían. "Alguien nos había regalado una larga mesa de conferencias que no sólo era nuestra mesa de comer, sino que también era donde nos sentábamos, y donde mi padre levantaba un zapato y decía, 'Esto es un zapato', y todos alrededor de la mesa lo repetíamos", dice Margarita. "Todavía nos reímos cuando nos acordamos de esos tiempos".

Mariana dice que una de las primeras grandes compras de la familia fue un televisor, porque los niños venían de hogares donde la televisión estaba presente. "La casa estaba vacía, no teníamos muebles, pero muy pronto aprendieron lo que quería decir *mira*, mientras señalaban al televisor. Los entendíamos y nunca los obligamos a que hablaran un idioma determinado. Los abuelos, que no hablaban ningún inglés, servían de niñeros a veces, y los niños tratábamos de enseñarles inglés, mientras ellos, a su vez, trataban de enseñarnos español".

Margarita recuerda, "Todos hablábamos español en casa. No recuerdo que fuera un problema para los pequeños que nosotros habláramos en inglés, y ellos en español. Al poco tiempo, cada miembro de la familia hablaba en el idioma en que se sentía más cómodo. Y entonces uno respondía de la misma manera. Hasta el presente, yo saludo a alguien en español y mezclo un poco de inglés, y ni me doy cuenta". Lola dice que hoy en día ella habla con sus padres en inglés, y que ellos le responden en español. Ella entiende el español, pero no lo habla bien.

Los muchachos Prats se han mantenido el contacto con la familia de acogida y se visitan todos los años. "Tan pronto que Lola se fue, comenzó a escribir 'LLMND' en todas sus cartas. Todavía lo hace. Eso quiere decir, en inglés, 'Lola quiere a mamá y a papá' ('Lola Loves Mom 'n' Dad'). Fue una bendición el tiempo que pasaron con nosotros, porque indudablemente llenaron en mí un espacio que estaba en blanco", explica la señora Clough. Los Clough han estado presentes en importantes eventos de la familia Prat. Para los Clough, los hijos de los muchachos Prats son sus nietos. "Yo me siento tan orgullosa de esa familia", dice la señora Clough. "Cada vez que tengo la oportunidad, relato la historia de cómo su madre los quería tanto que estuvo dispuesta a separarse de ellos sin saber qué iba a sucederles".

Lo mejor que se puede esperar de un reencuentro entre relaciones
estropeadas son los momentos nerviosos.

—HENRY BROOK ADAMS

CAPÍTULO 11

EL REENCUENTRO CON LOS PADRES

Los padres que enviaron a sus hijos fuera de Cuba trataron de
seguirlos a través de varios canales. Había los que tuvieron la
suerte de salir inmediatamente después de sus hijos, y para ellos
la temida separación sólo duró unos meses. Después que los
vuelos fueron suspendidos el 23 de octubre de 1962, muchos
otros padres se quedaron varados en Cuba, preguntándose
cómo iban a salir de una isla que se había convertido en una
prisión.

Después de la fracasada invasión de Bahía de Cochinos,
Castro se dio cuenta que tenía una fuente de dinero depositado
en sus cárceles. Como los Estados Unidos quería que los prisioneros brigadistas fueran puestos en libertad, Castro ideó un
plan para libertarlos, del cual, si duda alguna, él se beneficiaría.
Exigió y negoció la libertad de los brigadistas por el precio de
62 millones de dólares.[1] Poco antes de la Navidad de 1962, dos
meses después de haber suspendido los vuelos, 1.113 combatientes de la Brigada 2506 fueron intercambiados en un rescate
convenido de 53 millones de dólares en alimentos y medicinas,
cuya supervisión estaba a cargo de la Cruz Roja Internacional.[2]
El 23 de diciembre de 1962 los brigadistas liberados llegaron a
Miami.

Un comité nacional de patrocinadores trabajó con el Comité de Familias Cubanas para recaudar los fondos necesarios. Varias empresas estadounidenses ofrecieron su cooperación, entre ellas cuarenta y tres compañías ferroviarias, cuarenta y cuatro de transportes de carretera, once de transportes marítimos y cuatro líneas de vapores. Otras ciento treinta y ocho empresas contribuyeron con medicinas y otros artículos.

Los aviones o barcos que transportaron las medicinas a Cuba regresaron con el cargamento humano, entre el cual había muchos padres de niños cubanos que ya estaban solos en los Estados Unidos. El intercambio terminó el 3 tres de julio de 1963, con un total de 9.703 personas traídas a suelo estadounidense, entre ellos los prisioneros de Bahía de Cochinos, así como veintitrés prisioneros americanos y otros más que vivían en Cuba, y 1.300 cubanos que también ostentaban la ciudadanía de los Estados Unidos.[3]

José Rodríguez estaba en lista de espera para abandonar Cuba—ya que su hija estaba en Miami—cuando él y su esposa recibieron el aviso de que se marchaban en el *Máximo*, un barco de la Cruz Roja. El señor Rodríguez explica, "Me puse en fila a las cuatro de la mañana, y llegué al barco en horas de la tarde. Llevaba a bordo a más de 1.204 personas, incluyendo once niños que lloraban amargamente. Zarpamos a las seis de la tarde, y llegamos a Fort Lauderdale a la una de la tarde del día siguiente. Había como cincuenta autobuses esperándonos. Lo primero que me preguntaron en inmigración fue si yo había pertenecido alguna vez al partido comunista, a lo que respondí con un enérgico, '¡No!'".

Después que desapareció el tenue rayo de esperanza que resultaba salir de Cuba en un barco de rescate, muchos padres escogieron los peligros del mar como ruta de escape para llegar donde estaban sus hijos. "Decidí irme en bote", dice Lolita Madariaga, cuyos hijos, María Dolores y José, se habían ido en el mes de mayo de1961. "Un amigo nuestro canceló su viaje y yo tomé su puesto en el bote. Nos escondimos en el patio de una casa y estuvimos agachados por largo tiempo. Abandonamos el puerto de Caibarién de noche, todos escondidos bajo cubierta, mientras que el capitán, que estaba haciendo el viaje solamente por dinero, estaba solo en la cubierta del barco".

La señora Madariaga recuerda los horrores del viaje de la siguiente manera, "El motor dejó de funcionar y el capitán empezó a maldecir; hasta maldijo a Dios, por lo que yo le dije, 'Cállese, lo que tenemos que hacer es rezar'. Éramos siete u ocho a merced de la corriente durante seis días, y se nos había acabado la comida y el agua. Yo me sentí identificada con una pareja (en el bote) que también tenía su hija en los Estados Unidos".

Hacia el final del viaje, el miedo se apoderó de ella y de sus compañeros. "El último día vimos un bote lleno de hombres que parecían ser del ejército, y uno de nuestros jóvenes pasajeros quiso tirarse al agua porque pensaba que eran los milicianos (cubanos) pero lo convencí de que no lo hiciera. Resultaron ser militantes de Alpha 66,* y nos habían estado siguiendo. Nos desembarcaron en un cayo cerca de la Florida, y el capitán regresó a Cuba. Los hombres de Alpha 66 nos dieron luces de bengala y provisiones, y también llamaron a los guardacostas. Un barco destructor de los Estados Unidos nos recogió", recuerda la señora Madariaga.

La madre de Peter Martínez no fue tan dichosa. Trató también de huir por mar, pero sin saberlo, el que planeaba la huida era un infiltrado del régimen. Fueron apresados en la playa, y ella fue condenada a un año de cárcel por tratar de abandonar el país. Su salud se deterioró en la prisión, y desde entonces se volvió enfermiza y débil. Falleció años después en el exilio a consecuencia de la hepatitis que contrajo en prisión.

Otros padres se marcharon a través de terceros países,

---

*Alpha 66 es una organización de exiliados cubanos que ha desembarcado guerrilleros en las costas de Cuba, al igual que, en ocasiones, ha concertado ataques de comandos.

contando usualmente para su sobrevivencia con la caridad de familiares y amigos, mientras vivían en un limbo inmigratorio durante semanas, meses o años, en espera de conseguir la visa de los Estados Unidos.

El 25 de septiembre de 1965, Castro, entonces primer ministro de Cuba, prometió abrirles las puertas a todos los cubanos que quisieran marcharse al "paraíso yanqui". Dijo, "Ahora se van en botes pequeños, muchos de ellos se ahogan, y ellos (los estadounidenses) usan esto como propaganda. Todos esos que quieren irse podrán hacerlo ahora, porque aquí se quedan muchos que luchan por el pueblo. Esos que se van no correrán ningún riesgo por parte nuestra".[4] Y añadió Castro, "Vamos a ver qué tendrán ahora los imperialistas que decir o hacer".

El 4 de octubre los "imperialistas" respondieron. Mientras que el presidente estadounidense Lyndon B. Johnson firmaba una reforma a la ley de inmigración en la ciudad de Nueva York, éste le anunciaba al pueblo de Cuba que "Aquéllos que buscan refugio aquí lo encontrarán". El presidente Johnson también dijo que le pediría al Congreso la cantidad de 13,6 millones de dólares para llevar a cabo el proyecto.[5]

La embajada suiza en La Habana se hizo cargo de las negociaciones diplomáticas que prosiguieron. Los estadounidenses propusieron darles prioridad a los cubanos—entre quince y veinte mil—que tenían familiares en los Estados Unidos, y darles segunda prioridad a los prisioneros políticos, una cantidad que fluctuaba entre los quince y treinta mil.[6]

La fecha designada por Castro para darle comienzo al éxodo fue el diez de octubre, aunque ya para el día nueve de ese mes, una pequeña flotilla iba camino a Cuba.[7] Camarioca, un pequeño puerto pesquero al oeste de La Habana, fue señalado como el punto de embarque. La señora de Osvaldo Bazo, a bordo del tercer bote que saldría de Cuba, fue informada que "Cuba no le permitía a ningún joven de edad militar abandonar el país". Un miliciano casi la obliga a dejar a su hijo de catorce años. La señora Bazo dice que el miliciano agarró al muchacho en el momento que el barco estaba listo para zarpar. Ella y su esposo lucharon con el miliciano y tiraron al joven dentro del bote, que partió inmediatamente antes que pudieran capturarlo de nuevo, según también relata estos sucesos en un artículo del diario *New York Times* del 25 de octubre de 1965.

Ya para el 17 de octubre de ese mismo año 500 cubanos habían llegado a los Estados Unidos. Los reportajes continuaron circulando que debido al servicio militar obligatorio, a los jóvenes entre catorce y dieciséis años no se les permitiría marcharse de Cuba. A través de su delegación, Castro envió una nota a las Naciones Unidas en la que ofrecía cambiar 70 mil presos políticos por cubanos que estuvieran detenidos en otras naciones latinoamericanas. En su nota también mencionaba que los cubanos menores de edad no serían obligados a abandonar el país con sus padres si no deseaban irse con ellos a los Estados Unidos.[8] Terminaba por decir que a los jóvenes de entre quince y veintiséis años de edad se les estaba prohibido la salida de la isla.

Mientras continuaban las negociaciones para lograr un éxodo sistemático, el 28 de octubre de 1965 el régimen castrista puso fin al tráfico de botes entre los dos países, después que más de tres mil refugiados hicieron la travesía. Sin embargo, las noticias sobre las negociaciones dejaban entender que dos vuelos diarios del aeropuerto de Varadero serían autorizados.

El 6 de noviembre se finalizó el acuerdo de inmigración que permitiría de tres a cuatro mil cubanos salir cada mes para los Estados Unidos. No obstante, estaban excluidos los hombres de edad militar. La mayor prioridad les fue dada a los padres con hijos menores de veintiún años que estaban ya en los Estados Unidos. El régimen hizo una lista de todos sus ciudadanos que querían abandonar el país, y los Estados Unidos, a su vez, hizo una lista de los cubanos que podían ser reclamados por sus familiares. Los suizos tuvieron la tarea de reconciliar las dos listas.[9]

Siete aerolíneas estuvieron a cargo de los llamados Vuelos de la Libertad, que comenzaron el primero de diciembre de 1965. El gobierno federal de los Estados Unidos ofreció un subsidio de cien dólares por cada familia, o sesenta dólares por una sola persona, y pagó por el costo de los vuelos. De igual modo, el gobierno se responsabilizó del costo de transporte de aquéllos que se establecieran fuera de la Florida.[10]

Asimismo, durante el mes de diciembre, los padres de 128 pedro panes llegaron a Miami a través de los Vuelos de la Libertad. El 4 de enero de 1966, el régimen castrista autorizó la salida de seis mil personas.[11] Ya para el 28 de enero, los padres de 456 pedro panes habían llegado a los Estados Unidos. Al mismo tiempo, todavía había bajo tutelaje 1.353 niños sin acompañantes.[12] Los Vuelos de la Libertad, que tenían lugar dos veces al día, cinco días de la semana, continuaron hasta el primero de febrero de 1970, a un costo para el gobierno federal de los Estados Unidos de 50 millones de dólares.

FAUSTINO AMARAL

La madre de Faustino Amaral llegó el primero de diciembre de 1965 en el primer Vuelo de la Libertad a bordo de un avión de la línea aérea Pan American, con otros setenta y cuatro refugiados, de los cuales cincuenta y uno eran mujeres y niños. "Puedes verla en uno de los noticieros antiguos, con un abrigo de cuadros", dice Amaral con una sonrisa. "Ella forró el abrigo con cinco capas de telas de lana, por si en los Estados Unidos no existiera ese material o que no tuviera dinero para comprarlo".

Faustino recuerda esa reunión como una imagen borrosa, pero la alegría que sintió la tiene muy presente. "Tienes esta sensación; ella es mi mamá, y después de todos los hogares donde te han acogido, esto es alentador. Pero yo no me atrevía abrir la puerta del refrigerador sin su permiso. No me sentía totalmente en casa".

La reacción de la madre al ver a su hijo fue abrumarlo con excesiva protección. "No podía jugar con otros niños porque podían arañarme. ¡Dios libre que me partiera una pierna! Ya yo sabía patinar con patines de rueda, patinar en hielo, esquiar, ya que yo había vivido al pie del pico Skandia en Albuquerque. Trataba de explicarle que hacía esas cosas constantemente. Para mí era algo normal".

"Una vez, una tía y un tío que vivían en Nueva Jersey vinieron a Miami. Me llevaron a una tienda, me dieron veinte dólares y me dijeron, 'Queremos que te gastes ese dinero aquí mismo, en este instante, porque si lo llevas a tu casa, tu madre no se va a desprender de él.' Yo quería unos patines de ruedas y me los compré. ¡Mi madre se enfadó tanto! Era muy difícil convencerla que habían transcurrido cuatro años".

JULIO NÚÑEZ

Julio Núñez trabajaba en el aeropuerto, donde era responsable de armar y desarmar complementos para las hélices de los aviones militares en camino a Vietnam. Este fue uno de los muchos empleos que tuvo después que, al cumplir dieciocho años de edad, abandonó el Programa de los Niños sin Acompañantes. De repente, al estar por su cuenta, fue a Miami a vivir con unos parientes. "Después de dos semanas se dieron cuenta que no iban a recibir ningún dinero para mi manutención, y me pusieron en la calle", Julio recuerda con amargura. "Tuve que suspender mi educación, porque ni siquiera tenía dinero para comer".

Julio se mudó con dos amigos del campamento que estaban en las mismas circunstancias que él, y compartieron un apartamento en la Avenida SW 12 y la calle Cinco, así como un automóvil destartalado.

"Estaba escuchando el radio un día mientras trabajaba, y oí

la lista de los nombres de las personas que habían llegado en los Vuelos de la Libertad, y mis padres estaban entre ellos. Nos habíamos separado hacía seis años y yo siempre abrigaba la esperanza de que después de tanto sufrimiento, una vez que estuviéramos reunidos, íbamos a ser de nuevo una familia feliz.

Cuando llegué adonde ellos estaban, mi madre me miró y exclamó, "¡Tú no eres mi hijo!". Ya no era el muchachito bien vestido que ella recordaba; estaba cubierto en grasa, era ya un hombre que había vivido en un infierno. Esos años habían sido muy difíciles. 'Tú no eres mi hijo, no eres mi hijo', repetía mi madre; frase que ella aún musita en el presente".

Cuando Julio vio a su padre, pensó que le quedaba menos de un año de vida; parecía un cadáver. Preocupado, se mudó con ellos, y trabajó doce horas diarias para ahorrar dinero para que su madre pudiera hacer la reválida de su título de medicina. Su padre, que había ejercido la carrera de abogado en Cuba, consiguió empleo en el aeropuerto amarrando bultos. Regresaba a la casa todo lleno de lastimaduras. Julio exclama con orgullo en la voz, "¡Mi padre me decía, 'Este es el precio de la dignidad. Mientras puedas trabajar, no aceptes cupones!'".* El sueño acariciado por Julio de tener una familia feliz se desvanecía, mientras su padre se apagaba. "Parecía un zombi. No hablaba. El sufrimiento lo había vuelto catatónico".

Julio, entretanto, quería estudiar medicina, pero no tenía dinero para pagarse los estudios en los Estados Unidos. Terminó yendo a España, donde los estudios universitarios no costaban. Salió para la madre patria con ochenta dólares en el bolsillo y sin nadie que le brindara ayuda económica. Como Julio sabía ya, su padre estaba muy enfermo. Falleció nueve meses después de su llegada a Miami, pero Julio no pudo estar presente en el entierro por no tener dinero para pagar el billete de

---

*Los cupones de alimentos es un programa del Ministerio de Agricultura de los Estados Unidos que les garantiza la alimentación a las personas de bajos ingresos.

avión. "Mi familia más nunca ha sido la misma", dice Julio, con pesar.

WILLY CHIRINO

La familia Chirino, igual que tantas otras que llegaron a los Estados Unidos, estaba corta de fondos. Si bien la familia de seis personas—los padres, una tía, dos jovencitas y el quinceañero Willy—era muy unida, sufría por la tensión que la situación económica creaba. Llegaron a Miami con solamente cien dólares en el bolsillo para comenzar de nuevo. Ambos padres habían sido profesionales en Cuba. Pero sin poder hablar inglés, sus oportunidades de trabajo en los Estados Unidos eran limitadas.

Willy Chirino recuerda que la llegada de sus padres fue muy difícil para toda su familia. "Yo siento compasión hacia mi hermana menor, que tenía entonces nueve años, cuando pienso que vendíamos roscas de dulce de puerta en puerta". Para complementar sus ingresos, Willy se hizo cargo de una ruta para repartir periódicos, distribuyendo trescientas ediciones del rotativo *Miami Herald* en el área de Bal Harbour de Miami Beach. "Lo que más yo odiaba era cobrar los sábados por la mañana. Pero tenía que hacerlo. Era mi manera de ayudar a la familia", recuerda Chirino.

Después se dedicó a la música. " Tenía una banda de rock–and–roll cuando cursaba el décimo grado, y tocábamos en las fiestas los viernes y sábados por la noche. Pero entonces comencé a actuar en los cabarets tocando la batería en una orquesta". Trabajaba seis noches a la semana, ganando setenta dólares semanales, un sueldo sustancial en aquella época. Y lo recibía en efectivo.

"Les cuento esta historia a mis hijas, y ellas no creen el horario que yo mantenía. Dicen que no es posible. Me levantaba a las siete de la mañana, mi padre me llevaba a la escuela, donde permanecía hasta las tres de la tarde, y entonces regresaba a casa y dormía de las cuatro a las ocho. Después me daba una ducha, comía e iba a trabajar hasta las cuatro de la mañana. Volvía a casa, me acostaba, y repetía el ciclo. A veces no podía dormir la siesta del mediodía porque había que ensayar. Esto sucedió durante dos años, pero lo hice con gran placer porque yo adoro la música. Sin embargo, a veces, por falta de sueño, la cabeza me pesaba como una piedra".

RAFAEL CARVAJAL

Ya en 1967, la guerra de Vietnam estaba fragmentando a los Estados Unidos. Las bombas estadounidenses caían sobre Hanoi. Muhammed Alí fue condenado en Houston, Texas por rehusar ser reclutado obligatoriamente en el ejército. Setenta mil personas desfilaron en Nueva York en respaldo a los soldados que luchaban en Vietnam. Martin Luther King fue a la cabeza de otra marcha, pero en contra de la guerra, mientras que más de 50 mil personas se manifestaron en contra de la guerra en Vietnam frente al monumento de Abraham Lincoln en Washington, D.C.

Los que llegaron en 1967 corrieron la misma suerte que los que habían llegado antes. El mundo cambiaba, pero los cubanos continuaban llegando a los Estados Unidos como refugiados políticos para comenzar la vida de nuevo. Rafael Carvajal explica, "Mis padres no tenían dinero". Por consiguiente, igual que los otros niños pedro panes, Rafael tuvo que cooperar. "El primer trabajo que tuve cuando llegué de Albuquerque fue limpiando pisos en el Hotel Americana, desde la medianoche hasta las seis de la mañana. No me gustaba, pero tenía que hacerlo. Me sentía como poca cosa, ya que veías a una jovencita, y allí estaba uno, limpiando pisos. Entonces conseguí un trabajo como ayudante de camarero en el restaurante Vizcaya, hoy llamado Casa Juancho (en Miami), y tuve un problema con un camarero español mayor, que pensaba que le iba a quitar el trabajo, por lo que me fui a trabajar al Toledo, otro restaurante. Empecé a estudiar de noche, tomando algunos cursos que necesitaba para poder entrar en la enseñanza superior".

LOS HERMANOS ZALDÍVAR

Conscientes de las dificultades financieras que les esperaban a sus padres cuando llegaran a los Estados Unidos, algunos de los pedro panes, como los cuatro hermanos Zaldívar, Osvaldo, Álvaro, Raúl y Roberto, trabajaron muy duro para poder ahorrar dinero para ayudar a sus padres. "¡Pintábamos casas, hacíamos cualquier cosa!", exclama Roberto. "Fui monaguillo para poder conseguir los vasos de cristal de las velas votivas . . . Mis padres podrían usarlos como vasos de agua".

Roberto también repartía periódicos a pie. "Los domingos, el guardia de la Residencia San Rafael me despertaba a las tres de la mañana, y yo caminaba desde (la avenida) Biscayne Boulevard y la (calle) 21 hasta la (calle) 23 y la Segunda Avenida (en Miami). Recogía los periódicos, caminaba hasta la (calle) 36, los entregaba todos y regresaba a buscar la segunda remesa".

A los muchachos les preocupaba su futuro al lado de sus padres. "Con el padre Walsh teníamos una vida protegida. Teníamos comida, ropa y un refugio. Estudiábamos en escuelas privadas. Pero, ¿dónde íbamos a vivir ahora y cómo nos la arreglaríamos?" La aprensión de los muchachos Zaldívar no era infundada, porque sus padres no podían trabajar. Su padre había perdido la vista a los cuarenta años de edad, y su madre no tenía buena salud y estaba obligada a usar un corsé de hierro. Desde su llegada a los Estados Unidos vía México, no tuvieron derecho a la ayuda ofrecida a los refugiados por no tener el status de residentes legales. "Íbamos a recoger bolsas de comida o ropa de iglesia en iglesia, a cualquiera, ya fueran católicas o luteranas", recuerda Roberto.

La primera casa de la familia fue un terrible apartamento por el que pagaban 55 dólares al mes. "No tenía ducha, solamente una bañadera decrépita, de esas que tienen patas", dice Roberto. La familia se compró un sofá por cinco dólares que le faltaba una pata; un inconveniente que suplían con un ladrillo. Un pariente les regaló una libreta de cupones de supermercado que usaron para obtener gratuitamente un juego de cuatro platos de loza, y solamente necesitaron comprar un plato más porque Osvaldo, el mayor, se había marchado a Venezuela, ¡y ya tenían los vasos! Roberto recuerda que cuando su madre hacía los sábados la limpieza de la vieja cocina, aparecían por todas partes infinidad de animalitos, como cucarachas y otros asquerosos insectos; hasta había ratones. "Pero el lugar era alegre y ventilado, y nos sentíamos felices en él", añade Roberto.

Los papeles se invirtieron en esta nueva tierra, y los muchachos se convirtieron en los guardianes de los padres; todos trabajaban y unían fuerzas para mantener el hogar. A la llegada de sus padres, Roberto, el más joven, tenía quince años de edad. Trabajaba en empleos diferentes, y los sábados trabajaba en la iglesia a cambio de su matrícula colegial. El hermano mayor fue a trabajar para la compañía IBM en Venezuela. Álvaro, de diecinueve, trabajaba en un barco que hacía cruceros de recreo. Más tarde hizo carrera en las líneas aéreas. Roberto estudió arquitectura, aunque más tarde cambió esa carrera por la de medicina.

LUIS DE LA GUARDIA

Mientras tanto, en el estado de Nueva Jersey, Luis de la Guardia se resistía a traer a sus padres hasta estar seguro de poder mantenerlos sin ayuda ajena. Luis describe su método de ganar dinero de la siguiente forma, "Trabajé medio tiempo durante toda mi enseñanza secundaria, y logré graduarme entre el cinco por ciento de los mejores calificados de mi año escolar. Entonces conseguí trabajo en el parque de diversiones Palisades, que resultaba ser algo muy bueno en esos días. Podías ganarte 75 dólares a la semana trabajando ochenta horas; esa cantidad en 1964 ó 1965 era mucho. Ahorré más de mil dólares, y entonces fue cuando comencé el papeleo para que salieran de Cuba. Sabía que con esa cantidad podíamos vivir por tres meses".

Luis sabía que sus padres, ambos en los cincuenta, iban a tener dificultad en adaptarse al modo de vivir estadounidense. Su madre, Fe, recuerda no haberlo reconocido en el aeropuerto. Una prima tuvo que decirle, "Mira, ese es tu hijo", porque el niño de doce años que Fe había enviado a los Estados Unidos era ya ahora un hombre de diecisiete. Luis alquiló un apartamento para sus padres. "Mi hijo había trabajado en un parque de diversiones, fregando pisos, vendiendo ropa en las calles", dice Fe. Él les proporcionó un nuevo comienzo más fácil.

Sin embargo, poco después de la llegada de sus padres, Luis perdió el trabajo. "Mi padre tuvo que ir a la oficina de asistencia social de la ciudad de Jersey City, donde le dieron quince dólares. La siguiente semana consiguió trabajo y devolvió el dinero. ¡Y qué lío resultó ser que la burocracia no tuviera establecida ninguna regla para devoluciones! Simplemente dejó los quince dólares sobre una mesa".*

Fe, que resplandece de orgullo mientras habla de los logros de su hijo, que hoy tiene el título de doctor en sicometría, el campo pedagógico de la sicología, recuerda lo duro que trabajó durante sus años de segunda enseñanza y enseñanza superior. "Cuando nevaba, regresaba del colegio, donde también trabajaba, y me pedía que apurara la comida. Se emburujaba en ropa gruesa, cogía las palas para palear la nieve y corría hacia (la ciudad de) Fort Lee, porque allí pagaban bien por ese trabajo".

Desgraciadamente no todos los padres resplandecen de

---

*El 2 de febrero de 1962 salió un artículo en el *New York Times* que decía que los refugiados cubanos habían devuelto la cantidad de 250 mil dólares de la ayuda monetaria recibida. En el año 2000, esa cantidad sería equivalente a 1.425.497 dólares.

orgullo cuando miran al pasado a la reunión con sus hijos. No todos los pedro panes recuerdan el reencuentro con sus padres como momentos agradables. En muchos casos, la separación de los padres causó que los hijos los idealizaran; no obstante, los padres no siempre estaban a la altura de las imágenes que sus hijos habían formado de ellos. El tiempo y las adversidades habían cambiado tanto a los padres como a los hijos. Era imposible esperar que la vida familiar fuera reanudada simplemente como había sido en Cuba. Las penas y dificultades del exilio les cambiaron las vidas a todos.

MARIO SÁNCHEZ

A Mario Sánchez le había sido muy difícil reajustarse a vivir con sus padres. "Mi hermana tuvo una pelea con mi padre y se fue de la casa. Fue un reajuste muy difícil; ¡yo en realidad no sabía ya quiénes eran esta gente! Y, de todas maneras, yo nunca quise a mi madre. Aún en el presente, no la quiero. Nada más, la respeto. A mi padre sí lo quería, porque me gané su respeto, pero en realidad, los dos me eran desconocidos", dice Mario.

JOSEFINA SANTIAGO

Josefina Santiago no estaba preparada para el comportamiento estrafalario de su madre el día que se reunieron. Durante los cinco años y medio de separación, Josefina había sobrevivido cuatro hogares de acogida, varias estadías en los orfelinatos y el abuso sexual por parte de un tío político. La endurecida muchacha de quince años estaba sentada en el aeropuerto durante una tormenta de nieve, esperando ansiosamente la llegada del vuelo de sus padres. Pocos momentos después del aterrizaje del avión, el aeropuerto cerró debido a la intensa nevada.

"Mi madre se quitó los zapatos y empezó a caminar descalza. Yo traté de convencerla de que no podía hacer eso. Le decía, 'La nieve es muy fría. Vas a enfermarte', pero ella insistía en hacerlo porque le había hecho una promesa a la Virgen de la Caridad del Cobre. Yo pensaba que era una locura, y además me decía a mí misma, 'No puedo creer que tengo por madre a una loca. ¡Yo estaba tan desconcertada, tan abochornada! Había estado esperando a mi madre durante todos estos años, ¿y es esto lo que me llegó?".

Josefina continúa, "Mi padre era un profesional en Cuba, y teníamos buena posición económica. Cuando mi padre llegó a los Estados Unidos tuvo prácticamente que cavar zanjas. Se enfermó de los nervios. ¿Y sabes contra quién arremetió? Comenzó a darme trompones en la cara y palizas. Llegué a este país cuando yo tenía quince años, y me fui de casa a los dieci- siete. Era como si en realidad nunca más yo iba a poder regre- sar a mi hogar del pasado".

Al igual que los otros pedro panes que se encontraban en la misma situación, el desencanto de Josefina se volvió en furia, "Hasta el presente resiento haber tenido que ser como una men- tora para mis padres. Ningún hijo debe tener que ir a un banco a llenar una solicitud de préstamo o de otra cosa; eso no es apro- piado de acuerdo con la edad. Yo hice muchas cosas de adultos porque tenía que ayudar a mis padres. Una parte de mí decía, "Esto es tan injusto. Ustedes no estaban cerca de mí cuando los necesitaba, ¡y yo ahora sí estoy a mano cuando me necesitan! Tuve que enseñarles no sólo el idioma, sino todas las costumbres y los entresijos. ¿Tengo que ayudarlos en todo esto? ¿Dónde estaban ustedes cuando me vino el período?", recuerda Josefina.

"Hasta cuando los llamaba por teléfono a Cuba tenía que mentirles constantemente y decirles que todo estaba bien. No podía decirles la verdad, no hubieran sabido cómo reaccionar. Además, ¿qué podían ellos hacer por mí?".

Josefina pide disculpas por su apasionamiento al hablar. Dice que haber sido como la guía de sus padres es una de las cosas que la enfada. Se siente muy herida porque nunca trataron de comprender los horrores de los que fue víctima durante el tiempo que estuvo lejos de ellos. Como sabe que su padre deseaba de todo corazón su bienestar, trata de no culparlo por su agresividad a consecuencia del ataque de nervios del que fue víctima, pero hacia su madre se siente diferente.

Hasta el día de hoy Josefina ve a su madre como una madre fracasada. Igualmente resiente el hecho de que su hermana más pequeña se quedara en Cuba mientras que ella fue enviada al extranjero. Pero así es como Josefina ha podido resolver su situación, "Nunca me voy a separar de mis hijos. Estarán mejor donde quiera que yo esté. Nunca estaré lejos de ellos. Después que fui madre, es decir, cuando pude comprender lo que me dolería, nunca podría permitir que alguien los mandara lejos de mí y, sin embargo, ¿cómo llegué yo aquí? No pudo haber sido sin el consentimiento de mi madre. La declaro culpable. . . . Mi madre es quien no debió haberme dejado ir".

Con respecto a la reacción de su madre, Josefina dice, "Ella no ofrece ninguna excusa. Rehúsa hablar de eso. Está bien. Si estás contenta con los resultados, entonces vamos a manejarlo desde este punto de vista".

La madre de Josefina es una de las muchas personas que no habla de la separación de los hijos. Esto parece ser un lazo común entre los padres de los pedro panes. Si bien muchas de las familias no quieren hablar de ello, algunos de los niños creen tener el derecho a una explicación. Sienten la necesidad de comprender por qué sus padres tomaron la decisión tan drástica de enviarlos lejos. En lugar de explicaciones, sólo encuentran la actitud de **"yo no quiero hablar de eso."**

ELISA Y MARI VILANO

Mari, la hermana más joven de Elisa, sufrió el trauma de la separación, rechazando temporalmente a su hermana Elisa y a sus padres. Las niñas vivían con la familia Galanti, la segunda familia de acogida que habían tenido en la ciudad de Buffalo en el estado de Nueva York. Después de graduarse de la segunda enseñanza, Elisa se mudó del hogar de acogida con una beca escolar. También trabajaba de recepcionista. "Fui a visitar a los Galanti en una ocasión y la señora Galanti me dijo que mi hermana no quería bajar a verme, porque ella era ahora parte de su familia americana, y no quería saber más nada de nosotros. Yo me sentí morir. ¿Qué podía haberle hecho? Supuestamente yo era responsable por ella y debía ser como su madre, ¡pero ella ni siquiera quería verme!".

Mari recuerda lo feliz que era en Buffalo. Se convirtió en una típica muchacha estadounidense, muy popular, y cambió su nombre por el de "Billie". "Era mi apodo, y lo mantuve. Me imbuí en las actividades del colegio y deseaba enormemente mezclarme con el resto de la juventud allí. Resultó muy difícil cuando tuve que ver a mis padres de nuevo; habían transcurrido tres años y ocho meses. En aquel momento, sólo quería ser una muchacha americana. No quería seguir sufriendo. Temía ser arrastrada a Miami de nuevo".

Elisa fue sola al aeropuerto a recibir a sus padres porque su hermana aún rehusaba verlos. "Les dije que ella tenía un catarro muy fuerte", dice Elisa. "Era imposible decirles que ella no quería verlos. No recuerdo cómo los recibió. He tratado de olvidarlo. Yo sentía gran temor de haber decepcionado a mis padres, porque me consideraba responsable de lo que estaba ocurriéndole a Mari".

Igual que les abrieron las puertas de su casa a Elisa y Mari, los Galanti también se las abrieron a los padres. Era la temporada de las navidades, y los Vilano se quedaron con ellos por unos días hasta que encontraron un apartamento. Una reportera de Buffalo, Peg Pitillo, se había interesado en la historia de estas niñas pedro panes. Ella siguió la adaptación de Elisa en Buffalo y en su nueva patria en una serie de artículos con los siguientes titulares: "Niña de Williamsburg ruega que sus padres puedan estar presentes en su graduación" "Niña cubana obtiene una beca", publicados en el periódico *Buffalo Evening News*.

Finalmente, cuando los padres llegaron, la reportera escribió: "Las oraciones de la niña han sido escuchadas". El artículo tenía un retrato de Elisa, su hermana y sus padres decorando el árbol de Navidad de los Galanti. Felizmente, la familia perfecta que el retrato mostraba reflejaba la realidad, porque la familia estaba realmente contenta. Mari se volvió de inmediato más cariñosa con sus padres, y el haber estado en casa de los Galanti le facilitó la transición. "Tan pronto los vi, todo estuvo bien". Como resultado del artículo, un lector benevolente le ofreció al señor Vilano un trabajo y un automóvil, por lo que la familia pudo mudarse junta.

Elisa cree que la reacción de su hermana fue consecuencia del temor a ver su vida interrumpida de nuevo. "Fue el miedo", dice ella. "Su reacción era que no podía enfrentarse a esto. No podía aceptar otro cambio. Ya estaba establecida en un hogar". Pero había otro cambio esperándola, porque los recién llegados no podían acostumbrarse a las frías temperaturas de Buffalo. La familia partió hacia Miami muy pronto, un cambio que ambas niñas consideraron negativo. Elisa tuvo que abandonar su beca escolar y ponerse a trabajar, ya que se sentía responsable por el bienestar de sus padres. Los temores de Mari de verse otra vez separada de las cosas que le eran familiares se volvieron realidad. "Yo estaba muy enojada. Fue peor que la separación inicial. Me iban a desarraigar una vez más. Yo había reconstruido mi vida y sentía mucha ira por tener que renunciarlo a todo". Irónicamente, Mari encontró en Miami la discriminación que no sintió en Buffalo. "Era horrible. Me escupían en el colegio. Para evitarlo, comencé a tomar cursos de noche. Para mí fue una sorpresa. No lo acepté con tranquilidad, y por eso contraje matrimonio muy joven. El matrimonio fue como un escape", recuerda Mari.

DULCE MARÍA SOSA

Cuando el padre de Dulce Sosa llegó a los Estados Unidos, sufrió enormemente con los cambios que había tenido que soportar, yendo de Cuba a España, y después a California. Que la esposa tuviera que trabajar en la calle fue el último elemento de tensión. Su hija explica, "Mi padre desarrolló un complejo paranoico de persecución. Poco después, comenzaron a tramitar el divorcio, y estaban tan involucrados en eso, que no asumieron el papel que les correspondía como padres. Por el contrario, nosotros nos convertimos en los padres", Dulce explica refiriéndose a su hermana y hermano. "Realmente la dirección de la unidad familiar se perdió en lo que respecta a tener un foco emocional y sicológico. Era luchar por la supervivencia".

Dulce ingresó en una escuela pública por vez primera cuando se reunió con su familia. Ese fue el primer contacto que tuvo con las pandillas, con la diversidad de razas y con los diferentes grupos sociales de Los Ángeles. Si bien resultó muy diferente ajustarse a una nueva escuela, ella concluye diciendo, "La separación de mis padres fue el peor infierno para mí. No puedes culpar a nadie, pero yo pensaba que íbamos a ser felices otra vez".

JUSTO RODRÍGUEZ

Justo Rodríguez vivió en su propio limbo emocional durante dos décadas. Se vio privado de soñar con tener una familia feliz por el hecho de que sus padres nunca salieron de Cuba. "Aparentemente ellos no querían salir. No los vi durante veintiún años. Es muy difícil no tener el respaldo que uno encuentra en los padres. La primera vez que los vi fue, en verdad, estupendo. En 1983, después de veintiún años, pude pasar el Día de las Madres en Cuba con mi madre. Mi padre murió en el mes de julio de ese mismo año. Mi madre vino a Los Ángeles en 1990, y conoció a mi hija, que tenía entonces diecinueve años". Justo visitó Cuba de nuevo en 1996. No sabe por qué sus padres nunca salieron de Cuba. Cree que quizás fue por causa de sus abuelas maternas y paternas, pero no lo sabe a ciencia cierta.

"Cuando yo estaba en Matecumbe, les pedía que vinieran, pero nunca me contestaron que sí".

ANTONIO PRIETO

Antonio Prieto es otro de los que nunca se reunió con su familia, y él no puede entender por qué. Cuando tenía catorce años le dijeron que iría a los Estados Unidos por una semana. También le dijeron que las cosas iban a cambiar en Cuba. Antonio dice, "Ellos no se fueron porque siempre pensaron que el régimen se caería pronto". Pero también reprocha a su madre por ser tan materialista. Cree que fue porque ella no quería perder los bienes que hubiera tenido que entregar (al estado cubano) si se marchaba del país. "No éramos millonarios ni nada por el estilo", dice Antonio. "Mi padre es un español de Galicia, dueño de una pequeña tienda de víveres, de otras pequeñas propiedades que alquilaba, y de nuestra casa. No sé. No puedo entenderlo".

Una vez durante las navidades del año 1978, dieciséis años después de haber abandonado Cuba, Antonio recibió una llamada que le informaba que su madre estaba en Hialeah, una ciudad del área metropolitana de Miami. Antonio le había pedido a una persona que iba constantemente a Cuba que le hiciera el favor de ir a ver a sus padres. Esta persona arregló el viaje de su madre, con el total desconocimiento de Antonio. Sus recuerdos de la visita de su madre y de la tan esperada reunión no son agradables. Pasó muy poco tiempo con él, prefiriendo estar con una hermana de ella. Siempre ponía en tela de juicio los gustos de los nietos, que eran totalmente extraños para ella. Antonio la recuerda como una persona desagradable, que tampoco era fácil de tratar. "Quería muchas cosas materiales. Se las dimos, y se marchó".

Cuando el padre de Antonio llegó durante la siguiente Navidad, Antonio se sintió que si hubiera vuelto a vivir su niñez. Pudo disfrutar con sus hijos de la reunión con su padre. "Me despertaba, y cuando miraba para la cama de los niños, no estaban en ella. Estaban durmiendo con el abuelo. Yo regresaba a casa del trabajo después del turno de medianoche y él me mandaba a la cama, a lo que yo le contestaba, 'No, vamos a salir y conversar'. Me sentía tan bien que estuviera aquí. Era Navidad y había mucha felicidad".

Después de esa época feliz, ninguno de los dos padres regresaron. En el mes de enero de 1995, unos pocos días después de la muerte de su madre, Antonio fue a Cuba por primera vez. Luego regresó para discutir con su padre dónde quería vivir, ya que había perdido a su esposa, pero quiso quedarse en Cuba. Ahora, a los noventa y tantos, parece estar cambiando de parecer.

"¿Qué pienso de esta experiencia?", se pregunta Antonio. 'Estoy muy feliz de que me mandaron fuera de Cuba, pero no de que ellos nunca vinieran. Todavía estoy pagando por algunos de los recuerdos que me quedan".

La revolución es como Saturno, devora a sus propios hijos.

—*LA MUERTE DE DANTON*, POR GEORG BÜCHNER, 1835

CAPÍTULO 12

LOS PEDRO PANES
EN LAS DÉCADAS DE LOS
SESENTA Y SETENTA

Mientras que los pedro panes habían estado refugiados en hogares de acogida, orfelinatos o casas de grupo se integraban a la vida en los Estados Unidos, el régimen castrista sabía dónde se encontraban.

En espera de la partida de su madre por el puerto del Mariel, Javier Jiménez* pudo tener largas conversaciones con el coronel Antonio de la Guardia.** "Tony", jefe del Departamento de Moneda Convertible, y su hermano mellizo, Patricio, fueron estudiantes de la madre de Javier, que había sido profesora de física.

Durante una de esas conversaciones, de la Guardia le confesó que él sabía que Javier había sido uno de los "niños del monseñor". Reconoció también que el régimen castrista siem-

---

*Seudónimo

**Fusilado en 1989 luego del célebre juicio del también fusilado general Arnaldo Ochoa. Patricio de la Guardia aún cumple su sentencia de treinta años de privación de libertad.

pre había seguido los pasos de los niños muy de cerca, y que había infiltrado a espías entre los que trabajaban en los refugios provisionales de Miami. De la Guardia continuó dándole a Javier detalles de los campamentos, incluyendo los nombres de los maestros, y hasta los detalles del suicidio de un instructor.

La vigilancia insidiosa del régimen castrista sobre los pedro panes resultó ser extremadamente real para el padre de Josefina Santiago. Josefina recuerda a su padre decirle que durante una interpelación policíaca en Cuba, "como parte de la interrogación, le mostraron un retrato mío mientras jugaba en el patio del último hogar de acogida donde estuve".

La doctora Martínez, que estuvo presa por "terrorismo" poco tiempo después que su hija saliera de Cuba, confirmó estas tácticas. Durante sus interrogatorios fue informada de que ellos sabían dónde estaba su hija, y a menos que confesara sus actividades contrarrevolucionarias, su hija sería secuestrada y devuelta a Cuba. "Cuando tienes los pies y las manos atadas, crees que ellos tienen el poder de hacer cualquier cosa", dice la doctora Martínez.

Además de todos los trastornos que los pedro panes habían tenido que soportar, como dejar a los padres en su patria, su idioma, y estar enfrascados en la adaptación a un nuevo país y a una nueva cultura, el contexto dentro del cual todo esto sucedía evolucionaba. Los jóvenes pedro panes, junto a los jóvenes estadounidenses, estaban entrando en un indomable período social sin precedentes, en el que los jóvenes eran los protagonistas principales. Eran los años sesenta, una década cuyo nombre equivale a cambios políticos y sociales.

Muchos de los adolescentes se unieron a varios movimientos populares, aumentaron las listas en favor de la paz y el amor, y llevaron flores sobre sus largas cabelleras. Todo esto significó desechar parte de los valores tradicionales que las familias cubanas abrazaban y, en muchos casos, hasta el rechazo de los credos políticos de sus parientes.

QUÉ SIGNIFICARON PARA MÍ LOS AÑOS SESENTA

Yo fui una de esas adolescentes. Después que mi familia llegó a Miami nos mudamos a Puerto Rico. Llegué allí como una adolescente, una chiquilla larga y flaca, que buscaba desesperadamente ser aceptada por sus iguales. Para poder conseguir esa aceptación, me convertí en puertorriqueña, totalmente echando a un lado mi identidad cubana. Copiaba el estilo específico de los puertorriqueños de hablar, y también rehusaba ir a las actividades de la Casa Cuba, un club social de cubanos en Isla Verde, lugar de recreo de San Juan. Mis contemporáneos cubanos me parecían muy tradicionales, demasiado chapados a la antigua.

Durante mis años en la segunda enseñanza, la calle londinense de Carnaby Street y el barrio de Haight-Ashbury en San Francisco se convirtieron en mis mecas, y las letras de las bandas de rock–and–roll, ya fueran locales o extranjeras, en mis letanías. Soportaba con gusto las botas altas blancas y las minifaldas de *corduroy* en el intenso calor tropical. Tuve muchos problemas con mi familia, y por eso me convertí en una adolescente rebelde, negándome a hablarles a algunas personas por espacio de varios días. No duró por mucho tiempo el *chaperoneo* a las fiestas bailables. Yo gané la batalla, pero la perdí en mis deseos de tener un cerquillo largo al estilo de la cantante Cher; mi madre me cortó el cabello una noche mientras dormía. Durante ese período de esquizofrenia cultural, algunos días vestía de *jeans* con piernas acampanadas y sandalias, para en otros vestir trajes sastre, tener las uñas con manicuras perfectas y peinarme el cabello en rizos elegantes.

Descubrí la marihuana, y por ende, mis calificaciones en la escuela descendieron de forma vertiginosa. Me pasaba largas horas perdiendo el tiempo en el centro social de la universidad. Desfilé en protestas a favor de la independencia de Puerto Rico. Estos rechazos naturales de las normas establecidas no tenían una base política definida; eran simplemente expresiones de rebeldía. Finalmente, me fui de la casa en 1969, cuando tenía diecinueve años de edad.

AREÍTO Y LA BRIGADA ANTONIO MACEO

Al final de la década de los años sesenta, un grupo de jóvenes cubanos publicó una revista titulada *Areíto*. En los años setenta, estos mismos formaron la Brigada Antonio Maceo, por lo cual fueron conocidos como *maceítos*. Dieron varios viajes a Cuba, el primero se llevó a cabo el 22 de diciembre de 1977, después que el presidente Jimmy Carter, en el mes de marzo de ese mismo año, suspendió la ley que prohibía viajar a Cuba desde los Estados Unidos. Una vez que estaban en la isla, el grupo consiguió ser recibido por el presidente Fidel Castro.*

Existían tres requisitos que se tenían que cumplir para ser aceptado como maceíto: uno de ellos era "haber dejado Cuba siendo menor de edad, o haber nacido en el extranjero de padres cubanos". Esta regla excluía a una gran parte de los exiliados cubanos más militantes. Otros requisitos eran el no haber participado en actividades contrarrevolucionarias, y no tener una actitud violenta en contra de la revolución; respaldar el final del bloqueo económico de los Estados Unidos contra Cuba, y respaldar la normalización de relaciones entre los dos países.[1] La mayoría de los fundadores de la Brigada Antonio Maceo eran estudiantes cubanos y profesores universitarios que vivían en los Estados Unidos y Puerto Rico.[2]

Alex López, que había sido un niño pedro pan, preparó el camino para que se establecieran los viajes a Cuba, los cuales la mayoría del exilio cubano repudiaba. En una entrevista con

---

*Fidel Castro se ha dado varios títulos oficiales desde que llegó al poder en 1959. Primero fue comandante-en-jefe del ejército revolucionario, y luego ese mismo año se declaró primer ministro. A mediados de la década de los años 70, Castro se declaró presidente.

la revista *Areíto*, Alex dijo que como agente de viajes, se especializaba en el turismo a los países socialistas. Esta especialización le facilitó el viaje que hizo a Cuba en el mes de noviembre de 1976. Alex cuenta el regreso a su tierra natal de la siguiente manera, "Entré por la misma puerta por la que había salido. Te sientes temeroso, confundido. Deseas poder absorberlo todo, porque en el fondo de tu mente tienes miedo que esta sea la única oportunidad que vas a tener . . . La salida de Cuba es la peor parte. Cuando te marchas por segunda vez, no estás abandonando tu casa, estás yendo hacia ella. Y eso es muy extraño, porque yo en realidad me sentía allí como un extranjero". Alex llevó a Cuba su primer grupo de turistas en el mes de mayo de 1977. En su segundo grupo, iba su madre. Cuando ella tocó tierra cubana, él le dijo, "Aquí tienes Cuba. Te estoy dando lo que tú me quitaste".

Alina Bermúdez*, que sólo contaba con nueve años de edad cuando llegó sola a los Estados Unidos con su hermana, pasó de ser militante de Alpha 66 en la derecha a militante de Brigada Antonio Maceo en la izquierda. Cuando Alina se rebeló contra la autoridad de sus padres y abandonó el hogar a los dieciocho años, también se rebelaba contra las creencias de ellos, y comenzó a buscar las suyas propias. Se mudó con unas amigas uruguayas. "Nos reuníamos a tomar mate, tocar la guitarra y entonar canciones de protesta, todas esas cosas. Yo hablaba de Cuba y ellas me decían, '¿Qué sabes tú de Cuba si te fuiste cuando tenías nueve años? No sabes más que lo que tus padres dicen' ".

Queriendo conocerla por sí misma, Alina fue a Cuba con la Brigada Antonio Maceo en 1980:

> Mi viaje a Cuba fue increíble y muy doloroso. Cuando llegué, nos alojaron en campamentos

---

*Seudónimo

y nos dieron sólo tres o cuatro días para ver a nuestros parientes. Mi familia no sabía que yo iba y, de camino a la casa, yo comencé a sentir miedo, porque pensaba, '¿Y si la emoción de verme mata a mi abuela?'. Un primo de trece años que no me conocía me dio la bienvenida. Yo le dije, 'Soy Alina', y él corrió hacia mí exclamando, '¡Prima!' y se echó a llorar. Entonces vi a mi abuela y nos abrazamos y lloramos por largo rato, hasta que ella tuvo que sentarse porque le faltaba el aire y yo pensaba, mientras tanto, 'Vine a Cuba a matar a mi abuela'.

La casa era como un museo, todo estaba exactamente como lo habíamos dejado, y los retratos que habíamos mandado a través de los años estaban por dondequiera. Lloré desde el momento que abandoné el avión; lloré mucho en Cuba. No me quería ir. Yo seguía diciendo 'Estoy respirando el aire de Cuba', o, 'Este es el cielo de Cuba'. Cuando regresé al campamento tenía un gran pesar en el alma.

A mi llegada a Miami, me sentí muy anti–exilio cubano. Hice declaraciones que aparecieron en un periódico comunista, y por eso me convertí en la traidora de mi comunidad (cubana) de San Francisco. Mis padres me llamaban comunista. Mi padre se murió en 1989 y nunca nos reconciliamos. Yo hubiera regresado a Cuba enseguida, pero tenía miedo. He aceptado la realidad que no pertenezco ni aquí ni allá.

Cuba ha estado presente en la imaginación de Nelson Valdés desde que salió del país en 1961 cuando tenía quince años de edad. Nelson siente que su partida fue un total desarraigo de su cultura, de su familia y hasta de su identidad. Él explicó sus sentimientos cuando regresó a Cuba en un artículo de *Areíto*: "Al fin pudimos sentir de cerca la dimensión humana y la dinámica de los revolucionarios de Cuba; ética, feliz, popular y verdadera, a la vez que su gran riqueza cultural y mítica. Este viaje tuvo para mí consecuencias personales, políticas y de subsistencia".[3]

CONTRA VIENTO Y MAREA

Nelson no fue el único en pasar por un desarraigo cultural en los Estados Unidos. *Contra viento y marea* es un libro escrito por militantes anónimos del grupo Areíto en 1978. Hace la analogía de "las voces de estos jóvenes que, contra viento y marea, se han identificado con Cuba", y trata de explicar, a través de las narraciones de cuarenta y siete personas desconocidas, el fenómeno sucedido a las juventudes radicales de Cuba y Puerto Rico, cuyas prioridades eran "reinventarse a sí mismos de alguna manera en el proceso histórico de la revolución cubana".[4]

El libro se ganó un premio especial en Cuba durante el XI° Festival de Jóvenes y Estudiantes de la Casa de las Américas. Algunos de los escritores eran pedro panes. Ellos recuerdan su salida de Cuba, la pared de vidrio del aeropuerto, la incertidumbre. Uno en especial lo recuerda todo de esta manera, "Algunos padres pensaban que si nos quedábamos, nos mandarían a Rusia. La triste realidad es que nos perdieron cuando nos entregaron a los Estados Unidos". Otra joven mujer escribió, "Con todo el miedo que existía sobre la patria potestad, nos mandaron sin rumbo al extranjero. . . . Era lo mismo que mandarnos a Rusia o a la Patagonia".

Estos jóvenes aseguran que ellos se desencantaron con los Estados Unidos, y por eso se sentían que no encajaban en ninguna parte. Por esta razón anhelaban la reunión espiritual con Cuba, como si eso fuera una panacea para calmarles los sentimientos de aislamiento que sentían contra sus padres y los Estados Unidos. Uno de los *areítos* recuerda el racismo abierto que existía en el sur de los Estados Unidos, y el horror de ver cómo los negros tenían que sentarse en las partes traseras de los ómnibus y tomar agua en fuentes públicas separadas. "Cuando los sucesos de Selma*, yo me uní a una marcha de protesta, y terminé en una iglesia de negros, cantando el himno del movimiento contra la segregación y la discriminación racial, 'We Shall Overcome' ('Venceremos')".

Otro joven pedro pan no podía jurar fidelidad a la bandera estadounidense en la escuela porque sentía en el corazón que él no encajaba en los Estados Unidos. Tan pronto como pudo hacerlo legalmente, regresó a Cuba a vivir. Su hermano dice que, aunque parezca mentira, nunca le ha sido posible ajustarse a la sociedad cubana, ya que fue rechazado por no haber vivido el mismo proceso revolucionario de los demás. "Cuando comenzaron a decirle todas las cosas que tenía que hacer, mi hermano les contestaba, 'Yo sólo vine a mi tierra a vivir'. Y entonces le decían, 'Bueno, vamos a ver cómo te las arreglas para subsistir' ".

Muchos antiguos militantes maceítos y areítos han cambiado de parecer a través de los años y al madurar con el tiempo. Según como lo esperaban sus padres, se volvieron adultos y pudieron sobreponerse a las rebeldías pasadas, mientras que han contemplado con sus propios ojos la desintegración de los ideales de la revolución.

---

*En 1965, tropas estatales y oficiales de la policía en Alabama golpearon a activistas negros que marchaban pacíficamente desde Selma a Montgomery.

EL MOVIMIENTO ESTUDIANTIL ABDALA

> El amor, madre, a la patria
> No es el amor ridículo a la tierra,
> Ni a la yerba que pisan nuestras plantas;
> Es el odio invencible a quien la oprime,
> Es el rencor eterno a quien la ataca;
> Y tal amor despierta en nuestro pecho
> El mundo de recuerdos que nos llama
> A la vida otra vez, cuando la sangre
> Herida brota con angustia el alma;
> La imagen del amor que no consuela
> Y las memorias plácidas que guarda.
>
> —PALABRAS DEL PRÍNCIPE ABDALA EN EL POEMA
> ÉPICO DEL MISMO NOMBRE DE JOSÉ MARTÍ

El Movimiento Estudiantil Abdala, iniciado el 28 de enero de 1968, se unió de manera idealista y romántica al príncipe que sacrificó su vida por su patria—un personaje creado por José Martí, el héroe cubano más importante del siglo XIX—a la misma vez que fue impulsado por los mismos elevados ideales. "Abdala fue fundado y concebido como un movimiento estudiantil dentro de las universidades americanas, en defensa de la soberanía y democracia de Cuba", dice Leo Viota, "al contrario de la Brigada Venceremos y la Brigada Antonio Maceo, movimientos propagandistas en defensa del régimen (castrista)".

Leo se fue de Cuba solo en 1961 cuando contaba con once años de edad. Se unió al grupo Abdala cuando cumplió veintiuno, después de finalizar su servicio voluntario en la guerra de Vietnam, a donde fue a seguir sus ideales, porque pensaba que era su deber pelear en contra de un enemigo comunista. "En Abdala encontré un grupo que trabajaba más directamente en lo que yo había buscado en Vietnam. Era una organización cubana joven, y me gustó la idea".

Abdala no exigía un límite de edad para militar en sus filas, si bien atraía mayormente a los estudiantes universitarios de ambos sexos, y a muchos pedro panes. En su momento de más apogeo, tuvo entre 600 a 700 miembros. Había delegaciones en los Estados Unidos, Puerto Rico, Costa Rica, Santo Domingo, España y otros países. Asimismo, trabajaban muy unidos con otros grupos estudiantiles cubanos de varias universidades. Finalmente llegaron a establecer varias "células" en Cuba.

Alrededor de 500 delegados de Abdala, procedentes de cincuenta universidades, tomaron parte en el primer congreso de la organización celebrado en 1971, del cual surgió el primer Grupo de Estudio. Su propósito era aumentar en los *abdalistas* el orgullo de ser cubano a través del conocimiento y la habilidad para discernir de una manera bien formada todo lo que fuera concerniente a Cuba.

El grupo publicaba un boletín mensual, *Abdala*, en la ciudad de Elizabeth, Nueva Jersey, con una circulación de 30 mil ejemplares. En su primera edición, *Abdala* presentó la misión del movimiento: "El Movimiento Estudiantil Abdala ha sido concebido en principio para la tarea (de cambiar tácticas). Este es el trabajo de los estudiantes que, desilusionados con las posiciones negativas de ambos lados, han decidido buscar soluciones que en realidad ayuden al pueblo de Cuba. . . . Queremos crear una conciencia nacional. Nuestras intenciones pueden definirse exactamente como 'terroristas mentales'. Tenemos que socavar las conciencias de nuestros compañeros estudiantes".

Leo recuerda que la principal función pública del grupo era encararse a los representantes de Castro, en todos los niveles, a través de manifestaciones, piquetes o haciéndoles frente en persona. "Éramos un grupo activista", dice Leo. Muchos de los choques contra los que apoyaban al régimen castrista terminaban en arrestos.

En el mes de octubre de 1970 los abdalistas bajaron la bandera de la Unión Soviética a la fuerza en la sede de las

Naciones Unidas en protesta por la intervención soviética en Cuba. La sede de la ONU en Nueva York volvió a ser blanco de Abdala el 13 de marzo de 1971, cuando un grupo de dieciséis abdalistas tomó por asalto el Consejo de Seguridad en protesta por lo que ellos veían como la falta de atención de las Naciones Unidas a las violaciones de los derechos humanos en Cuba. Después de exclamar, "¡Somos estudiantes cubanos, y en nombre del pueblo de Cuba, nos apoderamos del Consejo de Seguridad de las Naciones Unidas. Exigimos ver a un funcionario diplomático para entregarle un documento!",[5] los manifestantes se encadenaron a las butacas de los delegados. Los abdalistas se sintieron muy contentos al ser encarcelados, ya que significó gran atención para su causa. "Fue como nuestra plataforma de lanzamiento", dice Ángel Estrada, un pedro pan, y uno de los que tomó parte en los sucesos.

Luis Reina encontró sus raíces en Abdala. En un artículo que escribió para el boletín de la organización, Reina, estudiante de veintiún años de edad que cursaba el primer año en Rutgers, la Universidad Estatal de Nueva Jersey, dijo: "Hoy es decisión mía ser cubano. . . . Fui enviado a los Estados Unidos para no caer en manos del comunismo traicionero y asesino, y cuando vi que mi personalidad se confundía, y casi olvidaba mi lengua original, gracias a Abdala, la Cuba que llevaba dentro, la que estaba adormecida dentro de mi alma, renació. Y no lo pensé dos veces; sin ningún titubeo, le dije 'presente' a mi patria, y estoy dispuesto a dar todo lo que tengo por su libertad".[6]

Abdala se ganó la fama de ser un grupo que no evitaba las reyertas, y hasta fue considerado terrorista por algunos, pero su meta principal era debatir e informar. Los abdalistas publicaban folletos que distribuían, y pegaban calcomanías en diferentes universidades que decían, "La Brigada Venceremos* no quiere

---

*La Brigada Venceremos estaba compuesta por estudiantes de la izquierda radical de las universidades estadounidenses que iban a Cuba a cortar caña y a trabajar en el campo.

debatir". En sus folletos, Abdala enumeraba veintitrés puntos que quería discutir, como las bases soviéticas en territorio cubano, la intervención de las universidades por parte del régimen, las 30 mil ejecuciones llevadas a cabo, y otros temas.

Abdala interrumpió un festival de cine cubano en el mes de marzo de 1972. Para lograrlo, el grupo usó bombas apestosas y ratones que fueron pasados de contrabando dentro de cajetillas de cigarrillos por los abdalistas. Después de media hora de haber comenzado el acto, los ratones, que empezaron a escurrirse por todas partes, causaron un verdadero pánico entre los presentes. En el mes de junio de 1972, catorce abdalistas se encadenaron a la Estatua de la Libertad en Nueva York, y le colocaron una inmensa bandera cubana sobre la frente de la misma en protesta por la muerte por huelga de hambre en una prisión cubana de Pedro Luis Boitel, líder estudiantil y opositor de Castro desde 1960,[7] cuyo grupo había seguido el ejemplo de los guerrilleros que luchaban por la libertad como lo hizo José Antonio Echevarría, el rival de Castro en la lucha contra Batista.

Abdala creció y atrajo a sus filas a otros que no eran estudiantes. Se bifurcaron en capítulos de cabildeo y les extendieron la mano a muchas organizaciones internacionales. Su afiliación al Congreso de la Juventud les permitió a los abdalistas viajar y así dispersar su visión a través del mundo.

Con un transmisor oculto en Miami, Abdala pudo radiar más de 800 programas a Cuba.[8] El transmisor fue destruido por agentes de Castro, según informes de Abdala. Sin embargo, después de la pérdida, pudieron agruparse de nuevo, y se volvieron a establecer con tres plantas radiales nuevas.

Lolita Cárdenas*, una de las niñas pedro pan, se sintió atraída a Abdala porque allí encontró almas gemelas, ". . . un grupo de personas con ideas, que sobrellevaron las mismas experiencias y fueron atacadas como yo. Estudiar en el norte no

*Seudónimo

era lo mismo que hacerlo en Miami. Aquí eras una minoría. Yo recibí la calificación de "D" ("[mal] aprobado") en la clase de literatura inglesa porque el profesor era muy izquierdista y quería que yo escribiera una monografía sobre las causas que permitieron el triunfo de la revolución. Yo me negué a hacerlo". Lolita explica haber vivido bajo presión todos los días. "Eran los días de (la guerra de) Vietnam y los movimientos por la paz, y tenías que defenderte a ti misma y a tus valores a diario. Abdala era una manera saludable para los jóvenes de pasar el tiempo. Había muchas personas idealistas y sociables en sus filas; querían ayudar al exilio, pero internacionalmente era lo más de derecha que podías encontrar".

Ángel recuerda su militancia en Abdala como una oportunidad de aprender. "Abdala fue para nosotros como una gran escuela de crecimiento rápido, en términos de la moral y también de los logros humanos". Abdala parece haber llenado un vacío para muchos. Sirvió como un lugar donde los que en el pasado sentían no poder ajustarse, ahora sí podían lograrlo.

JUAN FELIPE DE LA CRUZ SERAFÍN

El pedro pan Juan Felipe de la Cruz Serafín puede ser considerado como un mártir por algunos o como un terrorista por otros, pero sí estuvo dispuesto a sacrificar su vida en aras de sus creencias. En 1973, mientras preparaba una bomba destinada para la embajada cubana en Francia en un hotel de París, el artefacto hizo explosión y perdió la vida.

Siempre muy patriota y desafiante desde su juventud, de la Cruz comenzó con sus protestas a la tierna edad de quince años, al hacer detonar una bomba en una feria agrícola organizada por el régimen castrista en La Habana. Sus padres inmediatamente lo enviaron solo al extranjero.

De la Cruz se postuló como candidato al cargo de comisionado del ayuntamiento de Hialeah en 1969, y en 1970 se unió a uno de los grupos de exiliados, el Directorio Revolucionario Cubano (DRC). Dirigía un programa radial mientras escribía en la revista *Réplica*. Estaba casado y llevaba una vida próspera en el momento de su muerte. Después de su fallecimiento, sus compañeros del DRC pegaron sus fotos en las calles de Miami con palabras que leían: "Juan Felipe, tus ideas siguen vivas".[9]

Durante los años sesenta y setenta, muchos de los pedro panes se sintieron atraídos a las causas que exigían la justicia social, igual como le sucedió a la mayoría de la juventud de esa época. Al contrario de los otros, muchos de los pedro panes se identificaron con las causas cubanas, seducidos por el amor a la patria sin tener en cuenta las tendencias políticas.

Puede estar situada a mil millas más allá de la luna,
o aquí mismo donde tú estás.
Y si no tienes ningún prejuicio,
de repente encontrarás la tierra de Nunca-Jamás.

—DE *PETER PAN, EL MUSICAL*;
LETRA DE BETTY COMDEN Y ADOLPH GREEN

CAPÍTULO 13

LOS PEDRO PANES
EN LA ACTUALIDAD

Los niños pedro panes, nacidos entre los años 1948 y 1958, son en la actualidad adultos que llevan vidas influenciadas indudablemente por sus experiencias. Cuando piensan en el tiempo que pasaron solos en los Estados Unidos, muchos de ellos creen que fueron engañados por sus padres y se sienten traicionados, mientras otros, por lo contrario, admiran el valor que mostraron. Hay algunos de ellos que piensan que la experiencia, por muy difícil que haya sido, a largo plazo tuvo buenos resultados. Algunos son ambivalentes. Otros continúan enfadados.

En respuesta a un cuestionario,* contestado por 442 pedro panes, cuando fueron preguntados si su experiencia había sido positiva o negativa y por qué, la mayoría, un 69,60 por ciento, dijo que fue positiva. Estas son algunas de sus respuestas:

---

*Se envió por correo un cuestionario a más o menos mil pedro panes que pudieron ser localizados. De ellos, respondieron 442. *Véase* "Apéndice I".

Adquirí mucha responsabilidad.
Aprendí a adaptarme a los cambios.
Gané confianza sobre las adversidades.
Maduré rápidamente.
Me ayudó a desarrollarme solo.
Me convertí en un adulto de la noche a la mañana.
Me enseñó a contar conmigo mismo.
Me enseñó la disciplina.
Me enseñó mucho acerca de la supervivencia.
Me hice un adulto antes de tiempo.
Me hizo una persona más dura.
Me hizo una persona más fuerte.
Me hizo una persona más independiente.
Me hizo una persona que trabaja muy duro.
Me unió más a mis padres.
Pude mejor apreciar lo que tenía y doy gracias todos los dias.

Aunque parezca extraño, sólo el 7,36 por ciento de los 442 que contestaron dijeron que la experiencia había sido negativa. Sus respuestas fueron las siguientes:

Aún siento la pérdida.
Dolorosa.
Es como perder un brazo o una pierna.
Es una cicatriz que nunca sana.
La separación aún me causa ansiedad.
Me costó la confianza en mí mismo.
Me dejó una enorme cicatriz en el corazón.
Me dio una gran e innecesaria responsabilidad
para la edad que tenía.
Me hizo una persona dura.
No disfruté de mi niñez.
Padezco de agonía sicológica.
Siento ser abandonado.

Siento la falta de los besos maternos al acostarme.

Tengo miedo de ser abandonado.

Una experiencia traumática.

EL GRUPO OPERACIÓN PEDRO PAN

Un grupo de los niños que vivieron con el monseñor Walsh se mantuvieron informalmente en contacto entre ellos. A través de los años se han reunido para celebrar el cumpleaños de "el cura". Ese grupo se convirtió en lo que ahora se conoce como el Grupo Operación Pedro Pan, una organización benéfica y no lucrativa cuyo único propósito es ayudar a niños necesitados.

Elisa (Elly) Vilano-Chovel le preguntó al monseñor, "Si yo pudiera reunir a un grupo de los pedro panes, ¿hay algo que pudiéramos hacer para saldar lo que usted hizo por nosotros?" Él le contestó que su sueño era fundar una villa para niños abandonados y maltratados. Más o menos 200 pedro panes firmaron un acuerdo en 1990 mediante el cual se comprometerían a ayudar a los niños necesitados sin acompañantes bajo el cuidado de la archidiócesis de Miami. "De esa manera, el Grupo Operación Pedro Pan se impuso la meta de recaudar fondos para este fin. El plan ha sido aprobado por el arzobispo de Miami, y la futura villa de niños va a ser construida en los treinta acres de terreno que en una oportunidad fuera llamado Campamento Matecumbe".

El grupo se reúne mensualmente para recaudar fondos, y organizan varios actos al año. Ha llevado a cabo dos simposios en los cuales se han discutido la Operación Pedro Pan y el Programa para Niños sin Acompañantes. Al mismo tiempo, se han organizado discusiones de grupo que sirven como un tipo de catarsis a las desagradables experiencias vividas.

Cuando cambie la actual situación de Cuba, muchos pedro panes han expresado sus deseos de ayudar a reconstruir su patria, hasta mudarse a ella y comenzar de nuevo. Otros, que ya tienen hijos y nietos estadounidenses, están demasiado acomodados en los Estados Unidos, su nueva patria, después de haber vivido en ella casi cuatro décadas.

ESTUDIOS SICOLÓGICOS

Ya sea que la experiencia de dejar la familia y la patria esté reprimida u olvidada, esa experiencia seguramente puede cambiar al niño más fuerte. Los recuerdos de los padres panes y los efectos que derivan de ellos han sido el foco de cuatro estudios sicológicos, todos llevados a cabo por niños pedro panes que son sicólogos en la actualidad.

En 1983, la doctora Lourdes Rodríguez-Nogués tituló su disertación doctoral, *Psychological Effects of Premature Separation from Parents in Cuban Refugee Girls: A Retrospective Study* (*Los efectos sicológicos de la separación prematura de sus padres de niñas cubanas refugiadas—un estudio retrospectivo*). Después de una reunión de los pedro panes en 1993, la doctora Lisa A. Suzuki, profesora en la Facultad de Sicología Aplicada de la Universidad de Nueva York, junto a la doctora María Prendes-Lintel, a su vez una pedro pan y coordinadora del Programa de Sicologiá para las Familias de la ciudad de Lincoln en el estado de Nebraska, decidió llevar a cabo un estudio de los niños cubanos, que tituló: *Unaccompanied Cuban Refugee Children: A Retrospective Examination of Adjusting Experiences* (*Los niños cubanos sin acompañantes—un estudio retrospectivo sobre las experiencias de ajuste*). El doctor José Manuel Goyos tomó 170 niños como ejemplo para un estudio titulado *Identifying Resiliency Factors in the Adult "Pedro Pan" Children* (*Cómo identificar la capacidad de recuperación de los niños "pedro panes" adultos*). Y por último, la doctora María Gondra tituló su disertación doctoral de 1999 *The Pedro Pan Experience: An Analysis Based on Attachment Theory* (*La experiencia Pedro Pan—un análisis basado en la teoría de acoplamiento*).

Aunque los estudios varían en género y número, los cuatro concuerdan en que la separación sí tuvo un impacto en los niños, pero que los pedro panes fueron muy resistentes, quizás porque esperaban que sus padres se les unieran pronto. La mayoría parece haber logrado carreras importantes y relaciones muy cercanas con sus familias y los grupos de respaldo emocional.

LOS PEDRO PANES HABLAN EN EL PRESENTE

Las estadísticas sólo comienzan ahora a dar la historia. El trauma que alteró sus vidas ejerció un cambió en cada niño pedro pan. Dejó a cada niño demasiado avispado para sus cortos años. Reavivó un instinto de supervivencia que los menores raramente necesitan para ayudarlos a pasar la niñez. Sin lugar a dudas, el impacto de la separación aún forma una parte integral de la vida de los niños ya adultos. Algunos pedro panes, cuyos relatos han sido contados en este libro, ahora hacen un resumen del impacto que el éxodo tuvo en sus vidas.

A través de entrevistas y cuestionarios, los pedro panes han revelado su dolor, muchos por vez primera. Un hombre escribió en su cuestionario simplemente, "No puedo llenar el cuestionario. Lo siento. Todos esos recuerdos me causan demasiado dolor". A continuación aparecen algunas de sus voces:

ILEANA FUENTES

"Esta erradicación está en mi poesía, en mi activismo. Me hubiera gustado crecer como cubana dentro de Cuba. Nunca he podido reconciliar en mi existencia esta extraña dimensión de ser una exiliada.

Donde yo pertenezco es dentro de la isla, para bien o para mal. Yo me siento como si estuviera en el limbo. Hemos crecido, pero todavía nos reclama nuestra niñez cubana interrumpida. Aún después de tantos años siento horror al encontrar que en realidad yo no pertenezco a Cuba.

Cuando mi hija Carisa tenía once años, la envié a Tampa a pasar una semana en casa de una prima que tenía niños de su edad. Mis tíos iban a estar allí; era una gran reunión de familia.

Cuando se montó en el avión, era la primera vez que volaría sola. Siempre lo hacíamos juntas. Yo estaba al otro lado del cristal, y todo el sufrimiento de aquella separación ocurrida en el pasado regresó a mí en el presente, provocándome tan terrible angustia que me pasé toda la tarde llorando. De repente yo estaba del otro lado de la *pecera*. De repente yo me había convertido en mis padres.

En ese momento pude corroborar lo traumático que fue para mí la separación. Yo sabía que lo había sido, pero no tenía pruebas. El hecho de que yo casi tuve un colapso nervioso al otro lado de aquella pared de vidrio, que era como volver atrás el tiempo, era prueba y corroboración suficiente para mí. Nunca más hemos vuelto a ser iguales, y siempre digo que por haber vivido esa experiencia, nunca me separaré de mi hija. Nunca".

SUSANA GARRANDES

"Cuando era más joven, recibí sesiones de (sico)terapia. Las necesitaba. Uno también tiene sentimientos en contra de los padres. Para un niño pequeño, cinco minutos parecen un par de horas. Por eso es que regañas a un niño al ponerlo cinco minutos sin hacer nada. El tiempo para los niños es como una vida entera llena de sucesos. Lo afecta a uno de muchas maneras, y si uno no trata de sobreponerse, esos sentimientos negativos pueden terminar con tus relaciones. Tú misma estableces ciertas barreras de acuerdo con lo que te ha sucedido.

Esta separación me hizo muy intolerante con la gente que piensa que el mundo se acaba si no puede comprar un creyón de labios. Por favor, despierta y espabílate. ¿Tienes qué comer y techo sobre la cabeza? Entonces, sé feliz. Uno se vuelve muy intolerante con la gente que llora y lamenta por cosas que realmente no tienen importancia. Uno le da mucha importancia a la unidad familiar y a ese tipo de cosas. No quieres prescindirte de eso".

MARÍA CRISTINA ROMERO-HALLORANS

"Yo iba en el automóvil con mi hija en una ocasión y le dije, 'Sabes, estoy cansada de ser una adulta que ha cuidado a los demás desde que tengo doce años de edad'. Y entonces fue cuando me di cuenta de que habíamos tenido que crecer de repente, y que nos robaron los años de la adolescencia. De repente comprendí que hay una pequeña criatura dentro de mí que quiere salir, porque me quitaron todos esos años.

Yo era la que alquilaba los apartamentos para mis padres. De momento la vida se tranquiliza, y cuando te das cuenta, ya eres una adulta y tienes tus propios hijos. Ahora tengo que preocuparme por mi padre que vive conmigo. Creo que todos pasamos por eso; te conviertes en el padre de tus padres. Pero, retrocediendo al pasado, perdí un montón de años; no los viví de la misma manera que los muchachos que pasan por etapas regulares. Mientras te pones en paz con eso, no puedes revivir el pasado, pero es mejor que comprendas que eso te sucedió, que has perdido esa parte de tu memoria".

JOSÉ A. ARENAS

"Yo no creo, en resumidas cuentas, que esta experiencia fuera negativa. Yo estoy orgulloso de haber sido parte de esa emigración. Pero sin embargo, no quiero que mis hijos tengan que pasar por algo como eso. Uno trata de enseñarles que la vida es muy dura".

DOCTOR ROBERTO ZALDÍVAR

"Esta separación ha ejercido en mí dos efectos. Un niño refugiado una vez me dijo, 'Hemos sido marcados de por vida', y es verdad. Nuestras vivencias nos han hecho diferentes. Maduramos antes de tiempo. Nos dio responsabilidades que no necesitábamos a una edad tan temprana, aunque pudimos apreciar muchas cosas que otros no saben evaluar. Yo he conocido a personas de mi edad que culpan a sus padres por todo lo que pasó. Y no es culpa de nuestros padres, sino del gobierno de nuestro país que nos obligó hacer lo que hicimos—dejar nuestra patria.

Hace algunos años, un profesor que visitaba mi casa me dijo que eso que yo he hecho hoy—haber dejado por escrito mis experiencias—la gente de mi edad no lo ha hecho, ya que todos nosotros guardamos estas experiencias en secreto y no hablamos de ellas, lo cual es verdad. He escrito todo esto con lágrimas en los ojos que nunca antes se habían asomado".

DOCTOR MARIO SÁNCHEZ

"Siento que los mejores años de mi vida han sido los años cuando he podido ir a jugar pelota en la playa con mis hijos", dice Mario Sánchez. Él estuvo separado de sus padres por seis años, y salió de Cuba cuando contaba con seis años de edad. "Sentía que estaba viviendo por vez primera. Hacer con ellos cosas típicas de un niño de seis años me convirtió en uno de esa edad. Cuando están entre los seis y los ocho se pueden portar como lo que son, y uno no los manda al diablo".

JOSEFINA SANTIAGO

"En lo que se refiere a la música y a la televisión, me tiraron de cabeza dentro de la cultura americana. Es como si ya no supiera nada de Cuba. Me siento que he perdido una parte de mi personalidad.

No puedo hablar español tan bien como quisiera. Tengo un uso rudimentario del idioma que me hace el trabajo muy difícil. Soy una consejera de salud mental, y cuando la gente me habla en ese idioma, me siento ahí, luchando por encontrar las palabras adecuadas, porque nunca aprendí un léxico que estuviera relacionado con lo emocional.

No me siento americana, pero no me siento hispana tampoco. A veces me incomodo cuando alguien me pregunta qué voy a hacer en *Thanksgiving* (Día de Acción de Gracias), y le contesto, "No hubo peregrinos en Cuba".

Durante veintiún años he trabajado con estudiantes perturbados emocionalmente. Yo siempre he sentido la necesidad de ayudar a alguien que está en un estado de agitación y furia. Me gusta obtener resultados. Lo hago por ellos, pero también por mí, por la satisfacción de ver que puedo ayudar a alguien. Si lo logro, hay un niño confuso menos en el mundo, un niño que piensa que vale algo; al menos alguien lo vale. Me hubiera gustado mucho haber podido tener esa ayuda; pero no fue así, al menos no cuando importaba, cuando yo la necesitaba".

ANÓNIMO

"Pido disculpas por no haber contestado su encuesta tan pronto como la recibí. Pero para ser sincero, cada vez que pensaba en contestarla, no sentía deseos de volver a despertar viejos recuerdos. Son tan terribles mis recuerdos. Me sorprende ver lo fácil que es para mí volver a la época en que tenía catorce años y recordarla como si fuera la semana pasada. Todavía me duele tanto . . . No hubo nada positivo en mi experiencia. Relegarla al olvido es lo mejor que he podido hacer. Deseo poder servirle de alguna ayuda. Si necesita un voto a favor de la experiencia negativa, el mío debe ser el primero. No recuerdo cuándo paré de llorar durante las noches de todos esos horrorosos tres años y medio, pero debo haber estado seca de lágrimas cuando mis padres llegaron. Todavía soy muy infeliz y no siento haber logrado nada positivo en mi vida. Hay un vacío muy grande dentro de mí que no han podido llenar ni siquiera un marido y tres hijos maravillosos. La luz al final del túnel está tan, pero tan, lejos".

ANÓNIMO

"Yo nunca he hablado mucho de mis primeros años, pero hace más o menos cuatro meses le dije algo de mi historia a mi hija de veintisiete años, y ella no podía creerlo. Ella se sintió tan conmovida que llamó a su hermana de veinticuatro años para que viniera a oírla.

He tratado de contársela a mi madre, pero la emoción es tan grande que nunca consigo el valor suficiente para hacerlo. Temo que se sienta muy mal. Deseo contársela, pero no para que se sienta mal.

Solamente escribir estas palabras me hace derramar lágrimas. Me alegro mucho de que esta encuesta ayude a dar a conocer algo de la oscuridad que aún tengo en el alma. Me alegro que haya sucedido, pero me duele. Y solamente nosotros sabremos cuánto por el resto de nuestras vidas".

ANTONIA MARTÍNEZ

"Cuando eres pequeña no comprendes lo que los adultos están sufriendo, y no lo sabes apreciar hasta que te conviertes tú en madre, y entonces entiendes el sacrificio y todo lo demás que ellos hicieron. Tengo un hijo de diecinueve años y pienso en las diferencias a las circunstancias del pasado. La decisión que ellos tuvieron que hacer y sus alternativas fueron tan difíciles que yo no sé si hubiera hecho lo mismo. Me imagino que si uno se encuentra con un dilema igual en un momento determinado, eso es lo que se hace".

MILDRED CARRIDO

"Yo me considero una persona fuerte, de lo contrario no estaría cuerda. Los infortunios pasados forjaron mi mentalidad, porque cuando todo se desmorona a tu alrededor, tomas medidas para sobrevivir. Yo pienso qué diferente sería mi vida si hubiera tenido una familia. Todavía sangro por la herida emocional de no haber tenido una vida familiar feliz. Yo creo que mi personalidad está afectada por todo eso, aunque trato de compensarlo con mi profesión y con mi propia familia. Yo creo que tengo problemas de personalidad. Algunas veces no estoy segura referente a algunas cosas, y me doy cuenta de que no tengo ninguna razón para sentirme así. Hago cosas que denotan inseguridad, y las repito una y otra vez".

ELISA (ELLY) VILANO-CHOVEL

"La experiencia Pedro Pan tuvo un enorme impacto en mi vida. Me vi obligada a crecer antes de tiempo, separada de mi familia, de mis raíces y mis costumbres, y tuve que volverme responsable, no solamente de mí misma, sino de mi hermana menor que no podía comprender lo que estaba ocurriendo.

Estoy agradecida por la oportunidad de crecer en esta tierra de libertad y por el sacrificio que hicieron mis padres al separarse de nosotras. Cuatro décadas más tarde, las familias en Cuba continúan separadas a la fuerza, por la estructura del control gubernamental sobre la enseñanza fuera del hogar y la emigración. Nosotros éramos 'la dulce esperanza de la patria', pero perdimos la oportunidad de vivir y ayudar cuando nos tocó nuestro turno. A pesar de eso, yo creo que cada uno de nosotros es parte de la solución para una Cuba democrática. Rezo para que en el futuro nadie tenga otra vez que escoger entre ser libre y la familia, como lo hicieron nuestros padres. Esos son dos derechos innegables que Dios nos ha dado".

WILLY CHIRINO

"Mi experiencia fue positiva; maduras un poco. Ves las cosas desde otro punto de vista. Para poder apreciar las cosas buenas de la vida tienes que pasar por las malas. Me enseñó cómo disfrutar más de mi familia. Quizás por eso yo soy uno de esos padres que besan a sus hijos no sé cuántas veces al día.

Siempre he disfrutado de ver el inmenso orgullo que el monseñor Walsh siente por mis éxitos. Cada vez que recibo un premio, él es el primero en estar presente. Yo le dediqué mi estrella en (el Paseo de la Fama en) la Calle Ocho. Es necesario que la gente sepa sobre su trabajo. Él no lo hizo para que le dieran reconocimientos, ya que nadie lo sabe.

Siempre he sentido un amor extraordinario por Cuba. Según pasa el tiempo, me siento más cubano y menos americano; más latinoamericano, no solamente cubano. Me gusta visitar los países latinoamericanos y desarrollar una relación social con la gente, porque en ellos me siento como en mi casa. Yo siempre seré aquí un extranjero. Admiro sus costumbres, sus disciplinas, ciertas cosas, pero no me identifico con ellos.

Yo sueño con regresar a Cuba. Ya estoy planeando el concierto que voy a dar allá".

A pesar del impacto de la experiencia y el efecto que tuvo en sus vidas, justamente como Willy Chirino, los pedro panes entrevistados para este libro comparten el mismo deseo de ver Cuba otra vez, ya sea como visitantes o para empezar una nueva vida en ella.

EPÍLOGO

La partida de nuestra amada patria ha dejado a todos los pedro panes navegando entre dos mundos. El Trópico de Cáncer es nuestro Muro de Berlín, el paralelo que nos separa de Cuba, un lugar que podemos visitar en el presente si recibimos la apropiada autorización del régimen castrista.

A veces me gustaría saber qué clase de vida yo hubiera tenido si me hubiese quedado en Cuba. ¿En qué persona me hubiera convertido? ¿Cómo son las vidas de mis compañeras de escuela que se quedaron?

Recuerdo que mi padre comenzó a tomar lecciones de ruso en 1960. Yo miraba por encima de su hombro y me quedaba fascinada con el abecedario cirílico. Yo también quería aprender ruso. Estoy convencida que, de haberme quedado en Cuba, sujeta al adoctrinamiento constante, hubiera sido una buena niña comunista, al menos por un tiempo. Hubiera sido instruida, pero no educada. La educación implica una gran amplitud de conocimientos y el poder satisfacer cualquier curiosidad intelectual. Los cubanos están limitados por el estado a lo que deben leer, y hasta qué carreras pueden estudiar (la que el gobierno necesite en ese momento).

En Cuba, a ningún estudiante le es permitido graduarse de la segunda enseñanza sin haber antes participado en trabajos anuales "voluntarios" en el campo. Las horas de trabajo son extensas, y las condiciones agotadoras. Una persona que salió hace poco de Cuba me contó de un niño de once años, de cuerpo menudo y muy pequeño para su edad, que recibió unas botas tan grandes para trabajar en el campo que no podía caminar con ellas.

El régimen instituyó internados para los mejores estudiantes. Rehusar asistir a ellos significa truncar cualquier posibilidad de recibir una educación universitaria. Los niños que van a estos internados pueden ir a sus casas un fin de semana sí, el otro no. Con la constante escasez de combustible, hay muchos que no ven a sus padres por largos periodos. ¿No es esto lo que nuestros padres temían, entregar a sus hijos al adoctrinamiento comunista y así perderlos, ya fuera en Rusia o dentro de la propia patria? Hasta Alina Fernández Revuelta, hija del dictador Castro, dijo que una de las razones por la que huyó de Cuba y sacó a su hija del país fue por no querer que ésta fuera a uno de esos internados y así tener que vivir separada de ella.

Cuando me preguntan si yo creo que mis padres tomaron la decisión correcta, siempre contesto: "Sí, porque me dieron opciones". Una vez en este país, cualquiera de nosotros pudo escoger regresar a Cuba y ser comunista.

No obstante, una minoría de los niños con los que he hablado, menos del diez por ciento, no opinan igual. Resienten la separación y no pueden perdonar el dolor por el que pasaron. Lo que todos compartimos es un sentido de identificación. Nadie más puede comprender lo que esa separación significó para nosotros, y el miedo que sentíamos al pensar que el régimen no les permitiera la salida a nuestros padres.

Más o menos la mitad de los 14.048 pedro panes que llegaron a los Estados Unidos fueron a vivir con amigos o parientes. Yo estaba entre aquéllos, y esa es la razón por la que no vi a los otros centenares de niños en los refugios, y por qué también ignoraba el éxodo.

Estoy muy agradecida de que mi curiosidad natural me lle-

vara a averiguar más detalles sobre los pedro panes después que
leí el libro de Joan Didion. Al enterarme de que había otros,
comencé a desenterrar una parte dolorosa de mi vida que yo
había escondido. Aunque viví con dos familias diferentes y, al
final, con mi tío, yo sentía que era una boca más para alimen-
tar en momentos de penuria económica. Me sentía como una
intrusa y no podía hablar de eso con nadie. Sólo estuve separada de mi madre durante seis meses, pero a mí me pareció
como un año. En ese tiempo cambié de escuela tres veces
mientras aprendía inglés. Todo me resultaba tan poco familiar.
Me sentía muy sola.

Mientras entrevistaba a los pedro panes sentí que sus
expresiones eran como el reflejo de mis sentimientos. Lloré
muchas veces después de terminar las entrevistas y leer las cartas. También comprendí que me hallaba en una jornada de
redescubrimiento cubano. Mi apartamento se ha convertido en
un museo cubano, con libros, pinturas y mapas cubanos. Estoy
sedienta por saber más sobre mi patria y trato de aprender lo
más posible. Después de mis años de adolescencia en los que
repudiaba a Cuba, he madurado, y ahora me encuentro en el
extremo opuesto de la gama. También he aprovechado de las
oportunidades que los Estados Unidos me ha ofrecido, y he trabajado como productora de cine y también como aeromoza.
Me gradué de la universidad con un título de maestría en pe-
riodismo, y durante once años he trabajado por cuenta propia
como periodista.

Muchos de los niños se sienten como yo; o sea, no estadounidenses por completo. No es porque seamos malagradeci-
dos, pero sí se debe a que nuestros corazones laten a un ritmo
distinto, compuesto de rumbas, guarachas y danzones. Es un
compás que nos trae lágrimas a los ojos cuando escuchamos el
himno nacional cubano, y que nos hace sentir como patriotas
si leemos algo escrito por José Martí. Y todavía preferimos los
frijoles negros a la zanahoria. Nacimos justamente al sur del

Trópico de Cáncer, la parte más al norte de la tierra donde el sol brilla directamente sobre uno. Y eso nos hace diferentes.

Pero, ¿podremos alguna vez volver a sentirnos como si estuviéramos en nuestra propia casa en Cuba, un país ahora drásticamente diferente al que dejamos en 1960, 1961 ó 1962? ¿Pueden los más de cuarenta años pasados en el exilio condenarnos a vivir en una "tierra de Nunca-Jamás" para siempre? Los niños refugiados llevan una marca imborrable. Pero poder compartir esto con otros pedro panes me ha dejado con un nexo que nunca antes tuve con otros que saben muy bien lo que significa moverse entre dos mundos. Sin embargo, todos los pedro panes aún sentimos un gran vacío, ya que, contrario a los otros éxodos históricos de niños, nuestro éxodo—hasta la fecha— no ha llegado a su final. No cabe ninguna duda que esta tan esperada conclusion llegará con el renacimiento de una Cuba libre.

QUE EN PAZ DESCANSEN

Sus cuerpos encontraron reposo permanente en el exilio. Sus almas habitan en la patria sin fronteras, ni límites, ni fechas— una paz inalterable.

Roberto Alcantud
Luis Álvarez
Arnaldo Arias
Randi Barceló
Dulce María Carneado
Daisy Cuan Li
Juan Felipe de la Cruz Serafín
Zoila E. de la Paz Alfonso
Armando Echemendía
Alfonso García
Marcelina García
Francisco González Cuesta
Oscar Gregorio
Agustín Gómez
Guillermo Hernández Galloso
Fernando Ibarbangoitía
Gisela Iglesias
Arturo Iturralde
Roberto E. López-Molne
Ana Mendieta
Luis Meso
Juan Alberto Monge
Emilio Pis
Larry Ramos
Carmen Rosa Rodríguez
Armando Rousseau
Oscar Salazar
César Sánchez
Ramiro Siegler
Luis Villaverde
Jorge Viña

Son más bellas las playas del destierro cuando se les dice adiós.

—JOSÉ MARTÍ

APÉNDICE I

LOS CUESTIONARIOS ENVIADOS A LOS PEDRO PANES Y SUS RESPUESTAS A LOS MISMOS

Respuestas a los Cuestionarios—442 en total

1) ¿Dónde nació usted?—(426 respuestas)

La Habana— 246 (57,75%)	Fuera de La Habana—180 (42,25%)

2) ¿Cuál era el oficio de su padre en Cuba?

Abogado	20	Chofer de autobús	
Administrador	3	(guagüero)	3
Agente de publicidad	1	Comerciante de	
Agente tabacalero	4	exportación e importación	3
Arquitecto	4	Congresista	1
Banquero	1	Contador	25
Barbero	1	Dentista	4
Capataz	2	Distribuidor	2
Capitán de remolcador	1	Dueño de fábrica	1
Carnicero	3	Dueño de finca	5
Carpintero	1	Dueño de negocio	51

Dueño de tienda de víveres	7	Operador de telégrafo	2
Enfermero	1	Optometrista	2
Factótum	1	Panadero	1
Farmacéutico	8	Periodista	2
Fotógrafo	2	Piloto	1
Funcionario de aerolínea	3	"Playboy"	1
Funcionario gubernamental	9	Policía	2
Ganadero	5	Político	3
Gerente de empresa	6	Profesor	5
Granjero	4	Químico	3
Hombre de negocios	8	Soldado	1
Ingeniero	17	Supervisor	1
Joyero	3	Trabajaba por cuenta propia	5
Maestro	4	Trabajador de fábrica	1
Médico	18	Vendedor	16
Obrero	2	Vendedor de automóviles	3
Oficial de la marina	4	Vendedor de frutas	1
		Veterinario	1

3) ¿Trabajaba su madre fuera de la casa en Cuba?
(437 respuestas)

Amas de casa—312 (71,39%)

4) Si su respuesta es afirmativa, ¿en qué trabajaba ella?

Abogada	3	Costurera	2
Administración	1	Dentista	1
Agente inmobiliario	1	Directora de escuela	6
Arquitecta	1	Dueña de negocio	4
Ayudante de enfermera	1	Empleada de bufete de abogados	1
Ayudante de maestra	2	Farmacéutica	5
Ayudante de optometrista	1		

Funcionaria del censo	1	Peluquera	4
Funcionaria		Profesora	10
gubernamental	2	Secretaria	4
Lavandera	1	Sirvienta doméstica	2
Maestra	47	Técnica dental	1
Médica	5	Tenedora de libros	1
Oficinista	3	Trabajadora del tabaco	1
Operadora de ascensor	2	Ventas	12

5) ¿Cuál diría usted que era el nivel económico de su familia en Cuba?—(426 respuestas)

Clase alta alta	17 (3,99%)	Clase media	
Clase alta más		baja	86 (20,19%)
baja	32 (7,51%)	Clase baja más	
Clase media		alta	17 (3,99%)
alta	257 (60,33%)	Clase baja	0

Nota: Diecisiete pedro panes escribieron en el formulario "Clase media media" (3,99%), categoría que no les fue ofrecida. De haber tenido esa alternativa, creo que muchos más la hubiesen escogido.

6) ¿En qué escuela estudió usted en Cuba?

Varias, las mayorías de las cuales eran privadas o católicas.

7) Confesión religiosa—(417 respuestas)

Católica 410 (98,32%)

Otras:

Agnóstica	1 (0,24%)	Cristiana	2 (0,48%)
Atea	1 (0,24%)	Judía	1 (0,24%)
Bautista	1 (0,24%)	Luterana	1 (0,24%)

8) ¿Sabe usted cómo se consiguió su permiso especial ("visa waiver") para entrar en los Estados Unidos?—(424 respuestas)

Sí	300 (70,75%)	No	124 (29,25%)

9) ¿En qué año salió usted de Cuba?

1960	9 (0,02%)	1961	205 (49,04%)	1962	204 (48,80%)

10) ¿Qué edad tenía usted cuando salió de Cuba?
(428 respuestas)

Edad	Número de pedro panes	Edad	Número de pedro panes
1	2	10	32
3	2	11	47
4	1	12	34
5	1	13	49
6	6	14	69
7	9	15	55
8	18	16	53
9	20	17	26
		18	4

11) ¿Sabía usted por qué lo/la mandaban fuera de Cuba, y si tenía que ver con la política?—(442 respuestas)

Sí	345 (78,05%)	No	97 (21,95%)

12) Cuando usted llegó a Miami, ¿a dónde fue a parar?
(427 respuestas)

A casa de amistades	A casa de parientes	A un campamento
19 (4,45%)	38 (8,90%)	370 (86,65%)

13) ¿Salió usted de Cuba solo/a, o con (un/a) hermano(s) y/o hermana(s)? (427 respuestas)

Con (un/a) hermano(s)/a(s)	Solo/a
231 (50,55%)	196 (45,90%)

14) Si salió con (un/a) hermano(s) y/o hermana(s), ¿qué edad tenía(n)?

Las edades variaban entre los 6 y 18 años.

15) ¿Estuvo usted alguna vez separado/a de ellos/as? (200 respuestas)

Separados/as   103 (51,50%)

16) ¿Si usted fue a parar en uno de los campamentos en Miami, ¿a cuál fue?

Nota: Muchos de los pedro panes que contestaron esta preguntas no recordaban el nombre de los campamentoso refugios donde fueron a parar. Otros estuvieron en más de un campamento o refugio.

Casa de Niños Cubanos	1	Matecumbe	106
Florida City	115	San Rafael	1
Kendall	99		

17) Después de estar en uno a más de los campamentos o refugios de Miami, ¿fue usted colocado/a en una escuela, hogar de acogida, o en un orfanato? Si su respuesta es afirmativa, ¿a cuál estado fue enviado/a?

Alabama	2	California	10
Arizona	2	Carolina del Sur	1
Arkansas	2	Colorado	20

Connecticut	1	Montana	19
Delaware	6	Nebraska	23
Distrito de Columbia	2	Nevada	2
Florida	27	Nueva Jersey	10
Georgia	2	Nueva York	23
Illinois	11	Nuevo México	43
Indiana	11	Ohio	13
Iowa	4	Oregón	2
Kansas	34	Pennsilvania	6
Kentucky	1	Puerto Rico	1
Luisiana	5	Tennessee	2
Massachussets	5	Texas	24
Michigan	13	Virginia Occidental	2
Minnesota	2	Washington	6

18) ¿Hablaba usted inglés en aquella época? — (442 respuestas)

Sí	77 (17,42%)	No	365 (82,58%)

19) ¿Cuánto tiempo estuvo usted separado/a de sus padres?

Separados/as menos de un año:	130 (29,41%)
Meses de separación	Número de pedro panes
1	2
2	3
3	7
4	11
5	7
6	16
7	7
8	17
9	8
10	8
11	14
12	30

Separados/as por más de un año: 103 (23,30%)

Meses de separación	Número de pedro panes
13	61
14	1
15	3
16	4
17	4
18	21
19	4
20	1
21	4

Separados/as por más de dos años: 57 (12,90%)

Meses de separación	Número de pedro panes
24	27
26	1
29	1

Separados/as por más de tres años: 37 (8,37%)

Meses de separación	Número de pedro panes
36	23
42	12
46	2

Separados/as por cuatro años o más: 53 (11,99%)

Meses de separación	Número de pedro panes
48	43
51	2
54	7

Separados/as por cinco años o más: 46 (10,41%)

Meses de separación	Número de pedro panes
60	40
62	1
63	1
66	4

Separados/as por seis años o más: 21 (4,75%)

Meses de separación	Número de pedro panes
72	19
75	1
78	1

Separados/as por siete años o más: 9 (2,04%)

Meses de separación	Número de pedro panes
84	9

Separados/as por ocho años o más: 6 (1,36%)

Meses de separación	Número de pedro panes
96	5
100	1

Separado/a por nueve años o más: 1 (0,68%)

Meses de separación	Número de pedro panes
108	1

Separados/as por diez años o más: 3 (0,68%)

Meses de separación	Número de pedro panes
120	3

Separado/a por doce años o más: 1 (0,23%)

Meses de separación	Número de pedro panes
144	1

Separado/a por trece años o más: 1 (0,23%)

Meses de separación	Número de pedro panes
156	1

Separado/a por quince años o más: 1 (0,23%)

Meses de separación	Número de pedro panes
180	1

Separado/a por dieciséis años o más: 1 (0,23%)

Meses de separación	Número de pedro panes
192	1

Separado/a por diecisiete años o más: 1 (0,23%)

Meses de separación	Número de pedro panes
204	1

Separados/as por dieciocho años o más: 4 (0,90%)

Meses de separación	Número de pedro panes
216	4

Separados/as por veinte años o más: 3 (0,68%)

Meses de separación	Número de pedro panes
240	3

Separado/a por veintiún años o más: 1 (0,23%)

Meses de separación	Número de pedro panes
258	1

Separado/a por veinticinco años o más: 1 (0,23%)

Meses de separación	Número de pedro panes
300	1

Nunca se reunieron con sus padres: 15 (3,39%)

20) ¿Se le olvidó el español durante la separación?
(440 respuestas)

Sí	54 (12,27%)	No	386 (87,76%)

21) ¿Cree usted que sus padres hicieron lo correcto al enviarlo/a solo/a de Cuba? — (429 respuestas)

Sí	366 (85,31%)	Indecisos/as	22 (5,13%)
No	41 (9,56%)		

22) ¿Haría usted igual que sus padres si estuviera en las mismas circunstancias? — (320 respuestas)

Sí	147 (45,94%)	Indeciso	69 (21,56%)
No	104 (32,50%)		

23) ¿Es usted actualmente ciudadano/a de los Estados Unidos? (440 respuestas)

Sí	426 (96,81%)	No	14 (3,4%)

24) Niveles de instrucción formal logrado por los pedro panes que respondieron al cuestionario

Ninguna segunda enseñanza	2	(0,47%)
Segunda enseñanza	54	(12,74%)
Algunos cursos universitarios	30	(7,08%)
Dos o tres años de universidad	78	(18,40%)
Título universitario	116	(27,83%)
Diecisiete años de instrucción formal	7	(1,65%)
Título de maestría	80	(18,87%)
Diecinueve años de instrucción formal	10	(2,36%)
Doctorado	38	(8,96%)
Veintiún años de instrucción formal	2	(0,47%)
Veintidós años de instrucción formal	7	(1,65%)

25) Ocupaciones de los pedro panes que respondieron al cuestionario

Abogados/as	13	Agentes de inversiones de capital	2
Administradores/as de arte	2	Amas de casa	14
Administrador de oficina	1	Analista	1
Administrador/a	1	Analista financiero	1
Aduanero/a	1	Arquitectos/as	2
Agentes de bienes raíces	4	Artistas	3
Agentes de seguros	8		

Asesores/as	3	Director de orquesta	1
Asesor/a de comercio		Directores/as	7
internacional	1	Directores/as de farmacia	2
Asesor/a de computación	1	Dueño de compañía química	1
Asesor/a financiera	1	Dueños/as de negocio	17
Asistente de abogado	1	Economista	1
Asistentes de dirección	4	Editor	1
Asistente del Departamento		Ejecutivos/as	2
de Estado de los EE.UU.	1	Electricista	1
Asistente político	1	Empresario	1
Asistentes/as de dentista	2	Enfermeras	4
Auditor/a	1	Especialista auditorio	1
Ayudantes legal	2	Farmacéutico	1
Ayudante profesoral	1	Funcionario de aerolínea	1
Banqueros/as	6	Funcionarios/as de correos	2
Beneficencia Católica	1	Gerente de oficina	1
Bombero	1	Guardaparque	1
Cineasta	1	Guionista	1
Comprador personal	1	Hombres o mujeres de	
Comunicaciones	2	negocios	3
Consejeros/as	2	Horticultura	1
Contadores/as	15	Ingenieros/as	20
Coordinador	1	Investigadores/as	2
Curas	5	Joyero	1
Diplomático	1	Lavado de automóviles	1
Dirección de artes plásticas	2	Marinero	1
Dirección de negocios		Mecánico de automóviles	1
internacionales	1	Médicos/as	11
Director de agencia de		Monja	1
automóviles	1	Negociantes	3
Director de biblioteca	1	Oficinistas	2
Director de compañía		Operador de "Hi-Lo"	1
telefónica	1	Operador de teléfono	1
Director de contabilidad	1	Peluquero	1
Director de operaciones	1	Periodistas	3

Pianista	1	Sicólogo	1
Policías	3	Siquiatra	1
Profesores/as	4	Supervisores/as	11
Químico	1	Suscritor de hipotecas	1
Regentes	2	Técnico de emisoras	1
Representante de cuentas	1	Técnico de farmacia	1
Representante de reclamos		Técnico de laboratorio	1
de seguros	1	Trabajadores/as de la	
Representante de sindicato		construcción	2
de trabajo	1	Veterano de guerra	
Representantes de relaciones		incapacitado	1
públicas	2		

26) ¿Cuál es su estado civil en la actualidad? — (424 respuestas)

Solteros/as	43	(10,21%)
Casados/as	319	(75,77%)
Divorciados/as	50	(11,88%)
Viudos/as	3	(0,71%)
Separados/as	5	(1,19%)
En concubinato	1	(0,24%)

27) Si ha estado casado anteriormente, ¿cuántas veces se ha casado? — (442 respuestas)

Una vez	109	(76,76%)
Dos veces	29	(20,42%)
Tres veces	3	(2,11%)
Cuatro veces	1	(0,70%)

28) ¿Son cubanos/as sus esposo/as pasado/as o actuales? (142 respuestas)

Sí	233	(58,54%)
No	165	(41,46%)

29) ¿Tiene hijos? — (377 respuestas)

Sí	349	(79,13%)
No	92	(20,86%)

30) Si su respuesta es afirmativa, ¿cuántos tiene? — (349 respuestas)

Uno/a	76	(21,78%)
Dos	154	(44,13%)
Tres	90	(26,07%)
Cuatro	21	(6,02%)
Cinco	7	(2,01%)
Seis	1	(0,29%)

31) ¿Hablan sus hijos español? — (354 respuestas)

Sí	267	(82,41%)
No	78	(24,07%)
Un poco	9	(2,78%)

32) ¿Se siente usted cubano/a? — (417 respuestas)

Muy poco	15	(3,59%)
Un poco	74	(17,74%)
Muy	219	(52,51%)
Sumamente	109	(26,13%)

33) ¿Mantiene usted las tradiciones cubanas? — (429 respuestas)

Sí	342	(79,72%)
No	48	(11,19%)
Algunas	39	(9,09%)

34) ¿Regresaría a vivir en Cuba si fuera libre?—(428 respuestas)

Sí	103	(24,07%)
No	230	(53,74%)
Indecisos/as	86	(20,09%)
De visita	2	(0,47%)
Por un tiempo	7	(1,64%)

35) ¿La experiencia de haber sido niño/a refugiado/a tuvo un impacto positivo o negativo en su vida?—(424 respuestas)

Positivo	293	(69,60%)
Negativo	31	(7,36%)
Ambos	86	(20,43%)
No está seguro	7	(1,66%)
Ni lo uno ni lo otro	4	(0,95%)

36) ¿Se siente usted satisfecho/a con su vida en la actualidad? (379 respuestas)

Sí	354	(93,40%)
No	16	(4,22%)
Indecisos/as	9	(2,37%)

37) ¿Cree usted que sería la misma persona si se hubiese quedado en Cuba?—(422 respuestas)

Sí	34	(8,06%)
No	356	(84,36%)
Indecisos/as	32	(7,58%)

38) Afiliación política—(384 respuestas)

A favor de la libertad	1	(0,26%)
Conservadores/as	3	(0,79%)

Demócratas	58	(15,22%)
Derechista	1	(0,26%)
Feminista/activista	1	(0,26%)
Independientes	32	(8,49%)
Liberales	3	(0,79%)
Ninguna	71	(18,64%)
No comunista	1	(0,26%)
Republicanos/as	207	(54,33%)
Socio-Demócratas	2	(0,52%)

APÉNDICE II

DATOS SOBRE EL NIVEL DE DESARROLLO SOCIAL, ECONÓMICO Y EDUCACIONAL DE CUBA EN 1958

1) Porcentaje de gastos públicos dedicados a la educación en América Latina en 1958

1. **Cuba**	23%	6. Perú	14,6%
2. Puerto Rico*	21,5%	7. México	14,7%
3. Argentina	19,6%	8. Guatemala	11,7%
4. Costa Rica	19,6%	9. Ecuador	10,8%
5. Chile	15,7%		

*territorio estadounidense

(Fuente informativa: *Anuario Internacional de la Educación de la UNESCO*)

2) Porcentaje de analfabetismo en la población total en los diez países más alfabetizados de América Latina en 1958

1. Argentina	8%	6. Panamá	28%
2. Costa Rica	21%	7. Uruguay	35%
3. Chile	24%	8. Colombia	37%
4. **Cuba**	25%	9. México	38%
5. Puerto Rico*	26%	10. Ecuador	44%

*territorio estadounidense

(Fuente informativa: *Anuario Estadístico de las Naciones Unidas de 1959*)

3) Porcentaje de alumnas en los totales de matrículas

1. **Cuba**	45%	6. México	27,9%
2. Panamá	43%	7. Costa Rica	27,5%
3. Estados Unidos	32,8%	8. Venezuela	25,2%
4. Argentina	30,3%	9. Paraguay	23,2%
5. Chile	29,8%		

(Fuente informativa: *Anuario Internacional de la Educación de la UNESCO*)

4) Alumnos de educación universitaria por cada mil habitantes

País	Población en millones en 1957	Alumnos de educación universitaria	Alumnos por cada mil habitantes
Estados Unidos	171,2	3.037.000	17,7
Cuba	**6,4**	**86.500**	**13,5**
Unión Soviética	200,2	2.110.860	9,5
Japón	90,9	626.736	6,9
Francia	44,1	180.634	4,1
Italia	48,5	154.638	3,2
Alemania*	51,5	153.923	3,0
Reino Unido	51,5	96.128	1,9

*República Federal de Alemania (Alemania Occidental)

(Fuente informativa: *Anuario Internacional de la Educación de la UNESCO*)

5) La iglesia católica y la educación en Cuba en 1958

Población total	6.250.000
Población católica	5.665.000 (94,20%)
Matriculadas en las 194 escuelas católicas para hembras	34.335 alumnas
Matriculados en las 130 escuelas para varones	33.691 alumnos

En el año 1958, uno de cada 92 habitantes recibía instrucción formal en las escuelas católicas.

(Fuente informativa: *Anuario Pontificio*)

6) Beneficio sociales—Porcentaje de remuneración a trabajadores y empleados sobre el ingreso medio nacional en 1958

1. Reino Unido	74,0%	6. Suecia	64,2%
2. Estados Unidos	71,1%	7. Noruega	62,5%
3. Canadá	68,5%	8. Alemania*	61,9%
4. **Cuba**	**66,0%**	9. Australia	61,9%
5. Suiza	64,4%	10. Francia	59,7%

*República Federal de Alemania (Alemania Occidental)

(Fuente informativa: *Anuario de Estadísticas de Trabajo de la Organización Internacional del Trabajo de 1960*)

7) Habitantes por televisor en América Latina en 1958

1. **Cuba**	18	4. México	70
2. Venezuela	32	5. Brasil	79
3. Argentina	60	6. Colombia	102

(Fuente Informativa: *Abstracto Estadístico de los Estados Unidos de América de 1960*)

8) Habitantes por teléfono en América Latina en 1958

1. Argentina	17	6. Panamá	48
2. Uruguay	25	7. Brasil	63
3. **Cuba**	**28**	8. Colombia	64
4. Chile	46	9. México	75
5. Venezuela	47		

(Fuente Informativa: *Abstracto Estadístico de los Estados Unidos de América de 1960*)

9) Habitantes por radio en América Latina en 1958

1. Uruguay	4,6	6. Chile	10,6
2. **Cuba**	**5,0**	7. Brasil	11,0
3. Argentina	7,0	8. México	11,0
4. Venezuela	8,6	9. Costa Rica	15,2
5. Panamá	9,1		

(Fuente Informativa: *Abstracto Estadístico de los Estados Unidos de América de 1960*)

10) Habitantes por automóvil en América Latina en 1958

1. Venezuela	17,4	6. Panamá	41,3
2. Uruguay	23,2	7. Costa Rica	47,3
3. **Cuba**	**27,3**	8. México	52,4
4. Argentina	30,9	9. Brasil	62,4
5. Chile	34,6		

(Fuente Informativa: *Abstracto Estadístico de los Estados Unidos de América de 1960*)

11) Habitantes por médico en América Latina en 1958

1. Argentina	840	6. México	2.200
2. **Cuba**	**980**	7. Brasil	2.500
3. Uruguay	1.000	8. Nicaragua	2.600
4. Venezuela	1.700	9. Costa Rica	2.800
5. Chile	1.900		

(Fuente informativa: *Anuario Estadístico de las Naciones Unidas de 1959*)

NOTAS

PRÓLOGO

1   Dorothy Legarreta, *The Guernica Generation—Basque Refugee Children of the Spanish Civil War* (Reno: University of Nevada Press, 1984).

2   Entrevista de la autora con Olga Levy Drucker.

3   Olga Levy Drucker, *Kindertransport* (Nueva York, Henry Holt and Company, 1992).

4   *New York Times,* 11 de octubre de 1998.

5   Nicholas Cage, *Eleni* (Nueva York: Ballantine Books, 1984).

6   El monseñor Walsh, quien dirigió el Programa de Niños sin Acompañantes, dice que 14.408 niños abandonaron Cuba a través de la Operación Pedro Pan. Según reportó Ruby Hart Phillips el 9 de marzo de 1962 en el *New York Times,* "14.072 niños han sido enviados fuera de Cuba".

CAPÍTULO 1—ADIÓS CUBA: 1959–1960

1   Según la revista *América* del 18 de febrero de 1961, 66.000 cubanos ya habían abandonado el país. Según Fagen, Brodin y O'Leary, aproximadamente 43.372 cubanos habían solicitado la salida en 1959 y 1960, y 80.928 más se marcharían en 1961. Esos autores citan 1.705 refugiados cubanos de edad laboral que abandonaron el país en 1959, y 9.138 en 1960, ó un total de 8.508. La cifra aumentó a 20.323 en 1961. Ellos sugieren multiplicar el número de personas de edad laboral por cuatro para obtener un estimado aproximado: 8.508 × 4 = 34.032 en 1959 y 1960, y

288 | Operación Pedro Pan

20.323 × 4 = 81.292 en 1961. Como esas cifras son tomadas del Centro de Refugiados de Miami, los cubanos que no se inscribían allí no fueron contados. Por lo tanto, esas cifras no son correctas. *Véase* Richard R. Fagen, Richard A. Brody y Thomas J. O'Leary, *Cubans in Exile—Disaffection and the Revolution*. (Stanford: Stanford University Press 1968), página 63.

Paul Bethel, funcionario de la Embajada de los Estados Unidos en La Habana dice que 100 mil cubanos ya habían huido para finales de 1960. *Véase* Paul D. Bethel, *The Losers* (Nueva York: Arlington House, 1969).

2 Robert E. Quirk, *Fidel Castro* (Nueva York y Londres: W.W. Norton and Company, 1993).

3 Ibíd., página 81.

4 Bethel, *The Losers*.

5 Quirk, *Fidel Castro,* página 214.

6 Hugh Thomas, *Cuba.* (Nueva York: Harper and Row, 1971), página 1.080.

7 Ibíd., 1.081.

8 Horace Sutton, "How to Lose Tourists", *Sports Illustrated,* enero de 1959.

9 *New York Times,* 2 de enero de 1959, 1 y 3 de enero de 1959; 2 y 4 de enero de 1959; 1 y 5 de enero de 1959.

10 Departamento de Estado de los Estados Unidos, *Zenith and Eclipse: A Comparative Look at Socio-Economic Conditions in Pre-Castro and Present Day Cuba,* Bureau of InterAmerican Affairs, 8 de febrero de 1998; y la revista *Contacto,* julio de 1998.

11 Jorge I. Domínguez, *Cuba—Order and Revolution* (Londres y Massachusetts: The Belknap Press/Harvard University Press, 1978), página 197.

12 *New York Times,* 5 de enero de 1959, página 3.

13 *Chicago Sunday Tribune,* 4 de enero de 1959.

14 *New York Times,* 18 de enero 1959, editorial.

15 *New York Times,* 4 de enero 1959.

16 Nikita Serguéievich Kruschev, *Khrushchev Remembers* (Boston: Little, Brown, 1970), página 489.

17 *New York Times,* 9 de enero de 1959.

18 Bethel, *The Losers*.

19 Quirk, *Fidel Castro,* página 218.

20 *New York Times,* 13 de enero de 1959, página 1.

21 *New York Times,* 13 de enero de 1959, página 12.

22 *New York Times,* 16 de enero de 1959, página 3.

23 Doctor Juan Clark, *Religious Repression in Cuba.* (Miami: Cubans' Living Conditions Project, 1998).

24 *New York Times,* 11 de enero de 1959, página 8.

25 *New York Times,* 20 de enero de 1959, página 1.

26 *New York Times,* 13 de enero de 1959, página 1.

27 *New York Times,* 15 de enero de 1959, página 1.

28 *New York Times,* 22 de enero de 1959.

29 *New York Times,* 25 de enero de 1959.

30 *Facts on File,* 5–11 de marzo de 1959, páginas 79 y 80.

31 *Facts on File,* 16–22 de marzo de 1959, página 131.

32 Aleksandr Fursenko y Timothy Naftali, *One Hell of a Gamble—Khrushchev, Castro and Kennedy 1958–1964* (Nueva York y Londres: W.W. Norton & Company, 1997), del folio 3, registro 65, archivo 874, APRF.

    (Ponomares y Mukhitdinov al Comité Central del Partido Comunista de la Unión Soviética).

33 Ibíd., 12 (Resolución del Protocolo 214, Reunión del Comité Administrativo Soviético del 22 de abril de 1959, folio 3, registro 65, archivo 871, APRF).

34 Domínguez, *Cuba,* página 438

35 *Facts on File,* 14–20 de mayo de 1959, página 164.

36 Ibíd., 3 de marzo y el 4 de abril de 1959.

37 Doctor Juan Clark, *Cuba: mito y realidad—testimonios de un pueblo.* (Miami y Caracas: Ediciones Saeta, 1990).

38 Quirk, *Fidel Castro,* página 248.

39 Ibíd., página 249.

40 Ibíd., página 249 y 250.

41 Fursenko y Naftali, *One Hell of a Gamble,* página 22.

42 Christopher Andrew y Oleg Gordievsky, *KGB—The Inside Story* (Nueva York: Harper Collins, 1990), página 467.

43 Quirk, *Fidel Castro,* página 354.

44 *Facts on File,* del 6 al 12 de agosto de 1959.

45 *The Reporter,* 4 de agosto de 1960.

46 Quirk, *Fidel Castro.*

47 *Facts on File,* del 15 al 21 de octubre de 1959, página 339.

48 Ibíd., del 12 al 18 de noviembre de 1959.

49 *Facts on File, de* 19 al 25 de noviembre de 1959, página 86.

50 Leovigildo Ruiz, *Diario de una traición.* (Miami: The Indian Printing, 1970). También *Revolución,* 4 de enero de 1960.

51 *Facts on File,* del 1 al 6 de enero de 1960.

52 *New York Times,* 3 de enero de 1960.

53 Congressional Record—Senate, 2 de febrero de 1960, página 1.736.

54 Ruiz, *Diario de una traición.*

55 Ibíd., página 42.

56 *U.S. News and World Report,* 29 de agosto de 1960.

57 *New York Times,* 15 de febrero de 1960.

58 *Revolución,* 10 de noviembre de 1960.

59 *Revolución,* 6 de junio de 1960.

60 *U.S. News and World Report,* 4 de julio de 1960.

61 Ibíd.

62 *U.S. News and World Report,* 20 de junio de 1960; *The Reporter,* 7 de julio de 1960.

63 Domínguez, *Cuba,* 346, página 347.

64 Carbonell, *And the Russians Stayed.*

65 Domínguez, *Cuba,* página 146.

66 Ruby Hart Phillips, *The Cuban Dilemma,* (Nueva York: Ivan Oolensky, Inc., 1962).

67 Andrew and Gordievsky, *KGB,* página 467.

68 Hart Phillips, *The Cuban Dilemma,* página 269.

69 Carbonell, *And the Russians Stayed,* páginas 123 y 124. Juan Vives, *Los amos de Cuba* (Buenos Aires: Emecé 1962), páginas 98–100.

70 *U.S. News and World Report,* 31 de octubre de 1960.

71 *Revolución,* 1 de noviembre de 1960.

72 Fursenko y Naftali, *One Hell of a Gamble,* página 71.

73 Hart Phillips, *The Cuban Dilemma.*

74 *Revolución,* 12 de noviembre de 1960.

75 *Revolución,* 18 de noviembre de 1960.

76 Hart Phillips, *The Cuban Dilemma.*

77 *The Encyclopaedia Britannica,* 11ª ed.

CAPÍTULO 2—ADIÓS CUBA: 1961-1962

1 *New York Times*, 3 de enero de 1961.

2 Phillips, *The Cuban Dilemma*, página 293.

3 Ibíd.

4 *New York Times*, 5 de enero de 1961.

5 Ibíd.

6 Ruiz, *Diario de una traición*.

7 *New York Times*, 6 de febrero de 1961.

8 *New York Times*, 8 de febrero de 1961.

9 Ruiz, *Diario de una traición*, páginas 16–17.

10 *New York Times*, 30 de enero de 1961.

11 *Facts on File*, febrero de 1961.

12 Ruiz, *Diario de una traición*.

13 *New York Times*, 9 de marzo de 1961.

14 *New York Times*, 28 de febrero 1961.

15 *New York Times*, 29 de marzo de 1961.

16 *New York Times*, 5 de abril de 1961.

17 Phillips, *The Cuban Dilemma*. También *Newsweek*, 3 de abril de 1961; *New York Times*, 20 de marzo de 1961.

18 *Newsweek*, 3 de abril de 1961.

19 *New York Times*, 20 de marzo de 1961.

20 Enrique Encinosa, *Cuba en guerra* (Miami: The Endowment for Cuban–American Studies, 1994), página 72.

21 Néstor Carbonell, *And the Russians Stayed* (Nueva York: William Morrow and Company, 1989), página 146.

22 Edward B. Ferrer, *Operation Puma—The Air Battle of the Bay of Pigs* (Miami: International Aviation Consultants, Inc., 1975).

23 *New York Times*, 20 de abril de 1961.

24 Ibíd., 20 de abril de 1961.

25 Ruiz, *Diario de una traición*. También *Time*, 12 de mayo de 1961; 25; *New York Times*, 2 de mayo de 1961.

26 *New York Times*, 12 de junio de 1961; Ruiz, *Diario de una traición*.

27 Ruiz, *Diario de una traición*.

28 *New York Times*, 6 de agosto de1961, página 1.

29 *Facts on File*, 23 de febrero al 1 de marzo de 1961.

30   *New York Times,* 23 de junio de 1961.

31   Ruiz, *Diario de una traición.*

32   *New York Times,* 8 de julio de 1961.

33   *New York Times,* 18 de junio de 1961, página 3.

34   *New York Times,* 15 de septiembre de 1961.

35   *Time,* 6 de octubre de 1961.

36   *New York Times,* 17 de septiembre de 1961.

37   Clark, *Religious Repression in Cuba* (Miami: Cuban Living Conditions Project, 1988), páginas 11, 12 y 15.

38   Ruiz, *Diario de una traición.*

39   *New York Times,* 23 de diciembre de 1961.

40   *Religious Repression in Cuba.*

41   José Duarte Oropesa, *Historiología cubana desde 1959 hasta 1960.* (Miami: Ediciones Universal, 1993).

42   Fursenko y Naftali, *One Hell of a Gamble.*

43   *New York Times,* 4 de febrero de 1962.

44   *New York Times,* 15 de febrero de 1962.

45   *New York Times,* 8 de marzo de 1962.

46   *New York Times,* 1 de abril de 1962.

CAPÍTULO 3— EL PROGRAMA DE LOS NIÑOS CUBANOS EN MIAMI: 1960–1961

1   Gene Miller, "Peter Pan Means Real Life to Some Kids", *Miami Herald,* 9 de marzo de 1962.

2   Departamento de Salud, Educación y Bienestar Social de los Estados Unidos, *Cuba's Children in Exile.* (Washington, D.C.: Social and Rehabilitation Service, Children's Bureau, 1967), página 1.

3   Ibíd.

4   Hart Phillips, *The Cuban Dilemma.*

5   Bryan O. Walsh, "Cuban Refugee Children", *Journal of Inter-American Studies and World Affairs* (julio-octubre de 1971): página 391.

6   Ibíd., página 397.

7   Ibíd., página 398.

8 Departamento de Salud, Educación y Bienestar Social de los Estados Unidos, *Cuba's Children in Exile.*

9 *New York Times,* 7 de enero de 1962.

10 Joan Didion, *Miami.* (Nueva York: Simon and Schuster, 1987), página 122.

11 Departamento de Salud, Educación y Bienestar Social de los Estados Unidos, *Cuba's Children in Exile.*

12 Walsh, "Cuban Refugee Children".

13 Ibíd., página 388.

14 Ibíd.

15 Tracy S. Voorhees, *Interim Report do the President on the Cuban Refugee Problem.* (Washington, D.C.: Government Printing Office, diciembre de 1960), página 10.

16 *New York Times,* 2 de febrero de 1961, página 5.

17 *New York Times,* 2 de febrero; 4 de febrero, 1961.

18 Departamento de Salud, Educación y Bienestar Social de los Estados Unidos, *Cuba's Children in Exile.* También *New York Times,* 4 de febrero de 1961.

19 Katherine Bronwell Oettinger, "Services to Unaccompanied Cuban Refugee Children in the United States", *The Social Services Review* (diciembre de 1962).

20 Ibíd.

21 Departamento de Salud, Educación y Bienestar Social de los Estados Unidos, *Cuba's Children in Exile.*

22 Walsh, "Cuban Refugee Children".

23 K. Oettinger, "Services to Unaccompanied Cuban Refugee Children in the United States".

CAPÍTULO 4—LA OPERACIÓN PEDRO PAN EN CUBA: 1960–1962

1 Ramón Grau Alsina y Valerie Ridderhoff, *Mongo Grau—Cuba desde 1930.* (Madrid: Agualarga Editores, 1997).

2 Ibíd.

CAPÍTULO 5—LOS REFUGIOS TRANSITORIOS DE MIAMI

1   *New York Times,* 27 de mayo de 1962.
2   Walsh, "Cuban Refugee Children", páginas 393 y 394.
3   Ibíd., página 393.
4   Ibíd., página 396.
5   Departamento de Salud, Educación y Asistencia Social de los Estados Unidos, *Cuba's Children in Exile,* página 1.
6   Ibíd.
7   Ibíd., página 397.
8   Sociedad de Ayuda a Inmigrantes Hebreos (HIAS).
9   *The Voice,* 9 de marzo de 1962.
10 *The Voice,* 25 de enero de 1962.

CAPÍTULO 6—LA ASIMILACIÓN Y LA ADAPTACIÓN— CUANDO *PEDRO* SE CONVIRTIÓ EN *PETER*

1   Clinton Fadiman, *The Little, Brown Book of Anecdotes.* (Boston: Little, Brown and Company, 1985).
2   *El Miami Herald,* 18 de octubre de 1987.
3   Sara Yaraballi donó estas cartas a los Archivos Cubanos de las Colecciones Especiales de la Biblioteca Otto Richter de la Universidad de Miami.

CAPÍTULO 7—LOS ORFELINATOS— UNA VIDA PERRA

1   Marvin Olansky, "The Real Story of the Orphanages", *Philanthropy Culture and Society,* (Mayo de 1996).
2   Robert Katz, *Naked by the Window: The Fatal Marriage of Carl Andre and Ana Mendieta.* (Nueva York: Atlantic Monthly Press, 1990).
3   *Revista Éxito,* Miami.
4   Katz, *Naked by the Window.*
5   *Rocky Mountain News,* (Denver), 12 de marzo de 1966.
6   Ibíd., 24 de octubre de 1962.
7   Ibíd., 20 de mayo de 1962.
8   Ibíd., 12 de marzo de 1966.

CAPÍTULO 8—VIVIR CON UNA FAMILIA AMERICANA

1   *The Christian Century,* 4 de abril de 1962.

CAPÍTULO 11—EL REENCUENTRO CON LOS PADRES

1   Carbonell, *And the Russians Stayed.*

2   *New York Times,* 26 de junio de 1963.

3   *New York Times,* 4 de julio de 1963.

4   *New York Times,* 30 de septiembre de 1965.

5   *New York Times,* 4 de octubre de 1965.

6   *New York Times,* 8 de octubre de 1965.

7   *New York Times,* 9 de octubre de 1965; suplemento.

8   *New York Times,* 20 de octubre de 1965.

9   *New York Times,* 7 de noviembre de 1965.

10 *New York Times,* 2 de diciembre de 1965.

11 Memorando del gobierno de los Estados Unidos, 4 de enero de 1966, de la doctora Ellen Winston, comisionada de asistencia social, a John F. Thomas, director del Programa de Refugiados Cubanos.

12 Memorando del gobierno de los Estados Unidos, 8 de marzo de 1966, de la doctora Ellen Winston, comisionada de asistencia social, a John F. Thomas, director del Programa de Refugiados Cubanos.

CAPÍTULO 12—LOS PEDRO PANES EN LAS DÉCADAS DE LOS SESENTA Y SETENTA

1   *Areíto,* 3–4 (1978), página 4.

2   José A. Cobas y Jorge Duany, *Cubans in Puerto Rico—Ethnic Economy and Cultural Identity.* (Gainesville: University Press of Florida, 1997), página 115.

3   Nelson P. Valdés, "Encuentro con los familiares", *Areíto* IV, vol. 3 y 4, 1978.

4   Anónimo, *Contra viento y marea.* (México, D.F.: Siglo Veintiuno Editores, 1978).

5   *Abdala,* 1971.

6   *Abdala,* mayo de 1971.

7   Enrique Encinosa, *Cuba en guerra—historia de la oposición anti-castrista, 1959–1993.* (Miami: The Endowment for Cuban–American Studies, 1994), página 244.

8   Ibíd., páginas 246 y 267.

9   *Abdala,* vol. 23, agosto–septiembre de 1973.

BIBLIOGRAFÍA

Alarcón Ramírez, Dariel. *Memorias de un soldado cubano—vida y muerte de la revolución*. Madrid: Tusquets Editores, 1997.

Carbonell, Néstor T. *And the Russians Stayed—The Sovietization of Cuba*. Nueva York: William Morrow, 1989.

Castro, Fidel. *La revolución cubana*. México, D.F.: Ediciones Era, 1972.

Cubas, José A. y Jorge Duany. *Cubans in Puerto Rico—Ethnic Economy and Cultural Identity*. Gainesville: The University Press of Florida, 1997.

Didlun, Joan *Miami*. Nueva York: Simon and Schuster, 1987.

Duarte Oropesa, José. *Historiología cubana—desde 1959 hasta 1980*. Miami: Ediciones Universal, 1995.

Dudley, William, *The Sixties—Opposing Viewpoints*. San Diego: Greenhaven Press, 1997.

Encinosa, Enrique. *Cuba en Guerra: historia de la oposición anti-castrista 1959–1993*. Miami: The Endowment for Cuban–American Studies.

———. *Cuba: The Unfinished Revolution*. Austin: Eakin Press, 1988.

Ferrer, Edward R. *Operation Puma—The Air Battle of the Bay of Pigs*. Miami: International Aviation Consultants, 1975.

Franqui, Carlos. *Diary of the Cuban Revolution*. Nueva York: Viking Press, 1980.

Fursenko, Aleksandr y Timothy Naftali. *One Hell of a Gamble—Khrushchev, Castro and Kennedy, 1958–1964*. Nueva York: W.W. Norton, 1997.

García, Chris. *Latinos and the Political System*. Terre Haute: University of Notre Dame Press, 1988.

Gage, Nicholas. *Eleni*. Nueva York: Ballantine Books, 1983.

Grau, Mongo. *Cuba desde 1930*. Madrid: Agualarga Editores, 1997.

Grupo Areíto. *Contra viento y marea. Jóvenes cubanos hablan contra viento y marea desde su exilio en Estados Unidos*. México, D.F.: Siglo Veintiuno, 1978.

Katz, Robert. *Naked by the Window: The Fatal Marriage of Carl Andre and Ana Mendieta*. Nueva York: The Atlantic Monthly Press, 1990.

Klarsfeld, Serge. *French Children of the Holocaust—A Memorial*. Nueva York: New York University Press, 1996.

Kozol, Jonathan. *Children of the Revolution*. Nueva York: Dell, 1980.

Khrushchev, Nikita. *Khrushchev Remembers*. Boston: Little, Brown, 1970.

Krieg, Joann P. *Dwight D. Eisenhower: Soldier, President, Statesman*. Westport: Greenwood Publishing Group, 1987.

Legarreta, Dorothy. *The Guernica Generation—Basque Refugee Children of the Spanish Civil War*. Reno: University of Nevada Press, 1984.

Matthews, Herbert I. *Revolution in Cuba*. Nueva York: Scribner's, 1975.

Milanich, Jerald T. *Florida Indians and the Invasion from Europe*. Gainesville: University Press of Florida, 1995.

Oppenheimer, Andrés. *Castro's Final Hour*. Nueva York: Simon and Schuster, 1992.

Phillips, R. Hart. *Cuba—Island of Paradox*. Nueva York: McDowell, Obolensky, 1960.

———. *The Cuban Dilemma*. Nueva York: Ivan Obolensky, Inc., 1962.

Quirk, Robert E. *Fidel Castro*. Nueva York: W.W. Norton, 1993.

Rodríguez, Félix y John Weisman. *Shadow Warrior*. Nueva York: Pocket Books, 1990.

Rodríguez Nogués, Lourdes. *Psychological Effects of Premature Separation from Parents in Cuban Refugee Girls: A Retrospective Study*. Ed.D. dis., Department of Psychology, Boston University, 1983.

Rosenblatt, Roger. *Children of War*. Garden City: Anchor Press/Doubleday, 1983.

Ruiz, Leovigildo. *Diario de una traición 1960*. Miami: The Indian Printing, 1970.

———. *Diario de una traición 1961*. Miami: Lorié Book Stores, 1972.

Thomas, Hugh. *Cuba*. Nueva York: Harper and Row, 1971.

Townsend, Peter. *The Smallest Pawns in the Game*. Boston: Little, Brown, 1980.

Wilson, Edmond. *The Sixties*. Nueva York: Farrar, Straus, Giroux, 1993.

Wong, Francisco R. *The Political Behavior of Cuban Americans*. Ph.D. dis., University of Michigan, 1974.

Wyden, Peter. *Bay of Pigs—The Untold Story*. Nueva York: Simon and Schuster, 1979.

Zamora, Nurith. *Orphanages Reconsidered*. Filadelfia: Temple University, 1994.

ÍNDICE

PEDIDO DE LA AUTORA

La autora sigue en su búsqueda de más pedro panes. Si tiene alguna información, favor de comunicarse con ella en la siguiente dirección.

Yvonne M. Conde
c/o Random House Español
280 Park Avenue, 10th floor
New York, NY 10017

PedroPanNY@aol.com

SOBRE LA AUTORA

Yvonne M. Conde es una periodista independiente radicada en Nueva York. Abandonó Cuba a la edad de diez años como parte de la Operación Pedro Pan.